企业内部控制建设与评价实操指南

主　编　丁伟斌
副主编　金　翔　杨仁标

中国财经出版传媒集团
中国财政经济出版社

图书在版编目（CIP）数据

企业内部控制建设与评价实操指南／丁伟斌主编；金翔，杨仁标副主编. --北京：中国财政经济出版社，2022.12

ISBN 978-7-5223-1763-2

Ⅰ.①企… Ⅱ.①丁… ②金… ③杨… Ⅲ.①企业内部管理-指南 Ⅳ.①F272.3-62

中国版本图书馆 CIP 数据核字（2022）第 208646 号

责任编辑：潘　飞　　　　责任校对：徐艳丽
封面设计：孙俪铭　　　　责任印制：刘春年

企业内部控制建设与评价实操指南

QIYE NEIBU KONGZHI JIANSHE YU PINGJIA SHICAO ZHINAN

中国财政经济出版社 出版

URL：http：//www.cfeph.cn

E-mail：cfeph@cfeph.cn

社址：北京市海淀区阜成路甲 28 号　邮政编码：100142

营销中心电话：010-88191522

天猫网店：中国财政经济出版社旗舰店

网址：https：//zgczjjcbs.tmall.com

北京时捷印刷有限公司印刷　各地新华书店经销

成品尺寸：185mm×260mm　16 开　21 印张　400 000 字

2022 年 12 月第 1 版　2022 年 12 月北京第 1 次印刷

定价：66.00 元

ISBN 978-7-5223-1763-2

（图书出现印装问题，本社负责调换，电话：010-88190548）

本社质量投诉电话：010-88190744

打击盗版举报热线：010-88191661　QQ：2242791300

编 委 会

主　编： 丁伟斌

副主编： 金　翔　杨仁标

编　委： 徐永丰　王　静　李　杰　蒋　伟　孙泉辉
谢淑英　高　翔　陈春燕　朱海军　严　骏
陈佳璐　郭军辉　汪子夏　陈　倩　汤珂奇
金珂南　王安娜　葛于平　王勇勋　薛　俊
陈　香　李佳蒨　包江雪

前　言

2019年10月31日，党的十九届四中全会作出了“坚持和完善中国特色社会主义制度，推进国家治理体系和治理能力现代化”的重大战略决定，这是我们党历史上第一次以中央全会专门研究这个重大问题并作出决定，并首次把社会主义市场经济体制上升为基本经济制度，提出要以社会主义基本经济制度为支撑，推动经济高质量发展，夯实国家治理体系和治理能力现代化的经济基础。国家治理体系和治理能力是国家制度和制度执行能力的集中体现。

根据财政部、证监会、审计署、原银监会、原保监会联合印发的《关于印发企业内部控制配套指引的通知》（财会〔2010〕11号）规定，自2012年1月1日起在上海证券交易所、深圳证券交易所主板上市公司实施《企业内部控制基本规范》（财会〔2008〕7号和《企业内部控制配套指引》（财会〔2010〕11号）；在此基础上，择机在中小板和创业板上市公司施行。为保证实施效果，财政部、证监会印发《关于2012年主板上市公司分类分批实施企业内部控制规范体系的通知》（财办会〔2012〕30号），决定在主板上市公司分类分批推进实施企业内部控制规范体系，同时，鼓励非上市大中型企业提前执行；为加强管理会计工作，提升内部管理水平，促进经济转型升级，2018年财政部又相继发布了《管理会计应用指引——风险管理、风险矩阵、风险清单》等文件。以上政策的出台是全面提升上市公司和非上市大中型企业经营管理水平和风险防范能力的重大举措。

国资委《关于加强中央企业内部控制体系建设与监督工作的实施意见》（国资发监督规〔2019〕101号）（以下简称《国资委101号文》）的出台，高度契合了党的十九届四中全会关于大力加强国资国企制度建设的新部署新要求，也是确保当前及今后各项国资国企改革措施顺利并有效落地的重要保障，为加快建立与世界一流企业相适应、相匹配的内部管控机制，推动中央企业高质量发展，推进国企治理体系和治理能力现代化提供了坚实的制度保障。国资委101号文从国资国企监管的角度，以内部控制建设和监督为抓手，将推动中央企业内部控制制度建立完善和保障内部控制制度有效执行作为国资国企践行推动国家治理能力体系和治理能力现代化的一个重要手段。中央和习近平总书记多次强调要把防风险摆在突出位置；党的二十大指出，提高防范化解重大风险能力，严密防范系统性安全风险。着力防范化解重大风险已成为我国国资国企治理一项重中之重的工作。

许多企业虽然根据内部控制规范的指导制定了相关管理制度、成立内控和风险管理机构、引入财务信息系统等，但在实操过程中仍然缺少抓手，屡屡出现控制措施浮于表面、难以落地实施，将评价与审计混淆、以审计问题代替内控缺陷等情况。本书编委会经过长期实践和应用，提出企业应建立以流程和表单为载体，以战略为目标，以风险为导向，以制度和授权为保障，以合规和底线清单为约束，以评价为手段，以信息系统为支撑，全面覆盖、全员参与、全程管控、高效协同、防范有力的内部风险控制体系，并编写了《企业内部控制建设与评价实操指南》一书。

本书内容主要包括内部控制理论与体系、内部控制建设、内控评价及相关典型案例，具体分述如下：

第一章“内部控制基本理论与制度体系”，介绍了内部控制的意义、内部控制发展史、内部控制基本理论以及内部控制制度体系等内容。

第二章“内部控制建设”，介绍了内部控制建设中的流程管理、风险管理、授权管理、制度管理、合规管理、表单管理以及信息系统控制等内容。

第三章“内部控制评价”，介绍了内部控制评价概述、具体内容、程序、方法、报告以及相关资料的归档要求等内容。

第四章“典型案例”，对“农民工工资支付”“往来款管理”“企业所得税汇算清缴”“合同订立”“科技项目管理”等十余项实务操作中的内部控制案例进行了阐述和剖析，涵盖了流程图、风险清单、内控矩阵、底线清单、表单格式、评价手册以及制度清单等内容。

本书是企业内部控制规范起草者呕心沥血之作，具有权威性、科学性、针对性和操作性，可作为上市公司和非上市大中型企业学习贯彻企业内部控制规范体系的工具书，又可作为注册会计师实施内部控制审计、咨询和政府监管部门进行内部控制行政监督的必备手册，同时也可作为高等院校、科研院所、学术团体开展内部控制培训教学与科研的参考书。

限于时间和水平，书中难免存在疏漏之处，敬请广大读者批评指正。

作者

2022年10月

目　录

第一章

内部控制基本理论与制度体系

内部控制是由企业董事会、监事会、经理层和全体员工共同实施的旨在实现控制目标的过程。企业内部控制规范体系的基本范围，包括制定与实施内部控制规范的意义、制定依据、适用范围、内控目标、原则、要素、组织实施、监督检查，以及引入注册会计师审计等制度安排。

第一节　内部控制基本理论

一、内部控制意义及发展史

（一）企业内控规范体系的建设与实施的重要意义

在我国，企业内部控制规范体系由基本规范和配套指引构成，配套指引包括应用指引、评价指引和审计指引。《企业内部控制基本规范》及内部控制配套指引的发布标志着具有中国特色和世界先进水平的内部控制标准体系建设基本完成。建立和实施一套统一、高质量的企业内部控制规范体系，有助于提升企业内部管理水平和风险防范能力，其重要意义在于：一是有助于加强和规范企业内部控制。一般而言，各类存续企业大都建立了相应的管理制度，但是需要根据内控规范要求，对原有制度进行修改、完善和提升；对于新建企业，更需要依据内控规范，构建企业内控制度和管控流程。二是有助于全面提升企业经营管理水平和风险防范能力，促进企业可持续发展。全面提升企业经营管理水平和风险防范能力是内控体系的核心问题，尤其是在当前我国应对国际金融危机、加快转变经济发展方式的时代背景下，内控规范体系对于提升企业核心竞争力，促进企业在后金融危机时期可持续发展，具有特别重要的现实意义和深远的历史意义。三是有利于维护社会主义市场经济秩序和社会公众利益。企业尤其是上市公司是创造社会财富的市场经济主体和宏观经济的“细胞”。调整产业结构，转变发展方式，提升发展质量，维护市场经济秩序和社会公众利益，从企业做起至关重要。广大企业也只有不断强化内部控制，才能实现维护市场经济秩序和社会公众利益的目标。

（二）我国企业内控规范体系的建设与实施的发展历史

我国企业内控规范体系建设是适应经济社会不同发展进程而逐渐形成的，大体经历了内部牵制、内部会计控制和全面风险控制三个发展阶段。

第一阶段是内部牵制。在这一时期计划经济占主导地位，20 世纪 70 年代末至 80 年代，内部牵制更加受到重视。1978 年 9 月 12 日，国务院颁布《会计人员职权条例》，明确要求“企业的生产、技改、基建等计划和重要经济合同，应由总会计师会签”；1984 年 4 月 24 日，财政部发布《会计人员工作规则》，要求各单位“建立会计人员岗位责任制，切实做到事事有人管，人人有专责，办事有要求，工作有检查；会计人员岗位责任制要同本单位的经济（经营）责任制相联系，以责定权，责权明确，严格考核，有奖有惩”；“出纳人员不得兼管收入、费用、债权、债务账簿的登记工作以及稽核工作和会计档案保管工作”；1985 年 1 月 21 日，第六届全国人民代表大会常务委员会第九次会议通过《中华人民共和国会计法》，重申了会计岗位责任制的要求。

第二阶段是内部会计控制。20 世纪 90 年代，随着改革开放的不断深入，我国经济社会加速转型，建立现代企业制度和市场经济体制开始起步。1996 年 6 月 17 日，财政部发布《会计基础工作规范》，要求各单位进一步建立健全包括但不限于内部牵制制度的内部会计管理制度。1999 年 10 月 31 日，第九届全国人民代表大会常务委员会第十二次会议修订通过《会计法》，在其第二十七条规定：“各单位应当建立、健全本单位内部会计监督制度。单位内部会计监督制度应当符合下列要求：（一）记账人员与经济业务事项和会计事项的审批人员、经办人员、财物保管人员的职责权限应当明确，并相互分离、相互制约；（二）重大对外投资、资产处置、资金调度和其他重要经济业务事项的决策和执行的相互监督、相互制约程序应当明确；（三）财产清查的范围、期限和组织程序应当明确；（四）对会计资料定期进行内部审计的办法和程序应当明确。”上述加强单位内部会计监督的法律要求，体现了内部会计控制的本质。这一时期，财政部依法启动了内部会计控制规范的研究、制定工作。2001 年 6 月 22 日，财政部以财会〔2001〕41 号文件正式发布《内部会计控制规范——基本规范（试行）》和《内部会计控制规范——货币资金（试行）》，自从发布之日起试行。此后至2004年底，财政部连续发布采购与付款、销售与收款、工程项目、对外投资和担保等5项内部会计控制规范，并印发了固定资产、存货、筹资、预算、成本费用5项征求意见稿。内部会计控制规范作为会计法的配套规章，在社会上引起较大反响，成为各单位建立与实施内部控制制度的重要依据，为企业内部控制体系的建设与实施打下了基础。

第三阶段是全面风险控制。进入21世纪，完善社会主义市场经济体制、贯彻实施中央“走出去”战略成为时代的主流。在汲取美国安然等一系列内部控制失败案例教训、总结会计控制经验的基础上，针对国内国际两个市场，需要更好地应对日益复杂的各种风险，推动会计控制向全面风险控制发展。2004年底和2005年6月，国务院领导同志连续就强化企业内部控制问题作出重要批示，明确要求“由财政部牵头，联合证监会及国资委，积极研究制定一套完整公认的企业内部控制指引”。2005年7月20日，温家宝总理主持召开国务院常务会议，在听取监事会2004年对中央企业监督检查情况及2005年工作安排的汇报时强调，“要特别解决好资产质量不高、管理方式粗放、内控机制不完善等问题”。同年7月，财政部会计司，中国证监会会计部、上市部和国资委企业改革局等召开联席会议，研究贯彻落实国务院领导批示精神、加快推进企业内部控制制度建设相关事宜。2006年7月15日，财政部、证监会、国资委、审计署、银监会、保监会联合发起成立我国企业内部控制标准委员会，来自监管部门、大型企业、行业组织、中介机构、科研院所的领导和专家学者积极参与，为构建我国企业内部控制规范体系提供了组织和机制保障。经过不懈努力，在各方面的积极配合和大力支持下，由财政部、证监会、审计署、银监会、保监会以财会〔2008〕7号文件的形式联合发布了《企业内部控制基本规范》，取得了内控体系建设的重要阶段性成果。

2010年4月26日，财政部会同证监会、审计署、国资委、银监会、保监会等部门在北京召开联合发布会，发布了《企业内部控制配套指引》。该配套指引连同2008年5月发布的《企业内部控制基本规范》，共同构建了中国企业内部控制规范体系，自2011年1月1日起首先在境内外同时上市的公司施行，自2012年1月1日起扩大到在上海证券交易所、深圳证券交易所主板上市的公司施行；在此基础上，择机在中小板和创业板上市公司施行。同时，鼓励非上市大中型企业提前执行。执行企业内部控制规范体系的企业，应当对本企业内部控制的有效性进行自我评价，披露年度自我评价报告，同时聘请会计师事务所对其财务报告内部控制的有效性进行审计，出具审计报告。政府监管部门将对相关企业执行内部控制规范体系的情况进行监督检查。这是全面提升上市公司和非上市大中型企业经营管理水平的重大举措，也是我国应对国际金融危机的重要制度安排。

二、内部控制基本理论

企业建立与实施内控体系必须建立框架结构，规定内部控制的定义、目标、原则、要素等基本要求。

（一）内部控制目标

内部控制目标是合理保证企业经营管理合法合规、资产安全、财务报告及相关信息真实完整，提高经营效率和效果，促进企业实现发展战略。

1. 促进遵循国家法律法规

守法和诚信是企业健康发展的基石。内部控制要求企业必须将发展置于国家法律法规允许的基本框架之一，在合规的基础上实现自身的发展。合规性目标是内部控制目标的重要组成部分。2018 年 11 月，国资委发布《中央企业合规管理指引（试行）》，对中央企业的合规管理工作和合规事项作出指导性规定；2018 年 12 月，国家发展改革委等七部门发布《企业境外经营合规管理指引》，提出了中国企业境外经营的合规管理要求、合规管理机构、合规管理制度、合规管理运行机制、合规风险识别评估与处置、合规评审与改进、合规文化建设等内容。内部控制可以更好地服务企业守法经营和合规管理。

2. 促进维护资产安全

资产安全是投资者、债权人和其他利益相关者普遍关注的重大问题，是企业可持续发展的物质基础。良好的内部控制，应当为资产安全提供扎实的制度保障。

3. 促进提高信息报告质量

可靠及时的信息报告质量能够为企业提供准确而完整的信息，支持企业经营管理决策和对营运活动及业绩的监控；同时，保证对外披露的信息报告的真实、完整，有利于提升企业的诚信度和公信力，维护企业良好的声誉和形象。

4. 促进提高经营效率和效果

它要求企业结合自身所处的内外部环境，通过建立健全有效的内部控制，不断提高经营活动的盈利能力和管理效率。

5. 促进企业实现发展战略

这是企业内部控制的终极目标。它要求企业将近期利益与长远利益结合起来，在企业经营管理中努力作出符合战略要求，有利于提升可持续发展能力和创造长久价值的策略选择。

在上述5个控制目标中，企业经营管理合法合规、资产安全完整、财务报告及相关信息真实完整是内部控制的基础目标。我国早期的内部控制是从基础目标开始的。在现代市场经济条件下，建立现代企业制度，促进企业长远发展，不仅要求企业必须围绕这5个基础目标真抓实干，而且必须在提高经营效率和效果上更上一层楼，最终促进企业实现发展战略。

（二）内部控制的原则

内部控制原则是企业建立与实施内部控制应当遵循的基本准绳。内部控制原则包括全面性原则、重要性原则、制衡性原则、适应性原则和成本效益原则。

1. 全面性原则

内部控制应当贯穿决策、执行和监督的全过程，覆盖企业及其所属单位的各种业务和事项。千里之堤溃于蚁穴。企业建立和实施内部控制应当避免存在盲区，一定要将相关控制渗透到决策、执行、监督等各个管理环节，实现全过程控制、全员性控制，不存在空白点。

2. 重要性原则

要求内部控制在兼顾全面的基础上，格外关注重要业务事项和高风险领域，并采取更为严格的控制措施，确保不存在重大缺陷。这一原则强调企业建立与实施内部控制应当突出重点、兼顾一般，着力防范可能对企业产生“伤筋动骨”的重大风险。例如，企业对“三重一大”事项实行集体决策和联签制度，就是重要性原则的充分体现。又如，企业开展并购重组尤其是跨国并购重组过程中，就应当根据重要性原则，重点防范并购中的评估论证、定价机制、文化融合等重大风险。重要性原则的应用需要一定的职业判断，企业应当根据所处行业环境和经营特点，从业务事项的性质和涉及的金额两方面来考虑是否及如何实行重点控制。

3. 制衡性原则

要求内部控制在治理结构、机构设置及权责分配、业务流程等方面相互制约、相互监督，同时兼顾运营效率。相互制衡是建立和实施内部控制的核心理念，更多地体现为不相容机构、岗位或人员的相互分离和制约。制衡性原则要求企业完成某项工作必须经过互不隶属的两个或两个以上的岗位和环节，同时还要求履行内部控制监督职责的机构或人员具有良好的独立性。无论是在企业决策、执行环节，还是在监督环节，如果做不到不相容岗位相互分离和制约，将会造成滥用职权或串通舞弊，导致内部控制的失败，给企业经营发展带来重大隐患。

4. 适应性原则

要求内部控制与企业经营规模、业务范围、竞争状况和风险水平等相适应，并随着情况的变化加以调整。适应性原则要求企业建立与实施内部控制应当具有前瞻性，适时地对内部控制系统进行评估，发现可能存在的问题，并及时采取措施予以补救。这一原则强调的是企业建立与实施内部控制绝非一蹴而就，要克服一劳永逸的思想，做到与时俱进，在保持相对稳定的基础上不断加以优化改进。在当今日益激烈的市场竞争环境中，经营风险更具复杂性和多变性。企业应当根据内外部环境的变化，适时地对内部控制加以调整和完善，防止出现“道高一尺、魔高一丈”的现象。

5. 成本效益原则

要求实施内部控制必须权衡成本与预期效益，以适当的成本实现有效控制。成本效益原则要求企业内部控制建设必须统筹考虑投入成本和产出效益之比。对成本效益原则的判断需要从企业的整体利益出发，尽管某些控制会影响工作效率，但可能会避免整个企业面临更大损失，此时仍应实施相应控制。

（三）内部控制要素

1992 年，美国 COSO 委员会（全美反舞弊性财务报告委员会下属的发起组织）发布《内部控制整体框架》（COSO 报告）。根据我国实际情况，《内部控制基本规范》确立的仍是内部控制的五要素，但吸收了 COSO 八要素（内部环境、目标制定、事件识别、风险评估、风险反应、控制活动、信息与沟通、监督）的全部成分。内部控制的要素包括内部环境、风险评估、控制活动、信息与沟通、内部监督。

1. 内部环境

内部环境规定企业的纪律与架构，影响经营目标的制定，塑造企业文化氛围并影响员工意识，是企业建立与实施内部控制的基础。内部环境主要包括治理结构、机构设置及权责分配、内部审计机制、人力资源政策、企业文化等。

2. 风险评估

风险评估是企业及时识别、科学分析经营活动中与实现控制目标相关的风险，合理确定风险应对策略，实施内部控制的重要环节。风险评估主要包括目标设定、风险识别、风险分析和风险应对。

3. 控制活动

控制活动是企业根据风险应对策略，采用相应的控制措施，将风险控制在可承受度之内，是实施内部控制的具体方式。常见的控制措施有：不相容职务分离控制、受权审批控制、会计系统控制、财产保护控制、预算控制、运营分析控制和绩效考评控制等。企业应当根据内部控制目标，结合风险应对策略，综合运用控制措施，对各种业务和事项实施有效控制。

4. 信息与沟通

信息与沟通是企业及时、准确地收集、传递与内部控制相关的信息，确保信息在企业内部、企业与外部之间进行有效沟通，是实施内部控制的重要条件。信息与沟通的要件主要包括信息质量、沟通制度、信息系统、反舞弊机制。

5. 内部监督

内部监督是企业对建立与实施内部控制的情况进行监督检查，评价内部控制的有效性。对于发现的内部控制缺陷，及时加以改进，是实施内部控制的重要保证。内部监督包括日常监督和专项监督。

（四）目标、对象和要素三者之间的关系

我国内部控制规范体系的目标、对象和要素的关系，如图 1－1 所示。

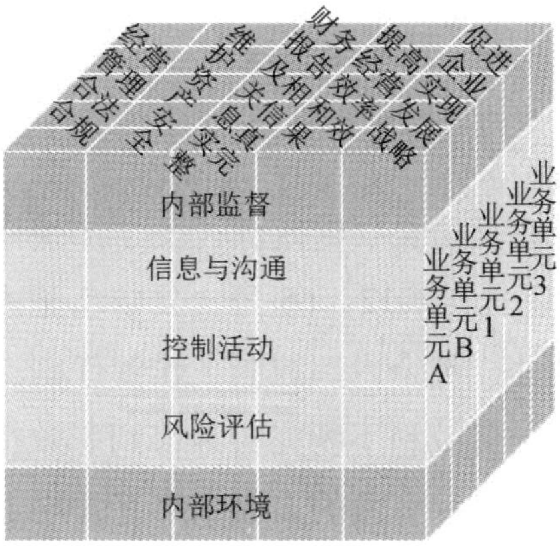

图 1－1　内部控制目标、对象和要素三位一体图

第二节　内部控制制度体系

一、主要负责人职责

国务院国有资产监督管理委员会、财政部《关于加快构建中央企业内部控制体系有关事项的通知》（国资发评价〔2012〕68 号）明确了中央企业主要负责人的职责，体现在以下方面。

第一条要求中央企业应提高思想认识，切实加强对内部控制工作的组织领导。各中央企业主要负责人要高度重视内部控制工作，将建立健全内部控制体系作为管理提升活动的重要任务来抓，切实加强组织领导。集团层面要成立专门的内部控制工作领导机构，负责内部控制工作的组织协调；设立专职机构或确定牵头部门，配备专职工作人员，具体负责内部控制体系建设与实施工作；建立相关部门共同参与的跨部门联动工作机制，明确分工，落实责任，共同推进，并做好对子企业内部控制建设的组织指导工作；按照内部控制建设与监督评价职责相分离的原则，明确内部审计或相关部门负责组织内部控制评价工作。各中央企业要建立健全内部控制工作责任制，将内部控制建设与执行效果纳入绩效考核体系，确保内部控制不断完善并得到有效执行，为战略有效实施、资源优化配置、企业价值提升提供强有力的支撑。

第四条要求内部控制重在有效执行，各中央企业要采取切实措施，确保内部控制有效执行。要落实内部控制执行责任制，建立主要负责人承诺制，明确企业主要负责人对内部控制有效执行负总责，带头执行内部控制，不超越内部控制作决策。

二、考核追责

国务院国有资产监督管理委员会、财政部《关于加快构建中央企业内部控制体系有关事项的通知》（国资发评价〔2012〕68 号）要求实施内部控制考核追责制度。其中第一条要求各中央企业要建立健全内部控制工作责任制，将内部控制建设与执行效果纳入绩效考核体系，确保内部控制不断完善并得到有效执行，为战略有效实施、资源优化配置、企业价值提升提供强有力的支撑。第五条规定中央企业进行内部控制体系建设要按时报送评价报告，加强出资人监督检查。监督检查中发现内部控制存在重大缺陷的，将根据其性质或影响程度在业绩考核中给予扣分或降级处理；对于因内部控制缺陷造成资产损失的，按照《中央企业资产损失责任追究暂行办法》（国资委令第 20 号）的有关规定，追究相关责任人的责任；对于在监督检查中发现的重大缺陷，企业在自我评价和审计工作中未充分揭示或未及时报告的，将追究内部控制评价部门和外部中介机构的责任。

国资委办公厅 2020 年印发的《关于做好 2021 年中央企业内部控制体系建设与监督工作有关事项的通知》（国资厅监督〔2020〕307 号）中规定，各中央企业要以落实国企改革三年行动方案为契机，加强组织领导，进一步深化内控体系监管工作，健全相关工作机制，落实各业务部门内控体系有效运行责任，强化内控体系监管部门职责，加强内控体系审计监督工作，持续优化企业内控体系，有效发挥内控体系强基固本、防控风险的重要作用，切实推动企业实现高质量发展。

国资委《关于加强中央企业内部控制体系建设与监督工作的实施意见》（国资发监督规〔2019〕101 号）第十二条规定，中央企业内部控制体系建设应充分运用监督评价结果；指导所属企业建立健全与内控体系监督评价结果挂钩的考核机制，对内控制度不健全、内控体系执行不力、瞒报漏报谎报自评结果、整改落实不到位的单位或个人，应给予考核扣分、薪酬扣减或岗位调整等处理。

三、全员参与

国务院国有资产监督管理委员会、财政部《关于加快构建中央企业内部控制体系有关事项的通知》（国资发评价〔2012〕68 号）第三条规定，中央企业要立足实际，建立健全内部控制体系。各中央企业要按照管理制度化、制度流程化、流程信息化的要求，立足企业实际，倡导全员参与，注重控制实效，防止流于形式，抓好内部控制建设的基础工作和关键环节。第四条规定，企业应采取得力措施，确保内部控制有效执行。要逐级进行责任分解，将内部控制执行与管理权限配置、岗位责任落实有机结合，建立内部控制体系的培训机制，做好上岗前培训和持续教育，确保每个岗位员工熟知本岗位权限和职责，并具备相应的专业胜任能力，形成员工积极参与、自觉执行、主动监督的全员内部控制意识与氛围。

国资委《关于加强中央企业内部控制体系建设与监督工作的实施意见》（国资发监督规〔2019〕101 号）第一条规定，中央企业要建立健全内控体系，进一步提升管控效能。实现“强内控、防风险、促合规”的管控目标，形成全面、全员、全过程、全体系的风险防控机制，切实全面提升内控体系有效性，加快实现高质量发展。

财政部 2012 年印发的《企业内部控制规范体系实施中相关问题解释第 2 号》（财会〔2012〕18 号）第一条规定，随着实施工作的不断深入，企业应当加强内部控制全员、全面、全过程管理，进一步推动管理创新，不断提升管理水平，有效防控经营风险，保证实现价值目标，最终促进企业实现发展战略。第三条规定，企业领导要高度重视内部控制专业人才队伍建设，在强调全员参与内部控制的基础上，采取多种措施，建立激励机制，鼓励从事内部控制的专业人员岗位成才。对于为企业内部控制建设作出贡献的专业人员应当给予奖励，以调动内部控制专业人才队伍的工作积极性。

四、管理制度化

国务院国有资产监督管理委员会、财政部《关于加快构建中央企业内部控制体系有关事项的通知》（国资发评价〔2012〕68 号）第三条规定，中央企业要立足实际，建立健全内部控制体系。结合内部控制目标，梳理完善管理制度体系，并根据业务发展要求和外部经营环境变化，持续检验和评估管理制度的有效性，建立动态调整与改进机制，防止出现制度缺失和流程缺陷。推进内部控制体系建设同信息化建设的融合对接，在将制度和控制措施嵌入流程的基础上，结合企业信息化建设进程，将业务流程和控制措施逐步固化到信息系统，实现在线运行。

国资委办公厅《关于做好2021 年中央企业内部控制体系建设与监督工作有关事项的通知》（国资厅监督〔2020〕307 号）第二条规定，中央企业应强化制度建设，不断完善内控制度体系。各中央企业要按照国资委 101 号文件有关工作要求，定期梳理内控体系的短板弱项，推动企业内控体系制度建设系统化、规范化、制度化。建立制度定期更新机制，根据新业务、新变化、新问题，及时做好相关制度废、改、立工作，明确重要业务领域和关键环节的内控要求、风险应对措施及违规经营投资责任追究规定，增强制度刚性约束。加大制度执行监督检查力度，确保相关制度规定覆盖至基层单位，杜绝基层单位出现管理制度空白。深化制度整合优化，针对内控、风险管理、合规管理监督制度各行其是、各说各话、不能有效发挥统一管控作用等问题，以“强内控、防风险、促合规”为目标，建立以内控体系建设与监督制度为统领、各项具体操作规范为支撑的“1 + N”内控制度体系。

国资委《关于加强中央企业内部控制体系建设与监督工作的实施意见》（国资发监督规〔2019〕101 号）第三条规定，中央企业进行内部控制体系建设应完善管理制度。全面梳理内控、风险和合规管理相关制度，及时将法律法规等外部监管要求转化为企业内部规章制度，持续完善企业内部管理制度体系。在具体业务制度的制定、审核和修订中嵌入统一的内控体系管控要求，明确重要业务领域和关键环节的控制要求和风险应对措施。将违规经营投资责任追究内容纳入企业内部管理制度，强化制度执行刚性约束。第十三条规定，中央企业应建立出资人监督检查工作机制。加强对中央企业国有资产监管政策制度执行情况的综合检查工作，建立内控体系定期抽查评价工作制度，每年组织专门力量对中央企业经营管理重要领域和关键环节开展内控体系有效性抽查评价，发现和堵塞管理漏洞，完善相关政策制度、并加大监督检查工作结果在各项国有资产监管及干部管理工作中的运用力度。

财政部 2010 年印发的《企业内部控制应用指引第 1 号——组织架构》第八条规定，企业应当制定组织结构图、业务流程图、岗（职）位说明书和权限指引等内部管理制度或相关文件，使员工了解和掌握组织架构设计及权责分配情况，正确履行职责。

五、制度流程化

国务院国有资产监督管理委员会、财政部《关于加快构建中央企业内部控制体系有关事项的通知》（国资发评价〔2012〕68 号）第二条规定，各中央企业要以开展管理提升活动为契机，结合本集团内部控制工作实际，以提高经营效率和效果为目标，以风险管理为导向，以流程梳理为基础，以财务内部控制为切入点，以关键控制活动为重点，制订全集团内部控制整体建设实施方案或持续改进计划，明确总体建设目标和分阶段任务。第三条规定，各中央企业要立足实际，建立健全内部控制体系。以价值管理为主线，以风险管理为导向，全面梳理各类各项业务流程，查找经营管理风险点，评估风险影响程度，编制分类风险与缺陷清单，明确关键控制节点和控制要求，实施业务流程再造，编制内部控制管理手册，促进业务处理规范化和标准化。

财政部 2010 年印发的《企业内部控制应用指引第 1 号——组织架构》第八条规定，企业应当制定组织结构图、业务流程图、岗（职）位说明书和权限指引等内部管理制度或相关文件，使员工了解和掌握组织架构设计及权责分配情况，正确履行职责。

六、流程信息化

国务院国有资产监督管理委员会、财政部《关于加快构建中央企业内部控制体系有关事项的通知》（国资发评价〔2012〕68 号）第三条规定，中央企业要立足实际，建立健全内部控制体系。各中央企业要按照管理制度化、制度流程化、流程信息化的要求，立足企业实际，倡导全员参与，注重控制实效，防止流于形式，抓好内部控制建设的基础工作和关键环节。推进内部控制体系建设同信息化建设的融合对接，在将制度和控制措施嵌入流程的基础上，结合企业信息化建设进程，将业务流程和控制措施逐步固化到信息系统，实现在线运行。

国资委办公厅《关于做好 2021 年中央企业内部控制体系建设与监督工作有关事项的通知》（国资厅监督〔2020〕307 号）第六条规定，中央企业应推进信息化建设，持续提升信息化管控水平。各中央企业要按照国有资产监管信息化建设要求，加强信息化顶层设计和统一规划部署，加快信息化建设进程，通过信息化手段固化内控体系管控措施，有效发挥信息化管控的刚性约束和监督制衡作用。

国资委《关于加强中央企业内部控制体系建设与监督工作的实施意见》（国资发监督规〔2019〕101 号）第一条规定，中央企业内部控制体系建设应优化内控体系。

进一步树立和强化管理制度化、制度流程化、流程信息化的内控理念，通过“强监管严问责”和加强信息化管理，严格落实各项规章制度，将风险管理和合规管理要求嵌入业务流程。第八条规定，中央企业应提升内控体系信息化水平。各中央企业要结合国资监管信息化建设要求，加强内控信息化建设力度，进一步提升集团管控能力。内控体系建设部门要与业务部门、审计部门、信息化建设部门协同配合，推动企业“三重一大”投资和项目管理、财务和资产、物资采购、全面风险管理、人力资源等集团管控信息系统的集成应用，逐步实现内控体系与业务信息系统互联互通、有机融合。要进一步梳理和规范业务系统的审批流程及各层级管理人员权限设置，将内控体系管控措施嵌入各类业务信息系统，确保自动识别并终止超越权限、逾越程序和审核材料不健全等行为，促使各项经营管理决策和执行活动可控制、可追溯、可检查，有效减少人为违规操纵因素。

第二章

内部控制建设

第一节　概　　述

一、内部控制建设的内涵

（一）内部控制建设的本质为流程再造

从内部控制建设的基本思路来看，内部控制建设过程包括管理制度化、制度流程化，流程岗位化、岗位职责化、职责表单化、表单信息化。其本质就是进行制度建设后的流程梳理，并运用内部控制的方法对原有制度还原为流程后进行再造。

（二）内部控制建设提升决策的科学性与业务运行的效率

在公司层面，内部控制建设实现了对组织结构的优化设计，通过决策层、执行层、监督层的分立，合理的垂直授权与横向的分权制衡，使决策的科学性和有效性大大增加。在具体业务流程层面，运用流程管理，有利于通过明晰的岗位职责划分，增强员工在流程管理中的责任感与相互合作意识，培养集体主义精神。

（三）内部控制建设避免了管理者缺位、越位、错位

内部控制建设实现了具体业务的流程化、标准化、规范化。一个组织一旦建立了这些流程和相应的执行标准，管理者就可以将一些大量重复出现的具体工作授权给下属，由下属按照标准去执行，避免自身的缺位、越位、错位现象。管理者就有大量的时间研究经营管理过程中出现的重大的经营管理问题，提高管理者的决策素质和日常

经营管理的效率。

二、内部控制建设应遵循的原则

（一）相互牵制原则

在横向关系上，至少要由彼此独立的两个部门或人员办理以使该部门或人员的工作接受另一个部门或人员的检查和制约；在纵向关系上，至少要经过互不隶属的两个或两个以上的岗位和环节，以使下级受上级监督，上级受下级牵制。需要分离的职责主要是授权、执行、记录、保管、核对。

（二）风险导向原则

内控流程作为内部控制的载体，其设计应围绕公司既定的战略和经营目标，以风险识别和评估为切入点，确定业务关键控制环节，制定能有效防范风险的控制措施；同时需要充分考虑成本效益比例，对于超过所获得效益的控制措施应当舍弃，最终实现保障内部控制实施的效果。

（三）结构完整原则

一套完整的内部控制体系，必须包括控制环境、风险评估、控制活动、信息与沟通、监督五项要素，并覆盖各个部门和各项业务。各子系统的具体控制目标，必须服务于整体内控体系的一般目标。这就要求，各项控制要素、各业务循环或部门的子控制系统，必须有机组成企业内部控制的完整架构。

（四）标准统一原则

内控建设的过程，也是企业标准化的过程。企业应统一内控管理流程，统一制定内部控制管理制度，统一开发管理信息系统，加强执行监督，逐步消除管理差异，形成以流程步骤、控制措施、岗位责任、风险管理、内控评价等为主要内容的标准化内控框架。这不仅展现了各个专业领域的职能与分工，也有利于各专业查询、修改相关内控流程，便于有计划地开展内控建设与评价工作。

（五）持续改进原则

内控流程应动态适应公司业务范围、组织架构、风险水平等变化，建立内部控制设计、执行、评价及改进闭环管理机制，根据企业的实际情况对内部控制流程进行修正，实现持续完善与提升，保证对企业运营的管控力。

三、内部控制建设的具体工作

《企业内部控制基本规范》对内部控制建设提出了具体的工作内容，包括梳理各类经济活动的业务流程，明确业务环节，系统分析经济活动风险，确定风险点，选择风险应对策略，在此基础上根据国家有关规定建立健全单位各项内部管理制度并督促相关工作人员认真执行。

（一）梳理业务流程

这里的业务流程是指预算、收支、采购、资产、建设项目、合同等主要业务的业务步骤和程序。流程梳理需要研究和分析单位的“三定”规定内容，根据“三定”确定各项业务活动的负责部门或者归口管理部门。

流程梳理是最基础也是比较烦琐的一项工作，通过流程梳理，明确业务活动的基本步骤和先后顺序，最终结果是要把业务活动以流程图的形式表现出来。

（二）明确业务环节

每一项经济业务活动都分为若干业务环节，比如，预算业务活动，可以分为预算编报、预算调整、预算执行、决算编报、绩效评价五个业务环节，每个环节还可以继续细分为更小的节点。不同的业务环节对应相应的流程层次，所以流程又分为一级流程、二级流程、三级流程、四级流程等。

（三）系统分析风险

这里的关键词是“系统”，业务活动中任何一个单一的风险都有可能转化为业务层面整体的风险，因此，风险分析要体现全面性和系统性，既要强调个体风险的特殊性，也要有大局观。比如，合同变更以后没有在归口管理部门登记，也没有将变更的文本流转到财务部门，这就有可能导致财务部门按照原合同支付资金，最终的结果是企业资金遭受损失，严重影响企业利益和声誉。合同管理一个环节的失误，看似是经办部门经办人的操作错误，导致的后果可能是企业整体的损失和被动。

（四）确定风险点

确定风险点是在业务流程梳理的基础上，对企业内设机构和岗位设置情况进行具体分析，先明确业务活动的主责部门及职责，再按照流程步骤将每个业务环节进行特定风险评估，从而识别出可能造成企业经济损失和其他不利影响的风险点。

这里又存在着一个业务活动的细分：每个经济业务活动可以细分为不同的业务环节，每个业务环节还可以继续细分为业务节点。比如，预算业务活动有预算编报、预算执行等五个业务环节，而预算编报这个业务环节又可以细分为提出预算建议数、预算建议数审批批复、下达预算控制数、预算草案编报等九个业务节点。通过风险识别和分析，有些节点没有风险或者风险的等级很小，是可以承受的风险；有些节点有风险，必须要制定措施加以控制，并且还要对这些业务环节的风险点进行描述。

所以说，风险评估和流程梳理是比较复杂和烦琐的工作，没有专业知识，不了解各项业务的实际，没有充足的时间精力作保障，这项工作是很难完成的。

（五）选择应对策略

风险应对策略包括风险规避、风险降低、风险分担和风险承受四种，要将风险控制在可承受范围之内。

（六）建立健全管理制度

确定好风险点以后，应该制定对这些风险点的管控措施。按照风险管理理论，一般是采取设计风险控制矩阵的方式，将控制目标、控制活动类别、控制的措施、控制方法、控制文档、控制频率、主责部门和岗位等信息绘制在一张表内，可以比较直观地显示对风险采取的控制活动信息。风险控制矩阵中重要的内容是关于控制措施的描述，一般情况下在这张表中不便于描述过多的文字内容，需要专门设计对应的管理制度，这就是内控建设工作除流程之外另一个重要的工作——内控制度建设。

（七）内控信息化系统

企业内部参与到内部控制建设和执行工作的领导、各部门负责人和所有职工如何有效地执行内部控制？这就需要执行的工具——内控信息化系统。

因此，本书认为，内部控制建设应当包括流程管理、风险管理、授权管理、制度管理、合规管理、表单管理、信息系统控制等内容。内部控制建设不是一劳永逸的，而是发展的、动态的、修正的，加强内部控制体系建设，将是管理者永恒的主题。企业应以战略为目标、风险为导向、流程为载体、系统为支撑、制度为保障、授权为约束、评价为手段，建立具有组织架构扁平化、业务流程标准化、内控责任岗位化、控制手段信息化、监督评价常态化特征的内部控制体系。

本书在下文对内部控制建设包含的内容逐一进行详细介绍。

第二节 流程管理

一、内控流程概念

内控流程是指为实现企业战略和经营目标，有效防范各类风险，由各级单位、各业务部门和全体员工共同实施的一系列工作程序与控制活动。

二、内控流程管理原则

企业内部控制流程管理应遵循以下几条原则。

（一）风险导向原则

依据国内外风险管理和内部控制的实践，内部控制的意义首先在于规避风险，实际上是组织的内部风险控制机制。因此，内部控制流程作为内部控制的载体，其优化设计应围绕公司既定的战略和经营目标，以风险辨识和评估为切入点，确定业务关键控制环节，制定有效防范风险的控制措施，保障内部控制实施的效果。

（二）提高效率原则

实施内部控制必须权衡内部控制实施成本与预期效益，以合理成本实现有效控制。通常情况下，内部控制工作越周密、越细致，控制效果也越好，但同时也增加了控制的复杂性，导致成本上升，工作效率下降。因此，内部控制流程的设计必须做到详略得当，在满足重要性的前提下，尽量提高效率。

（三）流程唯一原则

在设计控制流程时，必须保证控制措施具有唯一性，即不重不漏。公司在设计具体的内部控制活动时，是按照业务流程来进行的，许多流程之间的业务存在交叉，为使控制责任能够具体到人，针对交叉业务的控制就必须贯彻唯一性原则，使得所有该管的事情有人管、管起来。

（四）价值优化原则

企业管理关注价值链，内控流程也必然围绕价值管理进行设计。企业活动主要包括战略、市场、研发、生产管理等基本价值活动和人力、财务、物资、法律等支持性价值活动，这些价值活动将企业内部与外部、各业务环节等以价值链的形式连接起来，通过价值管理实现价值增值。内部控制是散布在这些价值活动中的一连串行动，通过管理和控制这些价值活动，确保公司目标的实现。因此，优化内部控制流程的价值驱动因素并加以管控，一个主要方面，就是通过对影响企业目标实现的关键价值活动的控制，提升企业价值。

（五）持续改进原则

企业内部控制活动涉及企业组织架构、控制环境和业务活动流程三个方面，忽视企业的组织框架结构和控制环境，单纯考虑业务活动本身进行内部控制方案的设计，内部控制实施效果将大打折扣。如果将企业的内部控制流程设计成一套完全封闭的控制体系，不能根据企业的实际情况对内部控制流程进行修正和完善，将导致内部控制与企业运营实际严重脱节，最终致使内部控制形同虚设。因此，要高度重视内部控制流程的后续建设问题，结合组织架构、控制环境的变化定期或不定期对内部控制流程进行梳理，及时修订完善，保证内部控制流程对企业运营的管控力。

三、内控流程框架制定

（一）内控流程梳理

在搭建企业内控流程框架前，应当对企业经营过程中所涉及的各项业务活动进行分类梳理，识别其中已存在或需要增设的内控流程。在内控流程梳理过程中，要围绕企业中长期发展战略、短期经营目标、商业运营模式和内部组织架构，按照“控什么、何处控、何时控、何人控、为何控、如何控”的 5W1H 原则，厘清现有各专业、各层级之间的管理逻辑关系，明确内控流程管理的职责分工、管理要求和工作程序，识别出各业务条线中的每项内控流程，并做好汇总、归类与整理工作。

（二）内控流程编码

完成企业内控流程梳理之后，下一步要对内控流程进行统一编码，搭建起企业整体的内控流程框架。在实务中，可以根据企业的实际情况建立分类、分级的内控流程框架，一般是一到四级，最多不超过五级，目前大部分企业都是建立二至四级的内控管理流程体系。

一级流程是依据业务价值链和管理职能，将企业运营管理体系分解为有机关联、相互作用的若干业务模块，主要反映企业整体管理逻辑和业务运作模式，例如，生产型企业主要业务模块分为销售管理、采购管理、生产管理、财务管理、人力资源管理等。

二级流程是按照一级流程的业务管理界面，细化分解为不同的业务板块，主要界定一级流程下的不同业务领域，例如，财务管理可以分解为资金管理、预算管理、会计核算管理、资产管理等。

三级流程是依据二级流程的业务领域进一步落实为具体的业务活动，例如，财务管理中的资产管理又可以细分为固定资产管理、无形资产管理、使用权资产管理等。

四级流程是依据三级流程的业务活动性质、先后次序细化分解不同的工作环节，例如，固定资产管理可以再次细分为生产用固定资产管理、辅助用固定资产管理等。

内控流程编码则一般是以“一级流程名称（汉语拼音首字母）—阿拉伯数字分级连续编号”的形式，如 CW—11—01—01 开设银行账户，其对应的一级、二级、三级流程分别是 CW 财务管理、CW—11 资金管理和 CW—11—01 账户管理。

本书以某国有企业建立的四级内控流程框架体系中的财务管控为例，举例展示内控流程编码规则与方式，供读者参考。如表 2－1 所示。

四、内控流程建设

内部控制流程建设是一项复杂的、系统的、全局性的工程，应遵照一定的步骤和逻辑开展。本书经过长期的实践归纳、整理，总结出内控流程建设“十步法”操作指南，作为方法论，供读者借鉴。

（一）形成决议

根据五部委下发的企业内部控制基本规范及应用指引规定，企业主要负责人是内控工作第一责任人，负责组织领导建立健全覆盖各业务领域、部门、岗位，涵盖各级分、子公司的全面有效的内控体系。没有企业主要负责人及各领域分管领导的支持，内部控制流程建设容易流于形式或者半路夭折。因此，内控管理部门（财务部门、审

表2－1 内控流程编码举例

一级编号	一级流程	二级编号	二级流程	三级编号	四级编号	四级流程
CW	财务管理	CW—11	资金管理	CW—11—01	CW—11—01—01	开设银行账户
					CW—11—01—02	变更银行账户
					CW—11—01—03	撤销银行账户
					CW—11—01—04	银行预留印鉴保管及使用
					CW—11—01—05	银行预留印鉴管理
					CW—11—01—06	资金监控
					CW—11—01—07	银行账户年度检查
				CW—11—02	CW—11—02—01	现金盘点
					CW—11—02—02	支票购买
					CW—11—02—03	支票报废
					CW—11—02—04	票据盘点
					CW—11—02—05	资金安全备付额度设定
					CW—11—02—06	资金超备付申请
					CW—11—02—07	资金归集管理
				CW—11—03	CW—11—03—01	月度/旬度资金预算
					CW—11—03—02	月度/旬度资金预算调整
					CW—11—03—03	月度财政用款计划
				CW—11—04		
				CW—11—05	CW—11—05—01	融资计划管理
					CW—11—05—02	融资租赁管理
					CW—11—05—03	融资合同与担保合同签订
					CW—11—05—04	借款融资借入本金
					CW—11—05—05	借款融资还本付息
					CW—11—05—06	利息预提
					CW—11—05—07	票据融资
					CW—11—05—08	债券发行
					CW—11—05—09	债券还本付息
					CW—11—05—10	融资监控
					CW—11—05—11	信用证管理
					CW—11—05—12	担保审批与执行
					CW—11—05—13	担保日常管理

计部门、合规部门或者承担相应职责的部门，下同）应及时向分管领导（总会计师、财务总监等）汇报，或者直接向主要领导汇报，阐明内部控制的重要作用，争取企业层面的支持。企业主要负责人应就内控建设组织各分管领导、业务部门开展专题讨论，

统一思想，并形成决议。

在企业管理层面达成一致意见、决定启动内部控流程建设后，应制定长期规划（3—5 年）、短期目标（1—2 年）、年度计划以及各阶段建设范围和任务等，并将该项工作纳入企业年度重点工作任务清单，由内控管理部门组织各相关部门按计划实施。

（二）前期准备

在企业形成决议以后，内控流程建设进入前期准备阶段，“凡事预则立，不预则废”，前期准备工作的好坏直接影响后期建设的过程以及最后的成效。前期准备阶段主要完成以下工作。

1. 召开筹备会议

由内控管理部门组织各业务管理部门召开专题会议，宣贯内控建设工作的重要意义、工作目标、长短期规划、年度计划以及各部门职责分工等，确保各部门都能准确理解。会议上，各个业务管理部门应充分发表意见，内控管理部门做好解释答疑，确保思想统一，达成共识，减少内控建设推进的阻力。

为确保内控流程建设有效推进，一般情况下，分管内控工作领导必须要参加会议，也可以邀请公司主要领导一起参加。

2. 收集整理资料

该项工作是内控流程建设的重要环节，通过收集整理资料可以快速了解公司业务现状以及内控流程建设的要求。内部控制建设仅仅依靠内控管理部门是无法完成的，需要各个部门共同参与，尤其是涉及各专业性较强的资料，应按照专业分工进行收集。

（1）内控管理部门负责收集财政部、国资委以及其他国家部委下发的关于内控建设的法律法规、规章制度以及企业现有的内控制度等资料。

（2）人资部门负责收集公司组织架构图、部门职责、岗位分工、定编定岗定员情况等资料。

（3）办公室提供领导班子成员分工情况、议事规则、决策程序等资料。

（4）法律部门、财务部门、办公室收集公司授权情况，如合同审批、资金审批、三重一大决策等。

（5）财务、审计、巡察、合规部门收集历年各项检查、审计、巡查中发现的问题清单，如资金安全检查、税务检查、年报审计、离任审计、巡视巡察等。

（6）信息管理部门负责收集在用的各项信息系统及权限清单等。

（7）各专业部门分别负责收集本专业规章制度，如通用制度、内部规定等。

资料收集完成后，应分门别类进行整理、筛选，并组织相关人员进行学习。学习是重要过程，通过学习，一方面可以了解国家政策或行业企业的要求、标准流程规范等，另一方面可以发现企业管理中风险点、控制点，为后续内控建设奠定坚实的基础。

3. 确定咨询机构

内控流程建设是一项专业性很强的工作，除了依靠单位内部力量以外，在必要的情况下，可以聘请专业咨询机构协助开展建设。

在确定需要咨询机构介入内控建设后，企业应及时开展招投标工作，遴选经验丰富、业绩突出、信用记录良好的咨询机构签订合同。在合同中应明确咨询的范围、时间进度要求、质量管控要求、交付成果形式、保密要求等内容。同时加强对咨询机构的全过程管控和监督考核，确保内控建设达到预期要求。

4. 制订实施方案

完成各项准备工作以后，需要制订内控流程建设实施方案，作为后续工作的纲领性文件。实施方案应包括企业内控现状、必要性分析、建设目标、建设范围、领导和工作机构、进度管控措施（里程碑计划）、质量管控措施、沟通协调机制（周例会、月度例会等）、考核机制等内容。

领导机构应由公司主要负责人（或总会计师、总审计师、财务总监等内控建设分管领导）任组长（或双组长）、各业务领域分管领导任副组长、各相关部门负责人为成员。工作小组应抽调各相关部门业务骨干组成，设立内控流程建设办公室，办公室设在内控管理部门，负责具体实施及过程管控。

实施方案初稿制订后，应通过多种形式、在一定范围内征求修改意见，进行反复修改，并提前向各领域分管领导汇报。在特殊情况下，实施方案应经总经理办公会等类似机构审议通过。

实施方案应以正式文件下发。

5. 设计信息采集表

信息采集是否完整对内部控制建设至关重要，因此需要通过“内控流程管理要素采集表”来完整有效地获取有关信息。“内控流程管理要素采集表”可以由咨询机构协助制定，要求通俗易懂、便于理解、方便填报、能够覆盖内控流程建设的所有方面。采集表内容至少需要涵盖步骤编号、步骤说明、责任部门与岗位、审批事项、授权金额、授权类型、印章、文档、信息系统、风险点、控制点、控制目标等内容。

（三）正式启动

各项准备工作完成后，正式启动内控流程建设，在这一阶段需要完成以下几项工作。

1. 召开启动会议

良好的开端是成功的一半，启动会是内控流程建设的开始，对于后期的建设至关重要。以召开启动会的形式，宣告项目正式启动，明确组织结构，并落实责任到人，让所有相关人员知晓项目的意义，明确各自的责任，为项目后期执行扫清障碍。

启动会应至少要求公司主要负责人、分管领导、相关部门负责人、各领域业务专家参加，如果单位人数较少，可以全员参加。尤其是高层领导的参与非常重要，将使员工心里认同内控建设，积极支持配合该项工作。

会议议程至少应包括以下内容：（1）内控流程建设分管领导主持会议，并阐明该项工作的重要意义；（2）内控流程建设办公室宣贯实施方案，明确里程碑计划、职责分工、工作方式等；（3）领导小组组长（主要负责人或双组长）进行总结讲话。

为确保内流程建设能够有力推进，在必要情况下，可以选取部分重要部门进行表态发言。

2. 开展培训

由于内控流程建设专业性较强，因此在正式工作全面铺开以前，需要组织培训，由内部专家或者咨询机构详细讲解内控理论、工作目标、内控流程建设的步骤、采集表格如何填报等事项，确保每个参与人员都能准确理解、准确反馈所需信息。

专家培训可采用分领域、分专业的形式进行。

（四）流程要素采集

内控建设进入实施阶段后，首要任务是进行全量信息采集。受限于专业分工越来越细，一个或几个员工无法提供企业内控流程建设所需的全部信息，这个时候就需要综合采用填报信息采集表、问卷调查、座谈会、面对面访谈、头脑风暴等方式进行要素采集。本部分主要介绍如何通过“内控流程管理要素采集表”、面对面访谈、信息系统分析等方式获取所需信息。

1. “内控流程管理要素采集表”

发放填写“内控流程管理要素采集表”是获取内控流程建设信息最直接、最有效的手段，下面以某国有企业设计并使用的“内控流程管理要素采集表”为例，进行说明。

（1）要素采集表样例

“内控流程管理要素采集表”样例如表2-2所示。

表2-2　　内控流程管理要素采集表

末端流程编号：

末端流程名称：

1	2	3	4			5	6	7	8				9		10		11	12	13			14	15	16	17	18	19	20	21	22					23		24	25
									授权类型				相关印章		相关文档				相关制度			风险点内容			控制点内容					控制目标					预期管控			
步骤编号	标准流程步骤	步骤说明	涉及层级	责任部门	责任岗位	参与部门	审批事项	授权金额	编制/申请	初审	复审	审批	涉及印章	印章保管部门	输入信息	输入信息提供者	输出信息	涉及系统	制度名称	制度文号	适用条款	风险点编号	风险点描述	是否为控制点	是否为关键控制点	控制点编号	控制点描述	控制方式	控制频率	提升效率效率	资产安全	财务报告及相关信息真实完整	经营合法合规	实现战略目标	是否为预期管控措施	预期时间	底线清单	合规要求

①步骤编号。标准流程步骤顺序号，与流程图中流程步骤里的编号（1，2，3…）对应。

②标准流程步骤。概述流程步骤的内容，一般为动宾短语形式，且与流程图中流程步骤文字描述的具体内容一致。

③步骤说明。按照5W1H的规则（即步骤是如何执行的？谁来执行这一步骤？执行步骤中时需要哪些数据报告、文件或者资料，步骤执行的结果是哪些实物证据？何时执行这一步骤？何地执行这一步骤？为什么执行这一步骤?）详细描述每个岗位执行步骤的业务流转内容及程序，该步骤涉及的要素至少应包括：涉及的人员、时间、频率、涉及表单、具体活动等内容。流程步骤说明应适当拆分，原则上一个岗位执行一个步骤，不得出现两个岗位先后执行的步骤出现在一个步骤说明里。

④涉及层级、责任部门及责任岗位。实施该步骤的人员所处的层级、部门及标准岗位名称。若该步骤涉及多个层级，则在涉及层级、责任部门、责任岗位对应的表格内分别列示相关内容，并用分号隔开。

⑤参与部门。除主责部门外，配合执行该流程步骤的参与部门名称。

⑥审批事项。需要通过授权管理的各类具体业务。

⑦授权金额。写明审批事项权限对应的授权金额，如不适用填写“—”。

⑧授权类型。勾选本流程步骤对应的授权类型，为“编制/申请”“初审”“复审”“审批”。

⑨相关印章。涉及印章包括但不限于公司章、部门章、合同章、人名章等印章类型，以及对应的印章保管部门。

⑩输入信息或输入信息提供者。该步骤所需参考、依据的相关文档名称，以及文档提供者、所处的层级、部门及岗位名称。

⑪输出信息。该步骤生成、转出的相关文档名称。

⑫涉及系统。该步骤涉及的信息系统名称。

⑬制度名称、制度文号、适用条款。列示该步骤索引的制度名称、制度文号及适用的条款号。若索引多个制度，每个制度之间、文号、条款之间分别用分号隔开；如索引一个制度中的多个条款，每项制度的各条款间用逗号隔开；如制度尚未正式下发，则需在相应的制度名称后、制度文号、适用条款后均注明“待发布”。

⑭风险点编号。控制点对应的四级风险编号。编码规则与方式详见本章第三节“风险管理”中相关内容。

⑮风险点描述。控制点对应的四级风险点内容，填写具体的风险要素及风险内容。

⑯是否为控制点。针对每一个流程步骤，判断该流程步骤是否为控制点。判断流程步骤是否为控制点的标准可依据：该步骤在日常运作过程中起到抑制风险发生概率或减少风险造成的损失的作用；该步骤的有效执行能够协助保证控制目标实现，及前一步骤的正确性。在一般情况下，该流程步骤的有效执行留有可供追查、复核的痕迹。

⑰是否为关键控制点。针对每一个控制点，判断该控制点是否为关键控制点。判断标准可依据：该控制点规避高风险，与控制点相关的风险如果发生，对公司的生产经营、财务信息质量、合规责任影响重大；该控制点涉及关键单据及文档的传递、审阅、批准；该控制点对应的风险无其他控制点能够起到规避、防范的控制作用；该控制点涉及非常规交易的操作与审核等。

⑱控制点编号。所识别控制点的编码，编号规则为控制点所属末端流程编号后加字母“C”（英文控制的首字母）及阿拉伯数字连续编号。编码规则与方式详见本章第三节“风险管理”中相关内容。

⑲控制点描述。针对每个控制点，填写具体的控制要求及控制内容，原则上与流程步骤说明保持一致。若流程步骤说明中包括“转自”“转至”等流程流转描述，需相应删除。

⑳控制方式。分为手工控制、IT 控制、手工依赖 IT 控制三类。其中手工控制表示手工操作的控制活动，IT 控制表示系统自动进行的控制活动，手工依赖 IT 控制表示操

作人在 IT 系统中执行的控制活动。

㉑控制频率。控制点发生的频率，分为每日、每周、每月、每季度、每半年、每年、不定期等。

㉒控制目标。针对每个控制点，明确该控制点对应的控制目标，如提高经营效率和效果、资产安全、财务报告及相关信息真实完整、合理保证企业经营管理合法合规、促进企业实现战略目标。

㉓预期管控。若该流程步骤为业务部门确定的未来期望执行的步骤，则为预期管控，并明确期望执行的时间。

㉔底线清单。填写该内控流程中所涉及的底线事项，若触犯底线事项，将造成违反法律法规等严重后果。

㉕合规要求。填写该内控流程中所对应涉及的合规要求与规范。

（2）“内控流程管理要素采集表”发放与填写

通过前期启动阶段的培训，相关人员已经掌握内控流程建设基本要求，在此基础上，发放“内控流程管理要素采集表”。发放对象选择要注意：一方面，要覆盖所有的业务环节和群体，如生产人员、销售人员、采购人员、管理人员等都需要兼顾，确保能够获取到足够多的信息；另一方面，要重点选择各业务领域的骨干，如一线操作人员、基层班所负责人、机关管理人员、中层管理干部、高层管理人员等，这部分人熟悉业务，知道业务的难点、痛点，对后期流程的设计和优化能够起到很大的作用。

对象确定后，应及时将“内控流程管理要素采集表”和填报说明分发至所有相关部门以及相关岗位员工，由他们根据实际工作进行填写。有条件的可以提前发放，给各专业业务人员留出充足的时间思考，以便后期填报能够做到有的放矢，确保信息采集客观、完整，提高信息采集的质量。

该项工作可以在咨询机构协助下进行，指导员工填写，确保信息采集完整有效，避免多次返工。

（3）“内控流程管理要素采集表”回收与整理

在相关岗位员工完成“内控流程管理要素采集表”填写后，应及时回收，妥善保管流程要素采集的第一手信息，为后续工作奠定基础。对于回收后的采集表内容要分类进行归纳整理，对存在疑问的部分，进一步核实确认，从中提取线索、寻找漏洞，帮助完善企业内控建设。

2. 面对面访谈

面对面访谈是获取内控建设流程信息的重要手段之一，一次成功的访谈能使项目人员快速、全面了解企业的现状、风险管理的总体情况等，为下一步内控建设指明方向和重点。

面对面访谈应注意以下事项：

（1）做好访谈准备

欲实现一次成功的内控建设访谈，应从访谈前的精心准备开始。访谈前需要做好以下准备。

一是厘清访谈目的。访谈前最主要的是明确访谈的目的，换句话说，就是希望通过访谈从受访者身上获得哪些信息。常见的访谈目的有：①说明事物、传递信息、了解真相；②请求或说服对方完成任务。具体到内控流程建设，应围绕内控流程建设不同阶段所需信息的不同，分别确定访谈目的。

二是选择访谈对象。访谈一般需要两位以上的项目人员参与，分别负责提问和记录。被访谈对象可以是一个人，也可以是多个人同时进行。应尽量选择业务熟练、技术娴熟、沟通能力强的人员参与，同时要注意覆盖面，各个业务环节的人员都应涵盖。

三是拟订访谈提纲。拟订访谈提纲是确保访谈围绕内控建设展开的最有效的方式，可以掌握访谈主动权，也可以充分调动被访谈者的“谈话兴趣”。应根据访谈目的、被访谈者的基本情况，拟订访谈提纲。访谈题目既要精炼，又要把问题表达清楚；既要有学术性，又不能太学术化。同时，访谈题目之间保持并列和递进关系。

四是确定访谈时间和地点。内控建设访谈地点可视访谈目的和欲获取的信息进行灵活选择，重要访谈应在保密性强、不受干扰的环境中进行。访谈时间应结合被访谈人员时间安排，确保访谈过程不被打断。

（2）把控访谈过程

访谈过程关系结果的成败，是面对面访谈的核心环节。在访谈过程中，访谈人应把控节奏，围绕访谈目的和主题获取所需信息，不要跑题。

访谈应按照一定的顺序进行，一般是按照业务流程环节，如采购、生产、销售等，环环相扣；不同层级的人员之间，一般采取自下而上的方式，先访谈具体业务操作人员，再逐级访谈中、高级管理人员。

要注意控制时长，时间太短往往无法充分了解情况，时间过长容易引起被访谈人员疲劳，影响访谈效果。一般情况下，访谈时间控制在 2 个小时以内。

另外，需要注意的是，一定要做好访谈记录，必要的时候可以使用录音、录像的形式。

（3）整理访谈成果

内控建设访谈结束后，要及时整理访谈记录，避免时间过长忘记部分事项，做到“日清日结”，重要访谈记录应交被访谈人签名核实。

所有访谈结束后，应对访谈过程中所获得的信息进行汇总整理，并进行有效的甄别和分析，明确问题现状和具体表现，形成文字性成果——分析报告（或调研报告、关注报告等）。访谈人员对访谈内容要进行认真分析，必要时应对相关信息和数据通过查询原始记录、搜集证词证据等方式进行核实，从中发现内控建设问题线索，为是否继续跟踪内控建设提供依据。对访谈中提出的有关建议和意见应认真思考，合理采纳并有效利用。对获取的信息应妥善管理，如数据保密、信息安全等。

对访谈过程中需要收集的资料应当及时获取，并和访谈记录一起作为相关工作底稿附件归档备查。

3. 开展信息系统分析

随着企业信息化程度普遍提高，信息系统对企业经营管理以及内控建设的渗透程度也不断加深。很多企业通过信息系统对业务流程进行了固化，依托于信息系统开展日常管理工作，在信息系统中反映出企业的内控流程要素。

针对信息化程度较高的单位，在进行要素信息采集、访谈的同时，应全面梳理在用的财务系统、业务系统、制度系统的流程、审批权限配置、表单格式等信息，开展线上、线下对比、分析。尤其是采集的信息与系统流程对比不一致时，需要重点核实，以确保流程准确无误。

（五）编制流程图及说明

流程图，是通过流程要素采集呈现的可视化的业务逻辑图。在流程要素采集过程中，流程各方面的信息已经明确，为了让使用人对流程都能有清晰、全面、直观的认识，统一流程图呈现方式非常有必要。绘制流程图是整个内控流程建设的核心，流程图是输出的最重要的成果之一。

流程图是由文字、图形和箭头共同组成的图形化表达。相较于管理制度和内部控制手册，流程图中蕴含的文字更少，更容易让使用者快速了解、掌握企业内部的各项管理流程。

由于流程图具有直观、便捷和易于阅读的优点，大部分企业在日常管理过程中已开始大量使用流程图这一表达形式。企业中使用的流程图主要包括过程流程图、工作流程图和职能流程图。

过程流程图是最简单的一种流程图表达形式，主要适用于表达流程在同一岗位或者同一部门中的流转，适用于三级或者四级子流程。

工作流程图多见于 OA 系统后台，与过程流程图相比，工作流程图更完整、直观地展现了流程的执行步骤和顺序，并且对于复杂流程，工作流程图可通过设计判断条件的方式展示流程中存在各类分支结构。

职能流程图适用于跨部门协作流程，通过引入“泳道”，详细地描述了流程在不同部门、不同岗位或者员工之间的流转。职能流程图是最直观、完整的流程图表达形式。一般内部控制手册中使用的都是该类流程图。

1. 流程图图标介绍

流程图图标样例如表 2－3 所示。

表 2－3　　流程图图标样例

序号	图形名称	图形
1	操作流程步骤	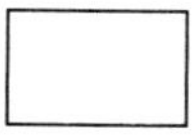
2	独立流程	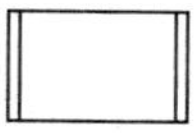
3	系统文档	
4	文字型实施文档	
5	表单型实施文档	
6	开始	
7	结束	
8	下一页	
9	上一页	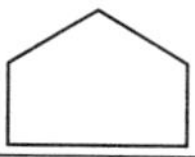
10	同页索引	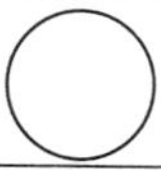
11	信息系统	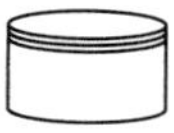
12	连接线	
13	风险点（R）/控制点（C）编号	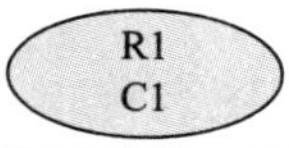
14	判断框	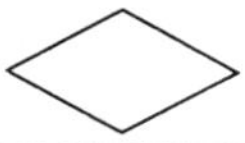

2. 流程图绘制要求

内控流程图由流程图名称、职能带（泳道）、流程步骤、风险点及控制点、系统、输出信息等组成。

（1）流程图统一使用 Microsoft Office Visio 软件绘制，并使用统一、规范的流程图标。

（2）程图模板范围不应超过一页 A4 横向打印纸，页边距为 10 毫米。

（3）流程图名称与职能带使用 12 号宋体，流程图中其他内容使用 10 号宋体。

（4）流程图仅有一个开始节点和一个结束节点，不可能存在多个开始和结束节点，多个开始和结束节点代表该流程图存在判断分支，应该绘制多个流程图。

（5）流程图的连接线不可交叉、重合。

（6）判断框需要形成闭环管理，审批需要包括同意和不同意两种情况。

（7）步骤框内的文字描述应尽可能简洁，通常使用“动作 + 动作对象”的“动宾”结构短语进行描述。

（8）若流程中涉及子流程，则使用子流程框进行描述，无须在主流程中体现。

（9）流程图若不能在同一页完成，可使用连接图标连接到下一页。

（10）如需参考其他末端流程，可引用已定义的流程，无须重复绘制。

3. 流程图解析（见图 2－1）

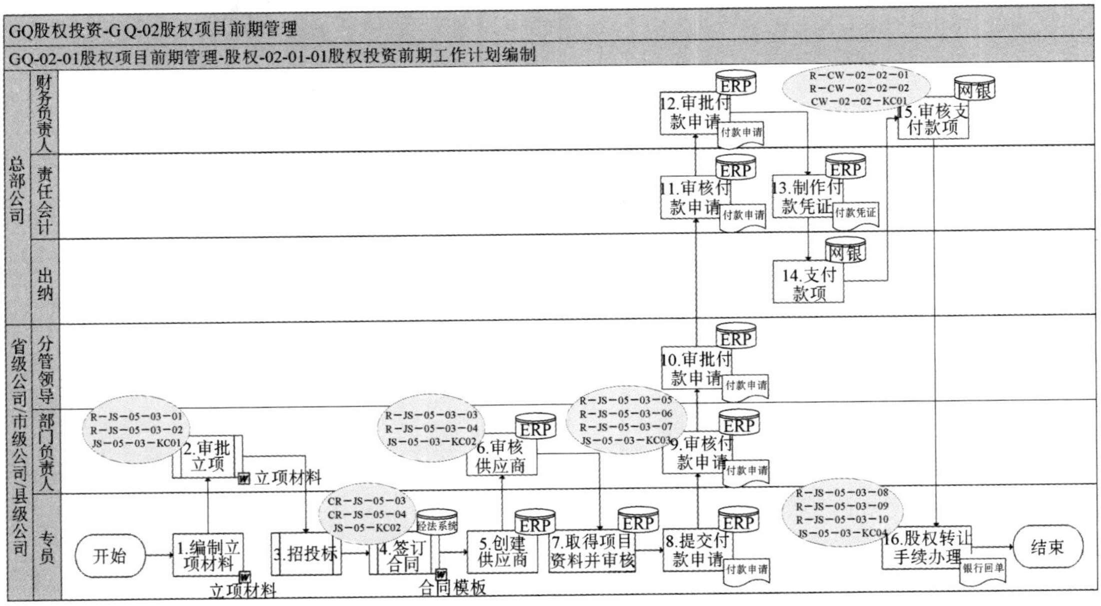

图 2－1 流程图样例

（1）流程图名称

流程图左上方列示所绘制的末端流程名称，填写规则为“流程编号—流程名称”，第一行为一级及二级流程名称信息，第二行为三级及四级或三级流程名称信息。

如第一行列示“GQ 股权投资—GQ—02 股权项目前期管理”，第二行列示“GQ—02—01 股权项目前期管理—股权—02—01—01 股权投资前期工作计划编制”。

（2）职能带

①职能带分为两列，采用纵向方式列示，明确列出职能带中层级、部门及岗位名称。左侧第一列填写“涉及层级”，如省级公司；第二列填写“责任部门及岗位”，如省级公司财务部主任。

②“涉及层级”与“责任部门及岗位”均按层级或职位高低从上往下绘制。

③职能带处理方式：

第一，各层级单位业务流程相同，且不需要跨层级流转的末端流程，职能带需填写所有具有该种流转特点的管理层级，并用“/”表示。如某流程在总部、省级公司、市级公司及县级公司均需本层级内部流转即可完成，则在职能带中列示“总部/省级公司/市级公司/县级公司”。

第二，各层级单位业务流程相同，但跨层级流转链条数量相同的末端流程，职能带需分两部分：上部分为流程步骤所涉及的审核、审批层级；下部分为流程步骤所涉及的编制/申请层级。如某流程在市级公司、县级公司的流程相同，但都需提报给上级单位审批，即需提报给省级公司、市级公司审批，则在职能带中上部分列示“省级公司/市级公司”，下部分列示“市级公司/县级公司”。

第三，各层级单位业务流程的跨层级流转链条数量不同的末端流程，职能带需按最多数层级分别列示。如某流程从市级公司发起，经省级公司审核后，报总部审批，则在职能带中分别列示为“总部”“省级公司”“市级公司”。

第四，如某部门牵头组织各部门讨论，各部门仅参与了过程并未独立进行活动，则主责部门负责岗位的流程步骤描述为“会同各有关部门进行讨论”，不单独为各部门增加职能带。

第五，如各部门共同参加与成立某项（临时）机构，并以该机构名义进行流程操作，应增加职能带，如“××委员会”，并在职能带中绘制相关流程步骤。

（3）流程步骤

以文字描述体现相应岗位执行的动作，由流程步骤编号及动宾短语组成，如“6.复审××报告”。一个流程步骤仅能对应职能带中的一个岗位，不可出现同时跨职能带的情况。该内容与内矩阵中步骤编号及标准流程步骤保持一致。流程步骤通过不图标区分系统操作和非系统操作。

（4）连接线

连接线用于连接两个流程步骤图标，箭头方向从左至右，不应出现交叉和重合。

（5）输出信息

在流程流转过程中，输出信息通过不同图标区分系统文档和非系统文档（含文字型实施文档/表单型实施文档），一般输出信息图标在流程步骤图标的右下方，记录该流程步骤产生的相关文档资料。

（6）风险点及控制点

对于存在风险点及识别为控制点的流程步骤，在流程步骤图标左上方列示风险点及控制点图标，其中填写对应的风险点和控制点编号，该编号与内控矩阵中的该步骤对应的编号保持一致。

（7）信息系统

对于系统操作的流程步骤，在步骤图标右上方用系统图标体现该操作涉及的系统名称，如 ERP 系统。

（8）判断框

判断框至少有两个引出线，体现不同情况下的流程流转方向。

（9）接口流程

若某一流程步骤涉及与其他末端流程的接口，则用“独立流程”图标与该流程步骤操作框相连，同时在“独立流程”框中填写接口末端流程的编号及名称。

4. 编制流程说明

流程说明是对流程图的进一步细化和说明。一份完整的流程说明文件应包含的信息有步骤编号、标准流程步骤、步骤说明、涉及层级、责任部门、责任岗位、输入信息、输入信息提供者、输出信息、涉及系统等。

步骤说明是标准流程步骤的详细操作描述，应以更好地指导步骤的开展为出发点，编写需遵循5W1H 原则，即步骤说明中要包括谁（Who）、什么时候（When）、在哪里（Where）、做什么（What）、为什么要做（Why）、怎么做（How），如表 2－4 所示。

表 2－4　　流程说明（模板）

步骤编号	标准流程步骤	步骤说明	涉及层级	责任部门	责任岗位	输入信息	输入信息提供者	输出信息	涉及系统
1									
2									
3									
4									
5									

（六）识别风险点和控制点

流程图绘制完成后，应针对每一个流程步骤，梳理是否存在风险点，并针对梳理出的风险点，依据风险评估标准进行系统分析，评价风险影响，确定风险值和风险等级。

企业应根据风险管理策略，针对每个风险点并设置相应的控制点。判断控制点是否有效的标准主要有：（1）该步骤在日常运作过程中起到抑制风险发生概率或减少风险造成的损失的作用；（2）该步骤的有效执行能够协助保证控制目标实现，及前一步骤的正确性。在一般情况下，该控制点的有效执行需要留有可供追查、复核的痕迹。

梳理风险点和控制点，应进行广泛的意见征求，通过头脑风暴、专家讨论等形式开展，至少应包括理论专家、实操专家、各领域业务专家、信息化专家等。核心点是以问题为导向，通过问题找风险点：一是要结合内外部检查发现的问题，以问题为导向，有的放矢，查找问题的根源。如是属于部门与岗位职责是否清晰等设计上的缺陷引发的风险，还是属于执行不力等执行上的缺陷引发的风险。二是紧紧围绕内部控制目标，即合理保证企业经营管理合法合规、资产安全、财务报告及相关信息真实完整，提高经营效率和效果，促进企业实现发展战略，识别影响内部控制目标的风险因素。如梳理在建工程端到端流程过程中，应关注成本暂估的充分性、转资的条件和及时性、预定可使用状态的判断等，是否影响财务报告的信息质量，同时关注项目前期的审批、安全措施管控、工程挂账的管控措施、是否定期盘点、是否购买保险等因素，是否影响资产安全等。最终根据梳理的风险点确定控制措施。

在一般情况下，一个风险点对应一个控制点，个别风险点需要多个控制点发挥作用，而一个控制点一般只能防范一个风险点。

企业应当结合风险和控制点梳理结果，通过手工控制与自动控制、预防性控制与发现性控制相结合的方法，运用相应的控制措施，将风险控制在可承受度之内并编制内控矩阵。控制措施一般包括：不相容职务分离控制、授权审批控制、会计系统控制、财产保护控制、预算控制、运营分析控制和绩效考评控制等。内控矩阵（模板）如表2-5所示。

表2-5　内控矩阵（模板）

步骤编号	风险点编号	风险点描述	控制点编号	控制点描述	手工/IT/手工依赖IT控制	控制频率
1						
2						
3						
4						
5						

风险评估的方法和风险管理策略内容详见本章第三节“风险管理”。

（七）完善内控流程图

完成绘制内控流程图初稿后，应组织流程涉及的相关部门、岗位人员进行审核，查漏补缺，并在一定范围内进行穿行测试，验证流程步骤、控制点设置的合理性、有效性。针对发现的流程缺陷，经专家讨论（应包含理论专家、实操专家、各领域业务专家、信息化专家）后，对流程进行完善、修正，形成最终的内控流程图。

（八）审批内控流程图

在完成业务流程图绘制、风险点和控制点识别、内控流程图完善等一系列前期工作后，定稿的内控流程图需经一定的程序审批后方可生效或正式执行。

由于内控流程图涉及各个部门、各项业务、各个环节，因此必须由相关部门进行会签，完成后提交企业风险管理委员会（内控领导小组或类似机构，下同）进行讨论审议，审议通过后正式发文执行。

经审批后正式发文的流程图，作为开展该项业务所要遵循的标准，在企业内部具有最高的“法律效力”，必须严格执行。如有调整，必须满足一定的条件、履行必要的审批程序（详见本章节第五部分“内控流程调整”）。

（九）改造业务流程、固化信息系统

内控流程图不是冷冰冰的工具书，必须要落到相应的业务流程，并通过信息系统的手段加以固化，才能够起到相应的控制作用。

1. 改造业务流程

以正式发文执行的内控流程图作为依据，对现有业务流程进行梳理、分析。针对业务流程梳理过程中，发现与识别的各项风险点以及相对应的控制点，提出流程改造优化方案，旨在对业务流程中存在的风险与漏洞进行规避与修正。从流程角度完善整个业务体系，消除部分风险发生的可能性，有效提高业务整体运行的质量。

2. 固化信息系统

在业务流程改造的基础上，对信息系统进行相应调整，通过系统的手段予以控制。在业务管理系统中，通过优化流程步骤、增加审核环节、设置分级审核权限等方式，以信息化手段固化流程路径，减少人为干预因素，防止错漏产生，提升内部控制管理效率。

（十）评价与考核

在内部控制运行一段时间后，需要定期对内部控制进行全面评价，评估判断内部

控制设计是否合理、执行是否规范。其中内控设计需要根据风险的动态变化进行相应修改调整，内控执行需要不断落实强化，以保证内控体系整体的有效性。最后根据内控评价结果对相应责任主体进行考核追究。

1. 内控评价

企业董事会或类似权力机构应当定期对内部控制的有效性进行全面评价。内控评价是指对公司内部控制设计和执行的有效性进行评价，识别控制缺陷，形成评价结论，出具评价报告的过程，目的是促使企业切实加强内部控制体系的建设并认真执行，保证内部控制体系得以持续、有效的改进。内部控制有效性是指企业建立与实施内部控制对实现控制目标提供合理保证的程度，包括内部控制设计的有效性和内部控制运行的有效性。

组织开展内控自评价，要运用内控评价方法，收集公司内控设计与执行有效性证据，全面查找内控缺陷。根据内控缺陷潜在负面影响的性质、范围等因素，从偏离目标的可能性和影响程度两个维度评估内控缺陷严重性。针对内控缺陷，要制订缺陷整改计划，跟踪并督促缺陷整改。

内控评价相关具体内容详见本书第三章。

2. 考核追究

内控评价完成以后，要依据评价结果进行考核兑现，以考核手段督促责任主体落实好内部控制设计与执行的责任。出具评价结果后，以内控流程图为依据，识别确认内控缺陷发生所在的流程步骤及相应责任部门、责任人，由内控管理部门负责出具考核意见。相关评价结果、考核意见应纳入企业负责人年度业绩考核和全员绩效考核体系。

因内控设计缺陷造成内控失效的，如果是因为内外部客观情况发生变化导致控制手段不再适用，要督促相关责任主体及时调整修改内控设计；如果是因为设计之初未考虑欠妥的，应追究相关单位、部门主要负责人和直接责任人的责任。因企业中各级单位、部门未严格落实内控流程执行责任，未严格执行相关要求造成内控失效的，应追究相应单位、部门主要负责人和直接责任人的责任。

对在内控评价中发现的问题应当及时整改、堵塞漏洞，对于因整改不到位而在内控评价中反复出现的内控问题，要从严从重考核。

五、内控流程调整

内控流程制定后，并非一成不变，需要根据内、外部环境的不断变化进行动态调整、完善优化。内控流程是经过前期大量的调研、各专业协同科学制定的，在某种程度上属于“内部法律”，具有高度的权威性，因此必须满足一定的条件，并执行严格的流程，才可进行调整，避免朝令夕改，造成业务管理混乱。

内控调整流程包括修订和废止两类情形。

（一）内控流程修订

1. 修订情形

（1）国家有关法律法规、行业监管政策或企业规章制度等发生变动，造成本单位内控流程与之不相适应的；

（2）经营业务、组织机构和岗位、工作程序、涉及风险、信息系统、表单等发生变化，造成内控流程设计依据发生改变的；

（3）内部控制评价中发现设计、运行缺陷的。

2. 修订流程

（1）业务部门提出书面申请（填写“流程管理审批单”），阐述流程修订的原因和必要性、修订后流程图、审批权限、信息系统调整要求、修订前后流程对比分析等，经部门负责人审核后提交内控管理部门。

（2）内控管理部门对业务部门提交修订申请进行审核，简单的流程可以直接进行审批；复杂的、涉及多个部门的流程，组织相关业务部门参与内控流程联合评审，针对内控流程提出评审意见。必要的时候，可以邀请外部咨询机构进行评审。

在审核过程中，人资部门重点审核职能部门、职责分工是否符合企业组织架构、定编定岗定员要求等；各业务部门重点审核业务流程是否符合标准流程、是否闭环，是否揭示所有风险，控制点是否完能发挥作用；内控管理部门重点审核是否符合内控要求，是否和其他流程存在重叠等。

（3）内控管理部门完成流程审核后，提交企业风险管理委员会进行审批。如果上级单位有特殊规定，应在内部审批通过后取得上级单位批复或向上级单位备案。

（4）流程修订完成相应的审批程序后，应及时组织修订内控流程手册、调整流程、对应的表单格式及相应信息系统权限。

（5）如果相关文件未对流程生效时间作出要求，一般在完成流程、权限调整后正式生效。如果有特殊要求，应在规定时间点正式生效。

3. 表单样式

流程管理审批单如表 2－6 所示。

表 2－6　　流程管理审批单

流程名称					
申请部门			申请日期		
申请事由	新建（　）		修订（　）		废止（　）
线上、线下		线上（　）		线下（　）	
流程基础信息	流程内容	协同部门	制度文件	授权信息	风险及控制信息
附件	内控信息采集表、调整前后流程图、线下表单格式				
申请部门审核意见				审核人：	审核日期：
协同部门审核意见				审核人：	审核日期：
联合评审	人力资源部门意见			审核人：	
	内控管理部门审核意见			审核人：	审核日期：
	授权管理部门审核意见			审核人：	审核日期：
	制度管理部门审核意见			审核人：	审核日期：
审批	风险管理委员会意见			审核人：	审核日期：

（二）内控流程废止

1. 废止情形

（1）内控流程所对应的业务已被取消；

（2）内控流程所对应的业务管理模式发生根本变化，需要编制新的内控流程；

（3）多个业务流程合并等原因，导致现有内控流程失效，并且无法修订的必要；

（4）现有内控流程和其他流程有重复，未起到相应作用，经评估不是必需的流程。

2. 废止流程

（1）业务部门提出书面申请（填写“流程管理审批单”），阐述流程废止的原因和必要性，废止后内部控制是否仍然有效等，经部门负责人审核后提交内控管理部门。

（2）内控管理部门对业务部门提交的申请进行审核，简单的流程可以直接进行审批；复杂的、涉及多个部门的流程，组织相关业务部门参与内控流程联合评审，针对内控流程提出评审意见。必要的时候，可以邀请外部咨询机构进行评审。

（3）内控管理部门审核后，提交企业风险管理委员会进行审批。如果上级单位有特殊规定，应在内部审批通过后取得上级单位批复或向上级单位备案。

（4）完成相应的审批程序后，应及时组织修订内控流程手册、调整流程、对应的表单格式及相应信息系统权限。

（5）如果相关文件未对流程生效时间作出要求，一般在完成流程、权限调整后正式生效。如果有特殊要求，应在规定时间点正式生效。

3. 表单样式

样式参照表2-6“流程管理审批单”。

第三节　风险管理

一、风险概述

（一）企业风险的概念

1. 风险的定义

风险是在特定的客观情况下，在特定的期间内某一事件的预期结果与实际结果之间的差异程度，差异程度越大，风险越大。COSO委员会对风险的定义是：事项发生并影响实现战略和经营目标的可能性，其中事项不仅是常规事务，而且包含更广泛的内容，如从合同谈判、运营架构、公司治理到社会热点、地缘政治等。因此，风险在不同的领域的表现也有所不同。国资委发布的《中央企业全面风险管理指引》中将企业风险定义为“未来的不确定性对企业实现其经营目标的影响”，其内涵主要包括：企业风险是影响企业实现战略目标的各种因素和事项，是一系列可能发生的结果，其本身具有客观性，但又可以通过主观判断选择不同的风险，此外，风险也往往与机遇并存。

2. 风险的构成要素

风险的构成要素包括风险因素、风险事件和风险损失。其中风险因素是指能够引起或增加风险事件发生机会并影响损失严重程度的原因或条件。它是风险事件发生的潜在原因，是造成损失的内在或间接原因，如人的主观过失或疏忽。风险事件是指风险因素未受控制或控制失效而发生变动从而直接或间接造成损失的事件。风险事件的发生使潜在的危险转化为现实的损失，它是导致损失的直接原因，如地震。风险损失是指风险事件造成的直接或间接的损失，该损失导致了非故意的、非预期的、非计划的经济价值的减少。风险因素、风险事件和风险损失三者之间存在因果关系，即风险因素引起风险事件，而风险事件导致风险损失。

（二）企业风险的类型

企业风险根据来源一般可以分为外部风险和内部风险。其中外部风险主要包括政治风险、法律与合规风险、社会文化风险、技术风险、市场风险等；内部风险主要包括战略风险、运营风险、财务风险等。

政治风险是指完全或部分由政府官员行使权力和政府组织的行为而产生不确定性的风险。

法律与合规风险是指由于无法满足或违反法律要求、监管政策规定，可能导致公司面临法律诉讼、监管机构处罚，或因法律纠纷和诉讼处理不当造成损失的风险。

社会文化风险是指由于文化这一不确定性因素给企业经营活动带来的影响，主要是由跨国经营活动、企业并购活动以及组织内部因素等引发的。

技术风险在广义上是指某一种新技术在带来增长机会的同时对另一行业或企业形成巨大的威胁，在狭义上是指技术在创新过程中由于技术本身的复杂性和其他相关因素变化的不确定性，而导致技术创新遭遇失败的可能性。

市场风险是指企业所面对的外部市场的复杂性和变动性所带来的与经营相关的风险。

战略风险是指由于宏观经济形势变化、国家法律法规或行业标准调整、政策变动、体制改革等因素，可能导致公司战略目标难以实现的风险。

运营风险是指企业在运营过程中由于内外部环境的复杂性和变动性以及主体对环境的认知能力和适应能力的局限性而导致的运营失败或使运营活动达不到预期目标的可能性及损失。

财务风险是指由于会计政策变更、会计核算不规范、预算管控不严等因素，可能导致公司资本结构不合理、财务状况恶化、财务报表信息失真的风险。

（三）企业风险分类框架

将企业风险进行分类并建立风险分类框架，是为了更好地识别风险，以便对不同类型的风险采取相应的防控措施。一个标准的企业风险分类框架一般将企业风险细分为三个层级，其中一级风险是指企业主要业务领域所面临的总体性风险；二级风险是指在企业各主要业务领域中的具体经营活动和管理行为所产生的风险，是对一级风险的细分；三级风险是可能导致二级风险发生的主要风险诱因，与末端内控流程相匹配，细化落实到流程步骤的风险，是对二级风险的细分。不同的企业可以根据风险的来源、影响、性质、责任主体等不同标准，建立符合自身风险管理需要的，满足系统性、完整性、层次性、可操作性、可扩展性等要求的风险分类框架，如将企业风险分为战略风险、财务风险、法律风险、信息通信风险、科技研发风险等一级风险，并进一步细分，以下是对财务风险进行细分后的示例，如表2－7所示。

表2－7 财务风险示例

一级风险编号	一级风险名称	二级风险编号	二级风险名称	三级风险编号	三级风险
R—CW	财务风险	R—CW—01	会计核算与报告风险	R—CW—01—01	会计基础管理风险
				R—CW—01—02	会计政策执行风险
				R—CW—01—03	财务报告编报风险
		R—CW—02	资金管理风险	R—CW—02—01	融资管理风险
				R—CW—02—02	银行账户管理风险
				R—CW—02—03	资金结算管理风险
				R—CW—02—04	资金存量管理风险
				R—CW—02—05	资金运作管理风险
		R—CW—03	预算管理风险	R—CW—03—01	预算编制风险
				R—CW—03—02	预算执行风险
		R—CW—04	资本运作风险	R—CW—04—01	固定资产价值管理风险
				R—CW—04—02	无形资产价值管理风险
				R—CW—04—03	股权投资风险
				R—CW—04—04	产权权属变更风险
				R—CW—04—05	对外担保风险
		R—CW—05	税务管理风险	R—CW—05—01	纳税筹划风险
				R—CW—05—02	纳税核算风险
				R—CW—05—03	纳税申报风险
				R—CW—05—04	发票管理风险
		R—CW—06	工程财务风险	R—CW—06—01	工程投资能力管控风险
				R—CW—06—02	工程成本风险
				R—CW—06—03	工程竣工决算风险

风险命名和风险编号可以根据企业需要自行设置，如一级风险命名可参照“业务领域＋风险”的形式，二级和三级风险为“具体业务活动＋风险”的形式，其中三级风险是对二级风险更细致的划分，如需要再细分四级风险，可以在三级风险的基础上增加“不当、不合理、不规范、不到位、不准确、违规＋风险”等表述。风险编号则可以是“字母（R）—风险名称（汉语拼音首字母）—阿拉伯数字分级连续编号”的形式。如R—CW—02—02—01违规开设银行账户风险属于四级风险，其对应的一级、二级、三级风险分别是R—CW财务风险、R—CW—02资金管理风险和R—CW—02—

02 银行账户管理风险。

作为与末端内控流程相匹配的三级风险，其可能对应一个或多个流程，根据该流程中某步骤在日常运作过程中能否起到抑制风险发生概率或减少风险造成的损失的作用及该步骤的有效执行能否协助保证控制目标实现和前一步骤的正确性，可以进一步判断该步骤对应的控制点，其中关键控制点将对公司的生产经营、财务信息质量、合规责任产生重大影响，或涉及关键单据及文档的传递、审阅和批准，或涉及非常规交易的操作与审核等。关键控制点可以以控制点所属末端流程编号后加字母“C”（英文控制的首字母）及阿拉伯数字进行编号（内控流程编码规则与方式详见本章第二节流程管理），如对于 CW—11—01—01 开设银行账户的末端流程，其关键控制点是账户开立的审批，即 CW—11—01—01—C01 银行账户开立审批控制作为 CW—11—01—01 流程的第一个控制点，如有更多控制点则按 CW—11—01—01—C02、CW—11—01—01—C03 的顺序连续编号。其编号示例如表 2-8 所示。

表 2-8　编号示例

风险名称	业务流程	关键控制点
R—CW—02—02 银行账户管理风险	CW—11—01—01 开设银行账户	CW—11—01—01—C01 银行账户开立审批控制
	CW—11—01—02 变更银行账户	CW—11—01—02—C01 银行账户变更审核控制
	CW—11—01—03 撤销银行账户	CW—11—01—03—C01 银行账户撤销审核控制
	CW—11—01—04 银行预留印鉴保管及使用	CW—11—01—04—C01 银行预留印鉴使用合理性控制
	CW—11—01—05 银行预留印鉴管理	CW—11—01—05—C01 银行预留印鉴新增/变更/注销审批控制
	CW—11—01—06 资金监控流程	CW—11—01—06—C01 银行账户监控合理性控制
	CW—11—01—07 银行账户年度检查流程	无

二、风险管理

（一）风险管理概念

风险管理是指企业为实现风险管理目标，对企业风险进行有效识别、评估、预警和应对等管理活动的过程。《中央企业全面风险管理指引》中将全面风险管理表述为：“企业围绕总体经营目标，通过在企业管理的各个环节和经营过程中执行风险管理的基本流程，培育良好的风险管理文化，建立健全全面风险管理体系，包括风险管理策略、风险理财措施、风险管理的组织职能体系、风险管理信息系统和内部控制系统，从而为实现风险管理的总体目标提供合理保证的过程和方法。”

（二）风险管理原则

企业进行风险管理，一般应遵循以下几个原则。

1. 融合性原则

企业风险管理不是独立于企业主要活动和各项管理过程的单独的活动，而是企业管理过程不可缺少的重要组成部分，应与企业的战略设定、经营管理与业务流程相结合。

2. 全面性原则

企业风险管理应覆盖企业所有的风险类型、业务流程、操作环节和管理层级与环节，贯穿决策、执行、监督、反馈全过程。

3. 重要性原则

企业应对风险进行评价，确定需要进行重点管理的风险，对重要、特殊业务和高风险领域予以特别关注并有针对性地实施重点风险监测，及时识别、应对、防范重大风险。

4. 平衡性原则

企业应权衡风险与回报、成本与收益之间的关系，合理平衡实施成本与预期效益，力争用最少的成本实现风险管控的目标。

（三）风险管理的目标

企业开展全面风险管理要努力实现以下风险管理总体目标：

（1）确保将风险控制在与总体目标相适应并可承受的范围内。

（2）确保内外部，尤其是企业与股东之间实现真实、可靠的信息沟通，包括编制和提供真实、可靠的财务报告。

（3）确保遵守有关法律法规。

（4）确保企业有关规章制度和为实现经营目标而采取重大措施的贯彻执行，保障经营管理的有效性，提高经营活动的效率和效果，降低实现经营目标的不确定性。

（5）确保企业建立针对各项重大风险发生后的危机处理计划，保护企业不因灾害性风险或人为失误而遭受重大损失。

（四）风险管理相关术语

风险偏好：为了实现目标，企业在承担风险的种类、大小等方面的基本态度。

风险承受度：企业愿意承担的风险限度，也是企业风险偏好的边界。

风险评估：包括风险识别、风险分析和风险评价的全过程。

风险矩阵：通过确定后果和可能性的范围来排列显示风险的工具。

风险等级：单一风险或组合风险的大小，以后果和可能性的组合来表达。

风险应对：处理风险的过程。

风险报告：告知内部或外部利益相关者风险现状和风险管理方面信息的沟通方式。

三、风险管理流程

企业风险管理基本流程主要包括收集风险管理初始信息、进行风险评估、制定风险管理策略、提出和实施风险管理解决方案、风险管理的监督和改进五方面。

（一）收集风险管理初始信息

在具体实施风险评估前，企业应从各种渠道收集与企业风险管理相关的内部、外部初始信息（包括历史数据和未来预测）。风险管理初始信息收集方法主要有调查问卷、风险访谈、风险研讨、风险报告等。在安排收集风险管理初始信息的工作时，应按职责分工落实到各有关职能部门和业务单位，并对收集的数据进行必要的筛选、提取、对比、分类、组合，以便于后续风险评估的开展，重要的职能部门与业务支撑单位可以设置风险管理岗位开展信息收集工作。

企业应从内、外风险两方面收集风险管理初始信息，形成“风险信息收集表”（见本节附件 1）。

1. 在战略风险方面

企业应广泛收集国内外企业战略风险失控导致企业蒙受损失的案例，并至少收集与本企业相关的以下重要信息：国内外宏观经济政策以及经济运行情况、本行业状况、国家产业政策；科技进步、技术创新的有关内容；市场对本企业产品或服务的需求；与企业战略合作伙伴的关系，未来寻求战略合作伙伴的可能性；本企业主要客户、供应商及竞争对手的有关情况；与主要竞争对手相比，本企业实力与差距；本企业发展战略和规划、投融资计划、年度经营目标、经营战略，以及编制这些战略、规划、计划、目标的有关依据；本企业对外投融资流程中曾发生或易发生错误的业务流程或环节。

2. 在财务风险方面

企业应广泛收集国内外企业财务风险失控导致危机的案例，并至少收集本企业的以下重要信息（其中有行业平均指标或先进指标的，也应尽可能收集）：负债、或有负债、负债率、偿债能力；现金流、应收账款及其占销售收入的比重、资金周转率；产品存货及其占销售成本的比重、应付账款及其占购货额的比重；制造成本和管理费用、财务费用、营业费用；盈利能力；成本核算、资金结算和现金管理业务中曾发生或易发生错误的业务流程或环节；与本企业相关的行业会计政策、会计估计、与国际会计制度的差异与调节（如退休金、递延税项等）等信息。

3. 在市场风险方面

企业应广泛收集国内外企业忽视市场风险、缺乏应对措施导致企业蒙受损失的案例，并至少收集与本企业相关的以下重要信息：产品或服务的价格及供需变化；能源、原材料、配件等物资供应的充足性、稳定性和价格变化；主要客户、主要供应商的信用情况；税收政策和利率、汇率、股票价格指数的变化；潜在竞争者、竞争者及其主要产品、替代品情况；疫情反复对生产、物流、消费等所产生的影响。

4. 在运营风险方面

企业应至少收集与本企业、本行业相关的以下信息：产品结构、新产品研发；新市场开发，市场营销策略，包括产品或服务定价与销售渠道，市场营销环境状况等；企业组织效能、管理现状、企业文化，高、中层管理人员和重要业务流程中专业人员的知识结构、专业经验；期货等衍生产品业务中曾发生或易发生失误的流程和环节；质量、安全、环保、信息安全等管理中曾发生或易发生失误的业务流程或环节；因企业内、外部人员的道德风险致使企业遭受损失或业务控制系统失灵；给企业造成损失的自然灾害以及除上述有关情形之外的其他纯粹风险；对现有业务流程和信息系统操作运行情况的监管、运行评价及持续改进能力；企业风险管理的现状和能力。

5. 在法律风险方面

企业应广泛收集国内外企业忽视法律法规风险、缺乏应对措施导致企业蒙受损失的案例，并至少收集与本企业相关的以下信息：国内外与本企业相关的政治、法律环境；影响企业的新法律法规和政策；员工道德操守的遵从性；本企业签订的重大协议和有关贸易合同；本企业发生重大法律纠纷案件的情况；企业和竞争对手的知识产权情况；财政部、国资委和国家税务总局等网站中与本企业经营相关的合规案例。

（二）风险评估

风险评估是指依据风险评估标准，对所收集的风险信息进行系统分析，评价风险影响，确定风险值和风险等级的过程，通过风险评估，决策者可以更深刻地理解那些可能影响企业目标实现的风险，以及现有风险控制措施的充分性和有效性。风险评估包括风险识别、风险分析和风险评价三个步骤，其中风险识别是指查找企业各业务单元、各项重要经营活动及其重要业务流程中有无风险、有哪些风险。风险分析是对识别出的风险及其特征进行明确的定义描述，分析和描述风险发生可能性的高低、风险发生的条件。风险评价是评估风险对企业实现目标的影响程度、风险的价值等。企业风险评估应由企业组织有关职能部门和业务单位实施，也可聘请有资质、信誉好、风险管理专业能力强的中介机构协助实施。企业应对风险管理信息实施动态管理，定期或不定期实施风险识别、分析、评价，以便对新的风险和原有风险的变化重新评估。

1. 风险评估标准

风险评估标准应区分风险发生的可能性以及风险影响程度两个维度来设置。风险发生可能性是指风险发生的概率；风险影响程度是指若发生风险可能对公司生产经营安全、人身伤亡、社会形象及直接经济损失等带来的影响。风险发生可能性的高低和风险对目标影响程度可以进行定性或定量描述：定性方法是直接用文字描述风险发生可能性的高低、风险对目标的影响程度，如用“极低”“低”“中等”“高”“极高”等描述风险发生可能性的高低，用“极轻微”“轻微”“中等”“重大”“灾难性”等描述风险对目标的影响程度；定量方法是对风险发生可能性的高低、风险对目标影响程度，用具有实际意义的数量描述，如用“10% 以下”“10%—30%”“30%—70%”“70%—90%”“90% 以上”来衡量一定时期风险事件发生的概率，用“1% 以下”“1%—5%”“6%—10%”“11%—20%”“20% 以上”来衡量风险事件发生后产生财务损失占税前利润的百分比。

在评估多项风险时，应对风险发生可能性的高低和对目标的影响程度进行定性或定量评估后计算风险值，风险值等于风险发生可能性和风险影响程度的乘积。依据评估结果和风险值绘制风险坐标图，对各项风险进行直观的比较，初步确定对各项风险的管理优先顺序和策略。

【例如】某大型企业采用定量方法制定了风险评估标准及等级分布，根据风险发生概率将风险发生可能性的高低分为五档，其中，极低是指公司可能每 5 年以上发生该类风险，赋分为 1；低是指公司可能每 1—5 年发生该类风险，赋分为 2；中等是指公司可能每年发生该类风险，赋分为 3；高是指公司可能每半年发生该类风险，赋分为 4；极高是指公司可能每月发生该类风险，赋分为 5。根据发生风险可能对公司安全事件、社会形象或直接经济损失等带来的影响将风险影响程度分为五档，其中，需关注风险是指发生风险后将导致直接经济损失 100 万元以下，赋分为 1；一般风险是指发生风险后将导致直接经济损失 100 万元及以上、1000 万元以下，赋分为 2；较大风险是指发生风险后将导致直接经济损失 1000 万元及以上、5000 万元以下，赋分为 3；重大风险是指发生风险后将导致直接经济损失 5000 万元及以上、1 亿元以下，赋分为

4；灾难性风险是指发生风险后将导致直接经济损失1亿元及以上，赋分为5。

公司对9项风险进行了定性评估，风险①发生的可能性为“低”，风险发生后对目标的影响程度为“极低”，风险值＝2×1＝2……风险⑨发生的可能性为“极低”，风险发生后对目标的影响程度为“高”，风险值＝1×4＝4。如表2－9所示。

表2－9　风险层级定性评估

序号	具体风险	风险层级	风险发生可能性	风险影响程度	风险值
①	人力资源风险	一级风险	2	1	2
②	财务风险	一级风险	4	2	8
③	竞争风险	二级风险	3	3	9
④	产品开发风险	二级风险	2	3	6
⑤	客户信用风险	三级风险	3	2	6
⑥	系统故障风险	三级风险	5	4	20
⑦	外汇风险	二级风险	2	5	10
⑧	欺诈风险	二级风险	3	5	15
⑨	政治风险	一级风险	1	4	4

依据评估结果和风险值绘制的风险坐标图划分为A、B、C三个区域，公司决定承担A区域中的各项风险且不再增加控制措施，严格控制B区域中的各项风险且专门补充制定各项控制措施，确保规避和转移C区域中的各项风险且优先安排实施各项防范措施。如图2－2所示。

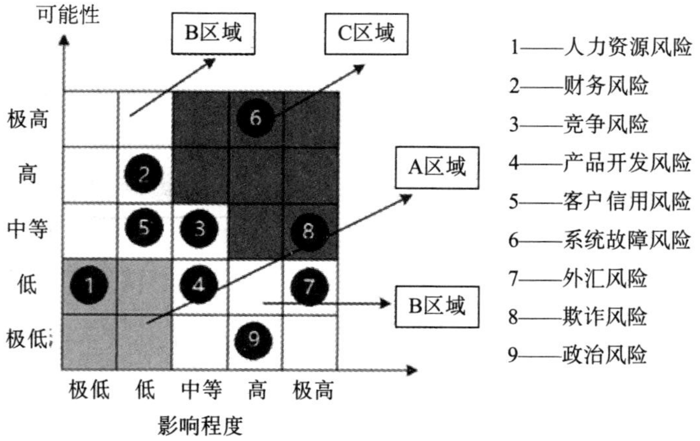

图2－2　风险坐标

2. 风险评估方法

企业在进行风险识别、分析和评价时，可以采取定性、定量或相结合的方法。其中定性方法可采用问卷调查、集体讨论、专家咨询、情景分析、政策分析、行业标杆比较、个别访谈和调查研究等；定量方法可采用概率分析、敏感性分析、压力测试、统计推论（如集中趋势法）、计算机模拟（如蒙特卡罗分析法）、失效模式与影响分析、事件树分析等。以下是部分风险管理技术方法的介绍。

个别访谈是指依据事先准备好的提纲，向访谈对象提问一系列准备好的问题，从而获取访谈对象对某问题的看法，或进行更自由的对话，以探讨某个流程或某个事件可能出现的问题及其风险。其操作过程是首先设计相关的访谈提纲，以指导访谈者的访谈工作，接着将问题提交给访谈对象，考虑答复时应具有一定灵活性，以便有机会使访谈对象尽可能地表达其真实观点，并从中获取事件存在的风险。

德尔菲法是指在一组专家中通过专家单独、匿名表达各自观点，同时随着过程的进展，了解到其他专家的观点，通过反复填写问卷，收集各方意见，最终达成可靠共识的程序。其操作过程是首先确定专家并组成专家小组，接着向所有专家提出所要预测的问题及有关要求，由专家做书面答复；将第一次意见汇总后再分发给各位专家，让专家修改自己的意见和判断，如无法达成一致，则收集汇总专家意见后再次分发给各位专家做第二次修改；反复数轮后，直到每一个专家不再改变自己的意见为止。

情景分析是指通过假设、预测、模拟等手段，对未来可能发生的各种情景以及各种情景可能产生的影响进行分析的方法。其操作过程是首先建立团队和相关沟通渠道，确定需要处理的问题和事件的背景，然后确定可能出现的变化的性质，并对主要因素、趋势变化的可能性进行研究、预测。

压力测试是指在极端情景下（例如最不利的情形），评估系统运行的有效性，及时发现问题和制定改进措施，目的是防止出现重大损失事件。其操作过程是首先针对某一风险管理模型或内控流程，假设可能会发生哪些极端情景，接着评估极端情景发生时，该风险管理模型或内控流程是否有效，并分析对目标可能造成的损失，最终制定相应措施，进一步修改和完善风险管理模型或内控流程。

事件树分析着眼于事故的起因，即初因事件。事件树从事件的起始状态出发，按照一定的顺序，分析初因事件可能导致的各种序列的结果，从而定性或定量地评价系统的特性。其操作过程是首先要挑选初始事件，将那些旨在缓解结果的现有功能或系统按时序列出，用一条线来代表每个功能或系统的成功或失败，每条线都应带有一定的失效概率，同时通过专家判断或故障树分析的方法来估算这种条件概率，以对初始事件的不同途径进行建模，而事件树的每条路径代表着该路径内各种事项发生的可能性。

敏感性分析是针对潜在的风险，研究项目的各种不确定因素变化至一定幅度时，计算其主要经济指标的变化率及敏感程度的一种方法。其操作过程是选定不确定因素，并设定这些因素的变动范围，接着确定分析指标并进行敏感性分析，绘制龙卷风图，最终确定变化的临界点。

统计推论是根据过去和现在的发展趋势推断未来的一类方法的总称，它可分为前推、后推和旁推三种类型。其操作过程是首先收集并整理与风险相关的历史数据，接着选择合适的评估指标并给出数学模型，然后根据数学模型和历史数据预测未来风险发生的可能性和损失大小。

蒙特卡罗分析法是一种随机模拟数学方法，该方法用来分析评估风险发生可能性、风险的成因、风险造成的损失或带来的机会等变量在未来变化的概率分布。其操作过程是首先将需要分析评估的风险进行量化，明确其度量单位，得到风险变量，并收集历史相关数据，接着根据对历史数据的分析，借鉴常用建模方法，建立能描述该风险变量在未来变化的概率模型，然后计算概率分布初步结果并进一步修正完善概率模型，最后利用该模型分析评估风险情况。

3. 专项风险评估

专项风险评估是指在重大事项决策前，分析评价相关风险，制定应对措施，出具专项风险报告，为管理决策提供支持。根据国资委《关于加强中央企业内部控制体系建设与监督工作的实施意见》（国资发监督规〔2019〕101 号）的规定，国有企业要建立健全以风险管理为导向、合规管理监督为重点，严格、规范、全面、有效的内控体系，其中在加强重点领域日常管控中提出要在投资并购、改革改制重组等重大经营事项决策前开展专项风险评估，并将风险评估报告（含风险应对措施和处置预案）作为重大经营事项决策的必备支撑材料，对超出企业风险承受能力或风险应对措施不到位的决策事项不得组织实施。专项风险评估不仅是为了满足国资委监管要求，也是公司转型升级、精细化风险管理工作的内在需要，好的专项风险评估可实现对实质性风险的常态化和动态化的超前预判，通过精细化高效实施专项风险评估，使风险得以有效应对，从而做好风险平衡。

规模大小、业务类型、风控目标不同的企业，判断风险发生的可能性和风险带来的损失程度的要求也有所不同，需要根据其行业风险制定相应的内控风险清单，如国有企业对三重一大事项等应深入开展调查研究和风险评估，广泛吸收各方面意见，以民主集中制和党委会议事规则进行集体决策。

以下是适用于各类企业通用的可采取专项风险评估的风险清单，主要是涉及战略发展目标的制定、重大的投资项目、重大建设方案的制订、重大的融资决策等对企业来说具有全局性的重大决策和安排。企业也可根据自身情况将其他事项纳入风险清单中，并决定是否进行专项风险评估。风险清单如表 2 - 10 所示。

表 2-10 **风险清单**

专项风险评估事项	定义/界定	责任部门	风险点	可能性	影响程度
战略发展目标的制定	战略发展目标是指企业在对现实状况和未来趋势进行综合分析和科学预测的基础上，制定并实施的长远发展目标	战略部门	缺乏明确的战略发展目标或发展战略实施不到位，导致企业盲目发展，难以形成竞争优势，丧失发展机遇和动力	中	中
			战略发展目标过于激进，脱离企业实际能力或偏离主业，导致过度扩张、经营失控甚至失败	低	高
			战略发展目标频繁变动，导致资源严重浪费，危及企业的生存和持续发展	低	中
重大的投资项目	重大的投资项目是指超过当地重大投资标准的相关投资项目	财务部门	投资行为违反国家法律法规，可能遭受外部处罚、经济损失和信誉损失	低	高
			投资业务未经适当审批或超越授权审批，可能因重大差错、舞弊、欺诈而导致损失	低	高
			投资项目未经科学、严密的评估和论证，可能因决策失误导致重大损失	低	中
			投资项目执行缺乏有效的管理，可能因不能保障投资安全和投资收益而导致损失	中	中
			投资项目处置的决策与执行不当，可能导致权益受损	中	中
重大的融资决策	重大融资是指企业为了满足生产经营发展需要，通过银行借款或者发行股票、债券等形式筹集资金，其规模、用途、结构等达到一定标准，对企业产生重大影响	财务部门	融资活动违反国家法律法规，可能遭受外部处罚、经济损失和信誉损失	低	高
			融资活动未经适当审批或超越授权审批，可能因重大差错、舞弊、欺诈而导致损失	低	高
			融资决策失误，可能造成企业资金不足、冗余或债务结构不合理	中	中
			债务过高和资金调度不当，可能导致企业不能按期偿付债务	低	高
			融资记录错误或会计处理不正确，可能造成债务和筹资成本信息不真实	低	中
重大建设方案的制订	重大建设方案是指投资规模大，对经济社会发展具有重大影响的建设项目的具体实施计划	建设部门	项目建设与国家环保、产业政策及企业发展战略脱节	低	中
			项目建设方案内容不合规、不完整，项目性质、用途模糊，拟建规模、标准不明确，项目投资估算和进度安排不协调	中	中

企业在开展专项风险评估时，应由相应事项或业务的主管部门成立专项风险评估工作组，必要时可以吸收外部专家参加，在评估前制订专项风险评估工作方案。专项风险评估的方法类似于常规的风险评估，其整体思路是将待评估项目进行全维度分解，在此基础上进行风险源梳理，建立风险识别清单，用系统科学的专业方法对辨识出的风险清单进行定性、定量评估，梳理各主要风险产生的原因及造成的影响，有针对性地根据企业风险偏好和风险承受度制定风险应对策略并有效实施，相关评估结果应由专项风险评估工作组编制专项风险评估报告（见本节附件2），包括评估工作背景、评估对象、评估范围、评估标准、评估信息来源、评估结果和风险应对措施等内容。报告中应充分揭示相关业务风险，制定合理有效的风险管控措施，落实责任部门，公司管理层应充分考虑风险评估结论和管理建议，将其作为专项事项决策的参考依据。

专项风险评估通过加强对重大经营事项的风险管控力度，将风险内控植入业务流程，针对重大、重要风险因子进行详细分析，事先编制专项风险应对计划，及时采取措施防范和控制风险，进一步明确风险管理职责，将风险管理责任落实到企业的各个层面，进而促进企业战略目标的实现。

（三）制定风险管理策略

风险管理策略，指企业根据自身条件和外部环境，围绕企业发展战略，确定风险偏好、风险承受度、风险管理有效性标准，选择风险承担、风险规避、风险转移、风险转换、风险对冲、风险补偿、风险控制等适合的风险管理工具，并确定风险管理所需人力和财力资源的配置原则的总体策略。在一般情况下，对战略、财务、运营和法律风险，可采取风险承担、风险规避、风险转换、风险控制等方法。对能够通过保险、期货、对冲等金融手段进行理财的风险，可以采用风险转移、风险对冲、风险补偿等方法。

风险管理策略主要包括以下几类：

1. 风险规避

风险规避是企业对超出风险承受度的风险，通过放弃或者停止与该风险相关的业务活动，避免和减轻损失的策略。例如退出某一市场以避免激烈竞争；拒绝与信用不好的交易对手进行交易；外包某项对工人健康安全风险较高的工作；停止生产可能有潜在客户安全隐患的产品；禁止各业务单位在金融市场进行投机；不准员工访问某些网站或下载某些内容。风险规避是控制风险的一种最彻底、最有力的措施，它与其他的控制风险方法不同，是在风险事故发生之前，将所有风险因素完全消除，从而彻底排除某一特定风险事故发生的可能性，同时也是一种消极的风险应对措施，因为选择这一策略也就放弃了可能从风险中获得的收益。

2. 风险控制

风险控制是企业在权衡成本收益后，采取适当的控制措施降低风险或者减轻损失，将风险控制在可承受范围内的策略。通常影响某一风险的因素有很多，风险控制可以通过控制这些因素中的一个或多个来达到目的，风险控制对象一般是可控风险，包括多数运营风险，如质量、安全和环境风险，以及法律风险中的合规性风险。

3. 风险转移

风险转移是企业采取业务分包、购买保险等方式将风险及其可能造成的损失全部或部分转移给他人的策略。风险转移并不能降低其可能的严重程度，只是从一方移除后转移到另一方。

4. 风险承担

风险承担是企业对风险承受度之内的风险，在权衡成本效益之后，不采取控制措施降低风险或者减轻损失的策略。对未能识别出的风险，企业只能采取风险承担。对于未识别出的风险，企业也可能由于以下原因采取风险承担：缺乏能力进行主动管理；没有其他备选方案；从成本效率考虑，风险承担是最适宜的。但对于企业的重大风险，企业一般不宜采取风险承担策略。

5. 风险对冲

风险对冲是指通过投资或购买与标的资产收益波动负相关的某种资产或衍生产品，冲销标的资产潜在风险损失的策略。如资产组合使用、多种外币结算的使用和战略上的多种经营等，在金融资产风险管理中也可以使用衍生产品。风险对冲不是针对单一风险，而是涉及风险组合，对单一风险只能采用风险规避、风险控制等其他工具。

6. 风险补偿

风险补偿是指对于无法通过风险控制、风险转移或风险对冲进行管理，而且又无法规避、不得不承担的风险，公司可通过提高风险回报的方式，获取风险承担的补偿的策略。风险补偿的形式有财务补偿、人力补偿、物资补偿等。

7. 风险转换

风险转换是指通过战略调整等手段将企业面临的风险转换成另一个风险。风险转换一般不会直接降低企业总的风险，其简单形式就是在减少某一风险的同时增加另一风险，企业可以通过风险转换在两个或多个风险之间进行调整，以达到最佳效果。

企业应根据不同业务特点统一确定风险偏好和风险承受度，即企业愿意承担哪些风险，明确风险的最低限度和不能超过的最高限度，并据此确定风险的预警线及相应采取的对策。确定风险偏好和风险承受度，要正确认识和把握风险与收益的平衡，防止和纠正忽视风险，片面追求收益而不讲条件、范围，认为风险越大、收益越高的观念和做法；同时，也要防止单纯为规避风险而放弃发展机遇。此外，企业需要结合外部环境变化、自身不同发展阶段和业务拓展情况等因素，持续收集与风险变化相关的信息，进行风险识别和风险分析，及时调整风险管理策略，如2020年9月1日施行的《保障中小企业款项支付条例》（2020年国务院令第728号）围绕保护中小企业合法权益、强化政府诚信和大型企业诚实守信，从合同订立、资金保障及履约后的支付等方面对机关事业单位和大型企业诚实自律的行为作出了规范，结合2021年1月1日施行的《中华人民共和国民法典》（2020年5月28日第十三届全国人民代表大会第三次会议通过）第五百七十七条、第六百二十六条等规定，企业在价款结算时如未按照约定的付款期限支付，将会导致支付逾期利息、责令改正、处分等风险。为此，企业尤其是大型企业应当对与作为下游主体的中小企业的交易进行专项风险管理，在合同签署、资金安排、款项支付、信息披露等过程中充分考虑法律条例的规定，避免因支付安排欠妥导致的法律风险。

（四）提出和实施风险管理解决方案

企业应根据风险管理策略，针对各类风险或每一项重大风险制订风险管理解决方案。方案一般应包括风险解决的具体目标，所需的组织领导，所涉及的管理及业务流程，所需的条件、手段等资源，风险事件发生前、中、后所采取的具体应对措施以及风险管理工具。

企业风险管理解决方案主要包括外部解决方案和内部解决方案。其中，外部解决方案一般指外包，企业利用产业链专业分工将许多风险管理工作外包给投资银行、会计师事务所、风险管理咨询公司等专业机构，从而降低企业的风险，提高效率。企业制订风险管理解决的外包方案，应注重成本与收益的平衡、外包工作的质量、自身商业秘密的保护以及防止自身对风险解决外包产生依赖性风险等，并制定相应的预防和控制措施。

内部解决方案即实施风险管理策略，一般是以下几种手段的综合应用：风险管理战略；组织职能；内部控制（包括政策、制度、程序）和信息系统（包括报告体系）。企业制订风险解决的内控方案，应满足合规的要求，坚持经营战略与风险策略一致、风险控制与运营效率及效果相平衡的原则，针对重大风险所涉及的各管理及业务流程，制定涵盖各个环节的全流程控制措施；对其他风险所涉及的业务流程，要把关键环节作为控制点，采取相应的控制措施。

控制措施结合企业具体业务和事项的特点和要求制定，控制活动贯穿企业的各个部分、各个层面以及各个职能，体现在一系列的活动上，采取的控制措施主要包括：不相容职务分离控制、授权审批控制、会计系统控制、财产保护控制、预算控制、运营分析控制、绩效考评控制、风险预警系统控制、信息技术控制、内部审计控制、内部报告控制等。

1. 不相容职务分离控制

不相容职务主要包括授权批准与业务经办、业务经办与会计记录、会计记录与财产保管、业务经办与稽核检查、授权批准与监督检查等，不相容职务分离是指上述不相容职务由两人以上担任，以利于实现各职务之间的相互监督。不相容职务分离是企业内部控制最基本的要求，是保证提高经营效率、保护财产安全以及增强会计数据可靠性的重要条件。要做到不相容职务分离，企业首先应根据各项经济业务与事项的流程和特点，系统而完整地分析、梳理该经济业务与事项涉及的不相容职务，并结合岗位职责分工采取分离措施，形成各司其职、各负其责、相互制约的工作机制。

2. 授权审批控制

授权审批控制要求企业根据常规授权和特别授权的规定，明确各岗位办理业务和事项的权限范围、审批程序和相应责任。常规授权是指企业在日常经营管理活动中按照既定的职责和程序进行的授权。特别授权是指企业在特殊情况、特定条件下进行的授权。企业应当编制常规授权的权限指引，规范特别授权的范围、权限、程序和责任，严格控制特别授权。企业各级管理人员应当在授权范围内行使职权和承担责任，对于重大的业务和事项，应当实行集体决策审批或者联签制度，任何个人不得单独进行决策或者擅自改变集体决策。

3. 会计系统控制

会计系统是为确认、汇总、分析、分类、记录和报告企业发生的经济业务，并保持相关资产和负债的受托责任而建立的各种会计记录手段、会计政策、会计核算程序、会计报告制度和会计档案管理制度等的总称。会计信息的质量是企业能否进行有效经济分析和准确预测与决策的基础，虚假、片面的会计信息可能会起误导作用，将企业的决策行为引导到错误的方向。会计系统控制要求企业严格执行国家统一的会计准则制度，依法设置会计机构，配备会计从业人员，加强会计基础工作，明确会计凭证、会计账簿和财务会计报告的处理程序，保证会计资料真实完整。

4. 财产保护控制

财产主要包括企业的现金、存货以及固定资产等，它们在企业资产总额中的比重较大，是企业进行经营活动的基础。企业应加强实物资产的保管控制，保证实物资产的安全、完整，建立安全、科学的保管制度，限制接近控制、人员牵制控制以及定期盘点、进行账实核对、财产保险等。财产保护控制要求企业建立财产日常管理制度和定期清查制度，采取财产记录、实物保管、定期盘点、账实核对等措施，确保财产安全。

5. 预算控制

预算是企业战略管理的重要组成部分，是实施企业战略目标、提高企业管理水平与经济效益的重要措施，预算控制的内容主要包括：岗位分工与授权批准、预算编制控制、预算执行控制、预算分析与考核控制。预算控制要求企业实施全面预算管理制度，明确各责任单位在预算管理中的职责权限，规范预算的编制、审定、下达和执行程序，强化预算约束。企业通过预算控制，使得经营目标转化为各部门、各个岗位以至个人的具体行为目标，作为各责任单位的约束条件，能够从根本上保证企业经营目标的实现。

6. 运营分析控制

运营分析的内容包括筹资能力、偿债能力、运营能力、资产管理水平、盈利能力及其发展趋势等。企业的成功不仅依靠安全生产、扩大销售等手段，还依靠对运营成果进行总结分析，以随时了解企业的经营状况，避免盲目的行为。运营分析控制要求企业建立运营情况分析制度，经理层应当综合运用生产、购销、投资、筹资、财务等方面的信息，通过因素分析、对比分析、趋势分析等方法，定期开展运营情况分析，发现存在的问题，及时查明原因并加以改进。

7. 绩效考评控制

绩效考评是指通过采用科学的方法，按照一定的标准，考察和审核企业员工对任务所规定的职责、任务的履行程度，以确立其工作绩效的一种有效的系统管理方法。它是衡量、影响、评价员工工作表现的正式系统，也是一种激励措施。绩效考评控制要求企业建立和实施绩效考评制度，科学设置考核指标体系，对企业内部各责任单位和全体员工的业绩进行定期考核和客观评价，将考评结果作为确定员工薪酬以及职务晋升、评优、降级、调岗、辞退等的依据。

8. 风险预警系统控制

预警是度量某种状态偏离预警线的强弱程度、发出预警信号的过程。企业应在风险评价的基础上，针对需重点关注的风险，设置风险预警指标体系，对风险的状况进行监测，并通过将指标值与预警临界值的比较，识别预警信号，并进行预警分级。针对已发生的风险或已超过监测预警临界值的风险，采取风险接受、风险规避、风险转移、风险分担、风险转换、风险对冲、风险补偿、风险降低等策略，把风险控制在风险容忍度之内。

9. 信息技术控制

企业应将信息技术应用到风险管理工作中，建立风险管理信息系统（其内容应包括信息的采集、存储、处理、分析测试、交付，报告和披露等），将日常工作流程嵌入其中，并涵盖风险管理的基本流程和内控系统各环节。利用信息技术促进信息的集成与共享，以实现对不同岗位进行相应的功能授权、对数据的自动化审核和处理以及对关键风险点进行监控预警等内控信息化手段，充分发挥信息技术在信息与沟通中的作用，加强对信息系统开发与维护、访问与变更、数据输入与输出、文件储存与保管、网络安全等方面的控制，保证信息系统安全稳定运行。

10. 内部审计控制

企业应当制定内部控制监督制度，明确内部审计机构（或经授权的其他监督机构）和其他内部机构在内部监督中的职责权限，规范内部监督的程序、方法和要求。内部监督分为日常监督和专项监督。日常监督是指企业对建立与实施内部控制的情况进行常规、持续的监督检查；专项监督是指在企业发展战略、组织结构、经营活动、业务流程、关键岗位员工等发生较大调整或变化的情况下，对内部控制的某一或者某些方面进行有针对性的监督检查。

11. 内部报告控制

内部报告是企业内部各管理层级之间传递生产经营管理信息的形式，企业应根据发展战略、风险控制和业绩考核要求，科学规范不同级次内部报告的指标体系，采用经营快报等多种形式，全面反映与企业生产经营管理相关的各种内外部信息。制定严密的内部报告流程，充分利用信息技术，强化内部报告信息集成和共享，将内部报告纳入企业统一信息平台，构建科学的内部报告网络体系。拓宽内部报告的渠道，通过落实奖惩措施等多种有效方式，广泛收集合理化建议。充分利用内部报告管理和指导企业的生产经营活动，及时反映全面预算执行情况，协调企业内部相关部门和各单位的运营进度。

（五）监督和改进

1. 监督评价

企业应以重大事件、重大决策、重大风险、重要业务流程和业务管理为重点，监督风险管理初始信息收集、风险评估、风险管理策略、风险管理解决方案的实施情况，采用适当的方法对风险管理的有效性进行测试，根据情况的变化和存在的缺陷，不断进行修改和完善，不断提升企业风险管理水平。

监督风险管理有效性的方法主要包括压力测试、返回测试、穿行测试和风险控制自我评估的方法。压力测试是在极端情景下，分析评估风险管理模型或内控流程的有效性，发现问题，制定改进措施的方法，目的是防止出现重大损失事件。返回测试是将历史数据输入风险管理模型或内控流程中，把结果与预测值对比，以检验其有效性的方法。穿行测试是在正常运行条件下，将初始数据输入内控流程，穿越全流程和所有关键环节，把运行结果测试与设计要求对比，以发现内控流程缺陷的方法。风险控制自我评估是一种新兴的技术和方法，即企业为更好地实现风险管理的目标，定期或不定期地评价自己及子公司的风险管理系统、评估风险管理的有效性及风险管理实施的效率效果。

在监督评价过程中，企业可以建立分专业风险预警指标体系，完善风险预警机制，设定预警指标阈值，加强风险监控。风险预警指标应按照相关性、敏感性、可行性、可衡量性原则设定，提高预警指标可量化程度，针对风险预警指标，应合理设置风险预警阈值、预警频率及预警方式。其中预警阈值按照风险水平设置区间警戒值，分为正常区域（绿区）、异常区域（黄区）和报警区域（红区）。预警频率可根据风险性质，按天/周/月/季/年实施风险预警。预警方式则主要包括人工预警和系统预警。

企业内部审计部门应至少每年一次对包括风险管理职能部门在内的各有关部门和业务单位能否按照有关规定开展风险管理工作及其工作效果进行监督评价，监督评价报告应直接报送董事会或董事会下设的风险管理委员会和审计委员会。此项工作也可结合年度审计、任期审计或专项审计工作一并开展。

2. 风险报告

企业应建立完备的风险报告制度，明确风控相关信息的收集、处理和传递程序，确保信息的及时高效的沟通，促进企业风控体系有效运行。

风险报告一般有定期报告和非定期报告两种：定期报告的频数设计应与所需反映的信息有关，如企业可结合内部监督情况，定期对内部控制的有效性进行自我评价，出具内部控制自我评价报告，也可聘请有资质、信誉好、风险管理专业能力强的中介机构对企业全面风险管理工作进行评价，出具全面风险管理和内部控制报告（见本节附件3）或专项风险评估报告。报告一般应包括以下几方面的实施情况、存在缺陷和改进建议：风险管理基本流程与风险管理策略；企业重大风险、重大事件和重要管理及业务流程的风险管理及内部控制系统的建设；风险管理组织体系与信息系统；全面风险管理总体目标。非定期报告一般是用在临时项目的信息传递上，如《关于印发〈中央企业重大经营风险事件报告工作规则〉的通知》（国资发监督规〔2021〕103号）要求，中央企业在发生重大经营风险事件或内控缺陷，致使出现以下情形之一的，应当及时报告国资委：可能对企业资产、负债、权益和经营成果产生重大影响，影响金额占企业总资产或者净资产或者净利润10%以上，或者预计损失金额超过5000万元；可能导致企业生产经营条件和市场环境发生特别重大变化，影响企业可持续发展；因涉嫌严重违法违规被司法机关或者省级以上监管机构立案调查，或者受到重大刑事处罚、行政处罚；受到其他国家、地区或者国际组织机构管制、制裁等，对企业或者国家形象产生重大负面影响；受到国内外媒体报道，造成重大负面舆情影响；其他情形。

企业在风险报告中应充分揭示相关业务风险，制定合理有效的风险管控措施，落实责任部门，作为管理层决策的参考依据。年度全面风险管理与内部控制相关工作报告以及重大专项风险评估报告需在风委会会议中向风委会汇报并审定，形成会议决议，由风委会授权风控办分解会议任务，印发会议通报，组织相关部门和单位开展风险应对及缺陷整改等风控工作，具体而言，主要包括协调各业务部门修订制度、流程、岗位、职责、授权等标准；协调组织相关业务部门按照风控标准和管理要求，修订完善本专业业务管控标准，并在信息系统中固化落实；组织业务部门按照风委会确定的评价计划和内容开展内部控制专题评价，及时反馈内部控制评价意见，推动内部控制缺陷整改完善；组织相关业务部门依据风控评价报告研讨各级单位重大风险与内部控制情况，出具反馈意见并督导落实。

附件 1

风险信息收集表

风险信息收集表							
序号	提报部门	责任部门	一级风险	二级风险	风险点	风险发生可能造成的后果	内部/外部风险

附件 2

××专项风险评估报告

专项风险评估小组成员					
序号	职务	职称	姓名	从事工作时间	评估确认
1					
2					
……					

一、工作背景

……

二、评估对象

……

三、风险评估依据

1. 国家法律法规：……

2. 国家现行规范、标准：……

3. 公司文件、规章制度：……

四、××风险评估范围

本评估针对×××过程中可能存在的××风险。

五、××风险评估标准

1. 各项风险层级评估标准

×××风险等级是指……，依据……进行分级，如下表所示。

×××风险

风险层级	判断标准
一级风险	……
一级风险	……
……	……

2. 专项风险评估方法和实施步骤

本公司采用定性方法制定风险评估标准及等级分布，根据风险发生概率将风险发生可能性的高低分为×档。

由评估组成员按规定标准对风险发生可能性和风险影响程度进行评分赋值，依据评估结果和风险值绘制的风险坐标图。

用公式来表示，则为 风险值=风险发生可能性×风险影响程度

序号	具体风险	风险层级	风险发生可能性	风险影响程度	风险值

风险图谱

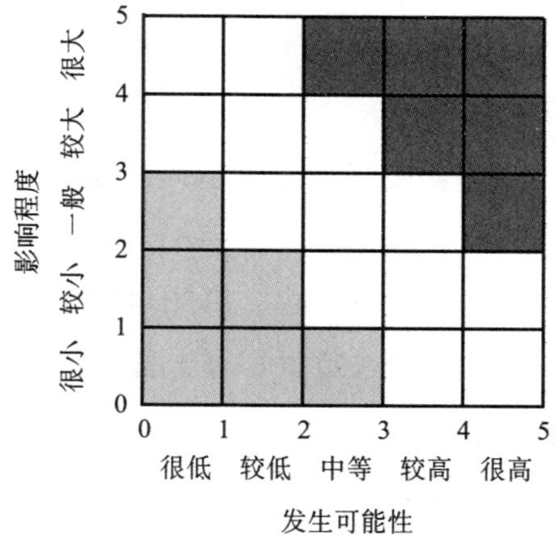

六、风险评估结果

……

七、风险应对措施

1. 成立风险源检测小组

组长：……

副组长：……

小组成员：……

（1）组长：负责××风险评估与管理的领导工作。制定施工阶段风险评估工作实施细则。

（2）副组长：根据分组的情况开展本组的管理工作，并向组长汇报。

（3）成员：在组长及副组长的领导下，开展风险评估与管理工作，并落实各项具体措施……

2. 风险源控制方案

（1）……

（2）……

附件3

企业全面风险管理和内部控制报告

一、概述

公司现状，各项数据指标简述。各项指标完成情况。

二、行业分析

本行业经济状况，本行业风险隐患。

三、公司风险管理状况

制度建设：是否按照《指引》要求设立三道风险防线：业务一线、专职风险管理和审计委员会。

风险管理是否涵盖战略风险、财务风险、市场风险、运营风险、法律风险和道德风险等各项内容。考察有无制度、专人负责、报告备案、信息披露。

四、风险评价（内部或外聘）

是否将风险控制在与总体目标相适应并可承受的范围内；内外部，尤其是企业与股东之间实现真实、可靠的信息沟通，包括编制和提供真实、可靠的财务报告；确保遵守有关法律法规；确保企业有关规章制度和为实现经营目标而采取重大措施的贯彻执行，保障经营管理的有效性，提高经营活动的效率和效果，降低实现经营目标的不确定性；企业建立针对各项重大风险发生后的危机处理计划是否有效，危机处理是否及时。

五、未来风险趋势与应对措施

针对发现和可能潜在的风险提出改进措施和建议，或对外来发展预测。

第四节　授权管理

一、授权概述

（一）授权管理的概念

授权，是指企业为完成既定目标，赋予特定单位、部门或岗位在其职责范围内合理支配公司资源的权力，为组织机构设置及其职责分配、经营活动开展、规章制度制定等提供权力保证。授权理论可以追溯至20世纪30年代美国经济学家伯利和米恩斯提出的“委托代理理论”，该理论在非对称信息博弈论的基础上，提出了所有权与经营权分离，企业所有者保留剩余索取权，而将经营权利让渡给企业的管理者。

在现在企业治理结构中，授权管理是一项重要内容，作为内部控制体系的重要组成部分，对企业正常运转具有重要和关键性的作用。五部委发布的《企业内部控制基本规范》中将授权管理定义为“企业根据常规授权和特别授权的规定，明确各岗位办理业务和事项的权限范围、审批程序和相应责任”。《中央企业全面风险管理指引》则要求企业制定内控措施时应建立内控岗位授权制度，对内控所涉及的各岗位明确规定授权的对象、条件、范围和额度等，任何组织和个人不得超越授权作出风险性决定。

（二）授权管理的原则

企业进行授权管理，一般应遵循以下原则。

1. 分级授权原则

授权应由上至下，逐级分解下达，原则上不应越级授权。

2. 有限授权原则

授权单位、部门或岗位应在权限范围内进行授权，严禁超权限授权。

3. 权责对等原则

被授权单位、部门或岗位在授权范围、额度及授权期限内行使权力，并承担相应责任。

4. 全过程监督原则

授权人应监督授权履行情况，做到事前筹划、事中监督、事后评价。

（三）授权管理的分类

1. 授权按其形式可以分为常规授权和特别授权

常规授权是指企业在日常经营管理活动中按照既定的职责和程序进行的授权，用以规范经济业务的权力、条件和有关责任者，其时效性一般较长。特别授权是指单位对办理例外的、非常规性交易事件的权力、条件和责任的应急性授权，一般时效性较短。与常规授权不同，特别授权的对象是某些例外的经济业务，只涉及特定的经济业务处理的具体条件及有关具体人员。

2. 授权按照层面可以分为企业层面授权、部门层面授权和岗位层面授权

企业层面授权主要是指集团主体对成员企业的授权，在推进供给侧结构性改革的背景下，一些大型集团开展“放管服”改革，将部分权力下放给各级企业，以释放市场经济活力，提升整体管理效率，但在放权的同时也要明确职责权限，划定权力边界，并有效监管，规范权力运行。部门层面授权是企业内部对各部门的授权，企业确定经营方针和经营目标后，将其落实到各个部门，进而定义部门职能，实施职能授权，该授权应当以制定和发布公司规章制度等正式文件的形式进行，通过清晰界定职能部门的权责，使其在被授权的职能领域内发挥各自的作用。岗位层面授权是对职能部门内

设机构和具体岗位的授权，是对企业权责关系、配合关系和汇报关系的具体化，即通过部门文件、岗位手册等明确各岗位办理业务和事项的权限范围、审批程序和相应责任。

3. 授权按受制约的程度可以分为充分授权、不充分授权、弹性授权和制约授权

充分授权是指主管在向其部属分派职责的同时，并不明确赋予下属具体权力，而是让下属在主管权力许可的范围之内，自由、充分地发挥其主观能动性，自己拟订履行职责的行动方案。不充分授权是指主管对其部属分派职责的同时，赋予其部分权限。弹性授权是根据工作的内容将下属履行职责的过程划分为若干阶段，在不同的阶段采取不同的授权方式。制约授权是指主管将职责和权力同时委托和分派给不同的几个下属，以形成下属之间相互制约地履行其职责的关系。

4. 授权按性质可以分为职能授权和事务授权

职能授权是指依据公司岗位职责描述所授予相关岗位工作人员处理相关业务的权力，此业务通常属于公司及各单位日常经营管理过程中发生的重复性和程序性工作。事务授权是指公司及管理者所作出的委托他人处理具体工作的事务性授权，这种授权通常是临时的、分散的，或者非重复性发生的。

（四）授权管理体系

在公司制企业中，一般由股东会授权给董事会，然后再由董事会授权给企业的总经理和有关管理人员，企业每一层的管理人员既是上级管理人员的授权客体，又是对下级管理人员授权的主体。在具体操作过程中，授权主要有法人授权、合同授权、资金分级授权等方式，不论采用哪一种授权方式，企业必须建立授权管理体系。

1. 授权管理的范围

通常企业的所有经营活动都应纳入其范围。

2. 授权管理的层次

应根据经济活动的重要性和金额大小确定不同的授权批准的层次，从而保证各管理层次有权亦有责。

3. 授权管理的责任

应当明确被授权者在履行权力时应对哪些方面负责，应避免授权责任不清，一旦出现问题又难辞其咎的情况发生。

4. 授权管理的程序

应规定每一类经济业务审批程序，以便按程序办理审批，以避免越级审批，违规审批的情况发生。

（五）授权与其他内控要素的关系

1. 授权与风险的关系

授权可以提高管理效率，明确职责分工，激励下属工作积极性，但授权不当反而会造成风险，如未制定系统全面的管理授权文件，缺乏统一的授权标准；未明确具体授权内容，导致涉及重大权益事项不能及时决定；授权对象不具有处理相应事务的能力，所授权事项处理效果不好；授权后放任不管，对授权工作后续进展失去控制等。因此，管理者需要正确认识到授权是一门管理艺术，只有科学合理地授权，才能充分发挥各级人员能动性，促进企业高效运转。

2. 授权与流程的关系

授权是制定流程的基础，且每一项流程都与授权相关，通过明确授权，企业可以将各个部门内对应的岗位工作一点一点地剥离出来，并按照相应的工作传递路径制定流程，最终到达终审者，也就是流程的终点，企业在进行流程要素采集和绘制流程图时应注意流程节点和对应职能带的授权关系，以及该授权是否能够充分保障流程的执行。

3. 授权与控制措施的关系

授权本身是一种控制措施，同时授权也需要建立相应的控制机制，不受监督的授权将可能导致权力失控甚至引发重大风险事故。企业可以采取以下授权控制机制对授权进行监督：一是通过内外部审计机构对经营活动授权情况进行审计；二是采用分级授权金额的方式对企业经营活动中的某些行为进行精准控制；三是定期举行周会、月会，让上级管理人员能随时了解经营活动中的各种动态和状况，以便及时发现问题并纠正。

4. 授权与表单的关系

授权都需要通过流程来表达，而表单是以模板化的形式将流程内每一项工作节点展示出来，清晰明了地反映了所承载业务的组织、岗位、人员权限及其流转过程，同时表单作为一项管理痕迹和证据，被授权人在表单上签字即明确表示自己完成了所应承担的工作并对其负责。此外，授权和表单都是企业正式制度、文件的重要组成部分，对全体成员具有约束力，并在一段时期内保持稳定，如需修改要履行相应的程序。

5. 授权与内控评价的关系

企业建立授权体系应当在保持稳定的同时追求动态的平衡，因为过度的授权会导致权力失控，授权不足则会导致管理者负担过重；此外，管理者也要对各业务节点以及各部门之间的权责进行综合考虑，避免权力过分集中或分配职责不清晰，这就需要对授权的执行情况进行持续评价，提出对授权规则的改进建议，形成“执行—评价—改进”的良性循环，进而达成集体共识，提高管理水平。

二、授权管理的程序

（一）权限授予

权限授予形式包括书面授权和制度授权。

书面授权是指通过书面申请批复和签发授权书对被授权人进行授权。其中，申请批复通常适用于特别授权，签发授权书适用于基本授权和特别授权，授权书（见本节附件 1）是由授权人签发的赋予被授权人经营管理权限的书面文件，授权书中明确了授权人、被授权人、授权范围、授权类型、授权事项、授权期间以及限制性要求等主要内容。

制度授权是指以规章制度明确被授权人的职责范围和权限，通常适用于常规授权，制度授权可以通过管理制度、授权管理手册以及岗位作业手册的方式体现，将企业的管理权逐级分解到各个层级和所有岗位，而各层级和岗位也因此承担相应的管理责任，在规章制度未作修订或废止之前，该授权将自动成立并持续有效。

授权管理手册是为明确各级单位、各部门和各岗位相应的职责与权限，确保权责明晰、执行有序而制定的内部文件，企业可以定期组织所属各级单位和部门填报基本授权信息表（见本节附件 2）和岗位授权信息表（见本节附件 3），并整理成各专业授权信息，汇总形成企业授权管理手册后发布，将各项授权落实到单位、部门和岗位，与企业授权不一致的，应相应修订规章制度、调整岗位职责、完善内控流程。

岗位作业手册是规定某部门具体岗位所需完成工作内容和应承担职责范围的业务参考指南，通过阅读本手册可以明确每个岗位工作职责是什么内容，该承担什么样的工作、担当什么样的责任、如何更好地去做、什么是不该做的，等等。企业可以定期组织所属各级单位和部门，根据企业现有业务梳理流程框架，针对末级流程定岗定编，逐一确定具体岗位的作业信息，汇总形成或修订岗位作业手册（见本节附件 4）。手册一般应包括岗位名称、所属部门、直属上级、岗位职责、岗位工作内容概述、岗位涉及内外部制度、岗位具体作业内容（包括日常作业、月度作业、季度作业、年度作业、特殊作业）、岗位风险点等要素。

（二）授权变更

当发生授权变更事项时，应及时变更授权，其中制度授权形式下的授权变更，应履行公司规章制度修订程序；书面授权形式下的授权变更，由授权归口管理部门制定授权变更通知书，经原授权人审批后生效。

授权变更事项一般包括以下情形：（1）与常规授权相关的规章制度修订导致原授权需要变更的；（2）企业内外部情况发生变化导致原授权需要变更的；（3）授权人认为有必要对已签发的授权书进行变更的；（4）授权事项相关的业务流程发生变更；（5）与授权有关的人员岗位设置或职能发生变更。

（三）撤销与终止授权

授权人需要持续关注授权实施情况及内外部环境等因素，当发生被授权人实施重大越权行为或超权限行为，造成重大经营风险或法律责任，或外部经营环境、内部机构和管理体制发生重大变化造成原授权不适用的，应及时撤销授权。

授权也会因时间流逝或某些事项的发生而自然终止，如采用制度授权形式的授权在规章制度废止时自动终止，特别授权的相关事项处理结束后或授权书规定期限届满后，授权人未发出展期通知的，授权即行终止；此外，被授权人存在机构撤销、职务变动或丧失民事行为能力也会导致授权的终止。

（四）执行与监督

被授权人在执行授权事项时应注意在授权范围内履行职责，审查、签署有关文件，保证所出具、签署文件的合法性和有效性，并及时报告可能损害企业利益的行为。授权人和其他业务部门也应依据企业授权管理手册和相关管理制度监督与授权事项相关的业务开展情况，发现超越授权、未经授权办理业务时，应及时制止并督促有关单位和个人限期整改。

企业可以定期开展授权情况评价工作，重点关注是否存在以下滥用授权、未经授权或者超越授权的情形，追究相关被授权人及其直接责任人的责任：（1）未经公司授权，以公司名义对外实施行为；（2）被授权人超越授权权限开展业务，并在事后未得到承认；（3）授权被撤销或终止后，原被授权人仍以被授权人身份对外开展业务；（4）被授权人在授权范围内发生滥用权力、不正当行使权力的行为，影响公司信誉或造成经济损失。授权评价情况应纳入内部控制年度评价报告，并依据授权评价结果组织制订缺陷整改计划，督促整改落实。

三、授权管理的具体应用

企业应根据制度文件建立各项业务的岗位责任制，明确相关部门和岗位在业务活动中的职责权限，并按照既定的职责和程序进行授权。此外，重大业务和事项还应当实行集体决算审批或者联签制度，任何个人不得单独进行决策或者擅自改变集体意见。以下是企业常规业务中与授权相关的风险和内部控制措施。

（一）资金内部控制的授权管理

资金管理未经适当审批或超越授权审批，可能因重大差错、舞弊、欺诈而导致资金被挪用、抽逃，受到处罚，造成经济损失和信誉损失等风险。企业应对货币资金业务建立严格的授权批准制度，明确审批人对货币资金业务的授权批准方式、权限、程序、责任和相关控制措施，规定经办人办理货币资金业务的职责范围和工作要求。企业应定期检查货币资金授权批准制度的执行情况，其中重点检查货币资金支出的授权批准手续是否健全，是否存在越权审批行为。

（二）采购内部控制的授权管理

采购管理未经适当审批或超越授权审批，可能因重大差错、舞弊、欺诈而导致采购项目质次价高，资金或信用遭受损失等风险。企业应当建立严格的购买审批制度，明确相关部门和岗位的职责、审批权限，确保办理采购业务的不相容岗位相互分离、制约和监督。采购业务的不相容岗位主要有请购与审批，供应商的选择与审批，采购合同协议的拟订、审核与审批，采购、验收与相关记录。

（三）存货内部控制的授权管理

存货管理未经适当审批或超越授权审批，可能因重大差错、舞弊、欺诈而导致存货积压，会计核算不准确，发生变质、损失和被盗等风险。企业应当建立存货业务的岗位责任制，明确内部相关部门和岗位的职责、权限，确保办理存货业务的不相容岗位相互分离、制约和监督。企业应当对存货业务建立严格的授权批准制度，明确审批人对存货业务的授权批准方式、权限、程序、责任和相关控制措施，规定经办人办理存货业务的职责范围和工作要求。企业内部除存货管理部门及仓储人员外，其余部门和人员接触存货时，应由相关部门特别授权。

（四）固定资产内部控制的授权管理

固定资产管理未经适当审批或超越授权审批，可能因重大差错、舞弊、欺诈而导致未合理评估资产价值，会计核算不准确，无法及时发现固定资产损失，造成公司经济利益损失等风险。企业应当建立固定资产业务的岗位责任制，明确相关部门和岗位的职责、权限，确保办理固定资产业务的不相容岗位相互分离、制约和监督。固定资产业务的不相容岗位主要有固定资产投资预算的编制与审批，固定资产投资预算的审批与执行，固定资产采购、验收与款项支付，固定资产投保的申请与审批，固定资产处置的审批与执行，固定资产取得与处置业务的执行与相关会计记录等。

（五）投资内部控制的授权管理

投资业务未经适当审批或超越授权审批，可能因重大差错、舞弊、欺诈而导致投资决策失误，投资安全得不到保障，或企业权益受损等风险。企业应当建立投资业务的岗位责任要求，明确相关部门和岗位的职责权限，确保办理投资业务的不相容岗位相互分离、制约和监督，并应根据投资类型制定相应的业务流程，明确投资中主要业务环节的责任人员、风险点和控制措施等。投资业务的不相容岗位主要有投资项目的可行性研究与评估，投资的决策与执行，投资处置的审批与执行，投资绩效评估与执行等。

（六）筹资内部控制的授权管理

筹资业务未经适当审批或超越授权审批，可能因重大差错、舞弊、欺诈而导致资金不足、冗余或债务结构不合理，遭受外部处罚，造成经济损失和信誉损失等风险。企业应当建立筹资业务的岗位责任制，明确有关部门和岗位的职责、权限，确保办理筹资业务的不相容岗位相互分离、制约和监督，同一部门或个人不得办理筹资业务的全过程。筹资业务的不相容岗位主要有筹资方案的拟订与决策，筹资合同或协议的审批与订立，与筹资有关的各种款项偿付的审批与执行，筹资业务的执行与相关会计记录等。企业应定期检查筹资业务相关岗位及人员的设置情况，其中重点检查授权批准手续是否健全，是否存在一人办理筹资业务全过程及越权审批的现象。

（七）销售内部控制的授权管理

销售业务未经适当审批或超越授权审批，可能因重大差错、舞弊、欺诈而导致销售不畅，库存积压，不能及时足额收回款项，企业经营难以为继等风险。企业应当建立销售与收款业务的岗位责任制，明确相关部门和岗位的职责权限，按照规定的权限和程序办理销售业务，根据具体情况对办理销售业务的人员进行岗位轮换或者管区、管户调整，确保办理销售与收款业务的不相容岗位相互分离、制约和监督。销售业务的不相容岗位主要有客户信用管理、与销售合同协议的审批、签订，销售合同协议的审批、签订与办理发货，销售货款的确认、回收与相关会计记录，销售退回货品的验收、处置与相关会计记录，销售业务经办与发票开具、管理，坏账准备的计提与审批、坏账的核销与审批等。

（八）工程项目内部控制的授权管理

工程项目管理未经适当审批或超越授权审批，可能因重大差错、舞弊、欺诈而导致工程质量低劣，存在安全隐患，建设项目延期或中断等风险。企业应当建立工程项目业务的岗位责任制，明确相关部门和岗位的职责权限，确保办理工程项目业务的不相容岗位相互分离、制约和监督，制定工程项目授权制度和审核批准制度，并按照规定的权限和程序办理工程项目业务。工程项目业务的不相容岗位主要有项目建议、可行性研究与项目决策，概预算编制与审核，项目决策与项目实施，项目实施与价款支付，项目实施与项目验收，竣工决算与竣工决算审计等。

（九）合同管理内部控制的授权管理

合同管理未经适当审批、超越授权审批或授权委托不当，可能因重大差错、舞弊、欺诈而导致合同文本中重要条款描述不够严谨明确，合同不具备法律效力，发生合同争议诉讼，影响公司合规经营，存在法律纠纷风险。企业应当建立合同管理的岗位责任制，明确相关部门和岗位的职责权限，根据经济业务性质、组织机构设置和管理层级安排，建立合同分级管理制度，对于金额重大或性质特殊的合同，应由负责人或授权代表批准，同时应严格办理授权委托，在授权委托书中明确授权的原因、依据、事项、金额限额（如有）、范围、被授权人权利义务、是否可转授权、期限等。合同管理的不相容岗位主要有合同谈判与审批、合同订立与审批、合同审批与执行、合同记录与执行等。

附件 1

授权书

编号：

授权机构：________________（机构名称）

授权机构代表人或主要负责人姓名：____________

被授权机构：______________________

被授权人姓名：____________

被授权人身份证号码：__________________________

根据《××公司授权管理规范》，现由______（授权机构）签发本(常规/特别)授权书。

授权机构在此特授予____________代表本单位依据本授权书行使下列权限：

(一)

(二)

被授权机构及授权人行使授权的职责包括：

(一)

(二)

被授权人对本授权书规定的权限不得进行转授权(及其他授权限制性要求)。

本授权书由__________授权机构盖章及法定代表人签字后，自________年____月____日起生效，其有效期截至________年____月____日。

(其他需要规定的事项)

特此授权。

________________（授权机构）（公章）

法定代表人：

授权日期：

附件 2

基本授权信息表

序号	授权事项	责任层级			授权标准	审批层级	责任部门	审批机构
		全公司	总部	分部				
重大决策								
一、								
1								
2								
……								
重要人事任免								
一、								
1								
2								
……								

续表

序号	授权事项	责任层级			授权标准	审批层级	责任部门	审批机构
		全公司	总部	分部				
重大项目安排事项								
一、								
1								
2								
……								
大额度资金运作事项								
一、								
1								
2								
……								

附件 3

岗位授权信息表

审批事项	授权金额	是否属于重大事项	若是重大事项		审批方式	涉及范围					总部				分部				……				……			
			重大事项类别	重大事项内容		总部	分部	…	…		编制/申请	初审	复审	审批	编制/申请	初审	复审	审批	编制/申请	初审	复审	审批	编制/申请	初审	复审	审批
事项1	—	否	—	—	系统审批	√	√	—	—		—	—	××岗	××岗	××岗	××岗	××岗	—	—	—	—	—	—	—	—	—
事项2	—	否	—	—	系统审批	√	√	—	—		—	—	××岗	××岗	××岗	××岗	××岗	—	—	—	—	—	—	—	—	—

附件 4

岗位作业手册

岗位作业手册（模板）							
岗位名称		岗位编号		所属部门		直属上级	
岗位职责概要							

续表

岗位工作内容	
岗位涉及外部法规制度	
岗位涉及内部制度及实施细则	
岗位对接部门内部岗位及职责	
岗位对接公司内部部门及职责	
岗位对接外部单位及职责	
岗位操作手册情况	
岗位日常作业	
岗位作业时间节点 岗位月度作业	
岗位季度作业	
岗位年度作业	
岗位特殊作业	
岗位交接资料清单	
岗位风险点梳理	
备注	

第五节 制度管理

一、制度体系概述

（一）制度的概念

制度，也称规章制度，是指企业按规定程序制定和发布，用以规范本单位组织、生产、经营、管理等活动的文件，包括通则、办法、规定、规则、准则、细则、通知等。没有规矩不成方圆，规章制度建设和执行在企业全寿命周期过程中扮演着重要角色，对生存发展、企业文化形成起着举足轻重的影响，对企业全体成员具有约束力。

规章制度的来源主要包括以下方面：一是因专业管理需要而制定的规范专业管理的规章制度，如财务管理制度、安全管理制度等；二是根据法律法规或监管部门要求建立用来规范企业某一方面运营管理的规章制度，如企业章程、劳动规章等；三是企业决策层对经营管理过程中所发现问题而制定的明确规定某些事项的制度，如针对某一事项的通知等。

（二）制度的特点

规章制度作为企业内部的“法律法规”，具有以下特点。

1. 权威性和严肃性

规章制度是发布机关根据自己的职责和权限制定，是本级机关权力意志的反映，靠强制力来推行，不容挑战；制定规章制度必须依照相关的法令、政策，做到有法可依、有章可循、不能与国家的法令、政策相抵触。

2. 指导性和约束性

规章制度是人们的行为准则，明确规定了应该做什么、不应该做什么，一经生效就对组织全体成员具有约束力，有关单位或个人就必须严格遵守并执行，遵者应当、违者惩戒，赏罚分明。

3. 全面性和稳定性

规章制度的行文必须全面周到、内容具体，对于涉及的方方面面都必须作出周到的规定、全面的要求，不能将脱离实际的条文、属于临时性的、个别性的问题以及暂还没有条件实行的问题引入规章制度，也不宜经常变动和修改。

（三）制度的作用

规章制度是企业行政管理意志的重要体现，是防范法律风险的重要手段，对实现企业经营管理目标具有重要的价值和广泛的影响，其作用主要体现在以下方面：

（1）有利于企业战略目标的实现。通过围绕企业战略目标制定一系列具体经营管理规章制度，使其成为企业内普遍遵循的准则，可以将各部门和成员的松散目标凝聚成企业整体目标。

（2）可以促成企业内部部门、员工自我约束。通过设定规章制度，提供可以做什么、不可以做什么的行为模式，给予成员正确的价值引导，增强企业控制力和企业意志权威性。

（3）形成企业内部权力运行的良性分配和运行机制。通过对企业内部各部门、成员间的权力进行明确定位和分配，促使其在自己的权责范围内各司其职、各负其责、相互制衡。

（四）制度体系运作

1. 制度体系设计

制度体系设计是一项长期性、稳定性、政策性、原则性很强的工作，应由企业领导授权专业部门进行统筹，协调各业务部门参与，广泛征集意见，厘清各专业工作界面、职责和工作流程，避免出现规章制度层级不清、条理不明，管理口径不一、颗粒度不均、存在管理空白或矛盾冲突的情况，同时根据各业务部门对制度的需求，授权其进行制度的撰写。

标准的规章制度体系框架如表 2－11 所示。

表 2－11　　标准的规章制度体系框架

规范层级		对应关系	主要内容	表现形式
顶层制度		统筹考虑企业各方面、各层次和各要素，追根溯源，总揽全局	表达企业本身存在的意义、目的和使命	章程、议事规则
基础制度	一级规范	将公司使命分解为各专业任务，内容一般覆盖部门职责，与一级流程一致	表达本专业领域的职能定位、功能定位以及应实现的战略目标	通则
	二级规范	将专业领域工作职责与目标分解为业务模块，内容一般与二级流程一致	表达专业领域细分各业务模块的基本规则和工作要求	管理办法
	三级规范	将业务模块工作进行分段管理，内容一般与三级流程一致	表达业务模块具体工作阶段的操作规定和工作细则	实施细则、操作规范

2. 制度出台

制度需求部门完成初稿撰写后，需根据不同制度层级针对不同对象进行意见征集，并根据反馈意见修改。完成修改后进行审核，根据制度层级不同，审核的权限和流程也会有区别，所有流程审核通过后，由被授权的专业部门作为统一窗口进行发布。制度一经发布，就会对某一业务、岗位、人员形成指导和约束作用，从而成为他们工作的依据和准则。

3. 制度宣贯

企业应将各专业部门作为专业制度的宣贯主体，通过建立宣贯机制，及时转发和宣贯通用制度，编制宣贯方案，进行专业制度公示，组织专项培训、考试、岗位手册编制等方式，分专业、分岗位开展制度宣贯工作，确保制度在企业范围内得到广泛的传播。

4. 制度执行监管

企业应将制度执行情况纳入常规检查工作，将制度执行效果作为绩效考核的重要指标之一，通过负责人业绩考核等手段对制度执行效果进行优劣评价，并定期组织开展专项制度执行情况检查，深入查找制度执行的薄弱环节，督促相关部门和人员及时整改，以查促改，以考促学，提升制度执行力。

5. 制度评估和反馈

企业应建立制度评估反馈机制，积极开展制度评估工作，制订评估计划和评估工作实施方案，明确评估时间、地点、方式和内容，做好评估准备，确保评估质量，通过对制度的评估，发现可能存在的制度不完善、执行性差、执行不到位等问题并协调相关部门解决。

6. 制度修订和废止

企业应建立健全制度修订、废止的良性互动工作机制，明确制度修订、废止的具体情形，在执行制度过程中，如现存在内容矛盾、管理空白、职责冲突、流程不畅、脱离现实等问题，应组织收集相关部门的报告，开展制度修订工作，对不再适用的制度要及时予以废止。

二、制度制定

（一）制度制定原则

1. 风险导向原则

是制度就会有目标，不同的目标会带来各种类型的风险，以风险为导向的制度设计要求各业务、岗位、人员以风险为重要着手点，提前预防和规避风险。一项制度能否发挥作用，以及能否很好地发挥作用，很大程度上取决于其是否能很好地处理各类风险。

2. 边界明确原则

是制度就会有职责，职责的明确需要有合理的授权，如何授权、授权幅度多大，因企业而异。对需由两个以上部门共同完成的职责事项，明确履职边界，理顺部门职责分工，做到权责明确、边界清晰。

3. 流程清晰原则

制度与流程是相互交融的，制度的设计需要去梳理业务的流程，根据清晰明确的流程去完善制度，根据制度去规范业务执行流程。如果制度不能和流程相匹配，业务规范和实际流程“两张皮”，制度本身一定会存在风险，出现问题。

4. 持续改进原则

制度的建立不可能一蹴而就，而是有计划、有步骤地逐步落实，因此，企业应将制度优化作为例行的机制予以确立，在制度制定完成后根据外部环境变化和执行反馈结果定期进行修订和完善。

（二）制度制定方法

1. 文字记录法

文字记录法是指将内部控制的运行情况、控制环节和控制方式以文字说明的方法记录下来，适用于控制范围较广、管理内容比较细致的制度，这也是最常用的方法。

2. 流程图法

流程图法是指采用特定的符号，以业务流程线加以联结辅之以简要的文字和数字，将某项业务处理程序和内部控制反映出来的一种描述方法，有纵向流程图和横向流程图两种基本方式。

3. 实地调查法

实地调查法是指实地走访业务流程经过的部门和经办人，通过观察、访谈、开座谈会、问卷测试、索要文档等获取制度制定所需要的第一手资料，并获取企业内各级人员对制度的相关建议和反馈。

企业可以根据管理制度的整体风格、各种方法的优缺点并结合内部控制管理的实际需要来选择制度的制定方法。

（三）制度制定流程

制度的制定流程一般包括制度起草、修改、审核会签以及公布生效等程序。

1. 制度起草

制度需求部门主要负责制度的起草，制度的内容涉及两个部门及以上业务工作范围的，应组织相关部门联合参加起草。起草制度是需根据目标分析考虑存在的风险，通过明确职责及流程，有效控制风险。制度起草的具体内容及要求详见本节制度制定通用模板。

2. 制度修改

制度起草完成后，应在一定范围内征求意见，制度起草部门收集反馈意见后，组织相关人员进行讨论、修订，并形成记录。

3. 审核会签

制度草案修改完善后，应进行审查会签。由起草部门负责人及有关部门对制度格式、内容、配套表单及流程图等进行审核会签，会签完成后送法律部门（或承担相应职责的部门）审查并会签，再由起草部门报送公司领导或被授权分管领导签发后发布。

4. 公布生效

经公司领导或被授权分管领导签发的制度，可以在公司内部网站或通过其他途径对外公布。具体生效时间，以制度中规定的“自发布之日起执行”或“现予发布，自某年某月某日起施行”为准。

（四）制度制定通用模板

一个完整的制度基本上包括了总则、管理机构和职责分工、管理流程、监察与考核、其他规定、附则、附件等，其大体是要明确做什么以及怎么做，并辅以特别事项说明和支持表单等内容。以下以某公司《全面风险管理和内部控制办法》（以下简称《办法》）为例，对适用企业内控制度的通用模板相关要素进行说明。

1. 总则

总则包含“目的”“相关术语”“原则”“适用范围”四个方面。

目的主要是明确制定该制度的依据和拟达到的目标。《办法》描述了制定全面风险管理和内部控制制度的依据和预期目标：“为建立健全公司全面风险管理与内部控制体系，强基固本，提升管理，防范风险，促进公司持续健康发展，根据《中央企业全面风险管理指引》（国资发改革〔2006〕108 号）、《企业内部控制基本规范》（财会〔2008〕7 号）、配套指引（财会〔2010〕11 号）、《关于加强中央企业内部控制体系建设与监督工作的实施意见》（国资发监督规〔2019〕101 号）等相关规定，结合公司实际制定本办法。”“合理保证实现以下目标：1. 确保财务报告及相关信息真实、可靠；2. 确保将风险控制在与公司战略目标相适应并可承受范围内；3. 确保公司经营管理活动合法合规、资产安全；4. 确保各项决策部署得到有效执行，提高经营活动效率和效果，促进公司战略目标实现。”

相关术语是对该制度相关的特殊术语、概念进行释义和界定，避免产生歧义。《办法》对全面风险管理的含义进行了解释：“本办法所称全面风险管理，是指围绕公司战略目标，通过在企业管理的各个环节和经营过程中执行风险管理的基本程序，识别可能影响战略目标实现的潜在风险，将风险控制在公司可承受范围内，为实现公司战略目标提供合理保障。”

原则是简明扼要地提炼出该制度所规范的业务事项管理应遵循的基本原则。《办法》规定了全面风险管理和内部控制所遵循的原则：“公司风控体系建设和实施应遵循以下原则：全面性原则、重要性原则、标准化原则、持续改进原则。”

适用范围主要说明哪些单位和部门需要执行该制度以及该制度所适用的情形。《办法》规定了所适用的单位和部门：“本办法适用于公司总（分）部及所属各级分公司、全资、控股单位（以下简称各级单位）。”

2. 职责分工

职责分工明确了该制度下各层级单位、相关部门和岗位在各个环节、步骤的权利、责任、义务，是制度授权的具体体现，为授权管理手册和岗位作业手册的制定提供了重要依据，授权相关内容详见本书第二章第四节“授权管理”。

《办法》详细阐述了各层级、各部门在全面风险管理和内部控制活动中的职责分工，具体包括“公司主要领导人员是风控体系监管工作第一责任人，负责组织领导建立健全覆盖各业务领域、部门、岗位，涵盖各级子企业全面有效的内控体系”“各级单位设立全面风险管理委员会，具体负责本单位风控工作，并向党组会（董事长办公会）、董事会及其专委会报告。各级风险管理委员会主要职责包括……”“各级单位业务部门配合本级风控办开展本专业风控工作，主要职责包括……”“各级单位风控办在风险管理委员会直接领导下，负责本单位风控日常工作。主要职责包括……”等。

3. 管理流程

管理流程包括“流程关键环节概述”和“具体操作程序”两个方面，流程相关内容详见本书第二章第二节“流程管理”。

流程关键环节概述是指根据相关流程的复杂性，选择用文字或图形等其他形式对流程步骤进行表述。《办法》对内部控制评价步骤进行了说明：“内部控制评价是指围绕公司重大风险防控目标，对内部控制设计和执行的有效性进行评价，识别控制缺陷，形成评价结论，出具评价报告的过程。”

具体操作程序则是对各流程下具体操作程序进行描述，应涵盖“谁（单位、部门、岗位）在什么时间、在哪里（如某信息系统），做什么，怎么做，怎么配合，需要达到什么标准，提交给谁，涉及什么文档”等要素。《办法》详细规定了形成全面风险管理和内部控制报告的操作程序，即“各级单位应于每年 12 月前组织开展年度风险评估，并对本单位内部控制有效性进行评价，形成全面风险管理和内部控制报告，经本单位风委会或相关决策机构审议通过后，于年底前报上级风控办。”

4. 监督与考核

监督与考核包含“监督”“考核”两个方面。

监督用于说明本制度所规范活动应遵守的纪律，由谁监督，考核用于说明对本制度执行情况的考核方式、考核结果及奖惩等。《办法》中规定了与全面风险管理和内部控制相关的监督考核要求：“各级单位应建立风控责任追究机制，将风控体系建设、执行等情况纳入企业负责人年度业绩考核和全员绩效考核体系。对于风险防范不力造成重大风险事件，或内部控制执行不力存在重大缺陷的，应严肃追究相关单位和个人责任。”

5. 其他规定

其他规定主要是补充说明以上项目中没有涉及但与本制度执行紧密相关的问题。

6. 附则

附则说明本制度由谁制定、由谁解释、实施日期、有效期等。《办法》对此进行了相关规定：“本办法由风险控制办公室负责解释并监督执行，并自发布之日起施行，原《全面风险管理与内部控制办法》同时废止。”

7. 附件

附件部分主要是执行本制度需使用到的表单、文本模板、流程图等。表单及文本模板相关内容详见本书第二章第七节“表单管理”，流程图绘制相关内容详见本书第二章第二节“流程管理”。

第六节 合规管理

内部控制的五目标之一是合理保证经营管理合法合规。可见，合规管理是内控的目标之一。合规管理应融入内控管理之中，企业应将合规管理与内控管理统筹推进，发挥风险管控合力，切莫将两者割裂开来，降低经营管理效率和效果。合规管理是一种过程管理，由多个相互依存、相互加强的要素组成。在一个成熟的企业合规内控管理体系内，我们从表面是看不出这些要素之间的关系的。我们只能看到一个又一个的合规管控行为，如合规审查、举报与调查，合规培训等。但如果从外部来看，在一家企业内新建一套合规内控管理体系，或者换句话讲，将原来零散的若干合规管理举措重新梳理、补缺、强化，形成一套完整的合规内控管理体系，是存在一个相对固定的流程的。

一、合规管理概述

（一）相关概念

合规，是指企业及其员工的经营管理行为符合法律法规、监管规定、行业准则和企业章程、规章制度以及国际条约、规则等要求。

合规风险，是指企业及其员工因不合规行为，引发法律责任、受到相关处罚、造成经济或声誉损失以及其他负面影响的可能性。

合规管理，是指以有效防控合规风险为目的，以企业和员工经营管理行为为对象，开展包括制度制定、风险识别、合规审查、风险应对、责任追究、考核评价、合规培训等有组织、有计划的管理活动。

（二）合规管理原则

1. 全面覆盖。坚持将合规要求覆盖各业务领域、各部门、各级子企业和分支机构、全体员工，贯穿决策、执行、监督全流程。

2. 强化责任。把加强合规管理作为企业主要负责人履行推进法治建设第一责任人职责的重要内容。建立全员合规责任制，明确管理人员和各岗位员工的合规责任并督促有效落实。

3. 协同联动。推动合规管理与纪检监察、内部审计、内部控制、风险管理等工作相统筹、相衔接，确保合规内控管理体系有效运行。

4. 客观独立。严格依照法律法规等规定对企业和员工行为进行客观评价和处理。合规管理牵头部门独立履行职责，不受其他部门和人员的干涉。

（三）合规管理职责

1. 董事会的合规管理职责主要包括：

（1）批准企业合规管理战略规划、基本制度和年度报告；

（2）推动完善合规内控管理体系；

（3）决定合规管理负责人的任免；

（4）决定合规管理牵头部门的设置和职能；

（5）研究决定合规管理有关重大事项；

（6）按照权限决定有关违规人员的处理事项。

2. 监事会的合规管理职责主要包括：

（1）监督董事会的决策与流程是否合规；

（2）监督董事和高级管理人员合规管理职责履行情况；

（3）对引发重大合规风险负有主要责任的董事、高级管理人员提出罢免建议；

（4）向董事会提出撤换公司合规管理负责人的建议。

3. 经理层的合规管理职责主要包括：

（1）根据董事会决定，建立健全合规管理组织架构；

（2）批准合规管理具体制度规定；

（3）批准合规管理计划，采取措施确保合规制度得到有效执行；

（4）明确合规管理流程，确保合规要求融入业务领域；

（5）及时制止并纠正不合规的经营行为，按照权限对违规人员进行责任追究或提出处理建议；

（6）经董事会授权的其他事项。

4. 企业相关负责人或总法律顾问担任合规管理负责人，主要职责包括：

（1）组织制定合规管理战略规划；

（2）参与企业重大决策并提出合规意见；

（3）领导合规管理牵头部门开展工作；

（4）向董事会和总经理汇报合规管理重大事项；

（5）组织起草合规管理年度报告。

（四）合规内控融合的必要性

内部控制是以流程为核心的风险管控手段，是指导具体工作的管理文件。企业通过内控流程规范内控机制，合理界定岗位职责及权力运行结构，梳理优化业务及管理流程，科学规范经济活动和业务活动，对业务层面潜在风险进行全面评估，拟定适当控制措施并遵照执行，为业务运营体系起到强有力的支撑保证作用。

原有内部控制体系中的流程图主要通过逻辑关系对作业程序进行描述，关键节点审核、审批作为重点控制，与企业规章制度基本保持一致，合规性管控要求体现不强。

内控流程强调经营风险，合规管理强调合规风险，两者均以风险预防为核心，在企业内部控制流程中缺一不可，将合规管理融入内控流程是建立健全内部控制体系的必经之路。另外，现阶段大多数企业的合规风险是通过合规义务清单进行控制，而合规义务清单一般是由法务工作者或律师按照外部法律梳理的，具有法律条文的全面性、广泛性的特点，形成的合规义务清单是一份大而全的数据库，与业务活动衔接不是很紧密，将合规管理的要求和内部控制紧密结合，使得合规管理与业务活动更为贴近，更具实际执行意义。

二、合规内控管理体系的搭建

（一）合规内控组织架构设计

搭建合规内控管理体系的第一步，首先是保证“有人能够持续地、负责任地来做这件事”。这便是设计合规管理的组织架构以及明确各个组织层级的合规职责。一般来说，合规管理工作之所以在企业内开展起来，都是有一定原因的。在央企、国企内，主要是来自国资委的要求和推动。这个工作的启动，大部分是由现有的法务部门承担，也有个别是由原来负责内部控制工作的内控部门或负责全面风险管理工作的审计部门等部门承担。

不管是法务部，还是内控部，抑或是审计部，都是合规管理组织架构中最为关键的一环。因为合规管理是一个“法律 + 管理”的专业工作，需要法律与风险管理专业人士作为主导。在合规组织架构中，核心是合规部门，其前身可能是前述转型过来的法务人员、内控人员或审计人员等。唯有先明确合规部门及合规人员，合规内控管理体系搭建工作才能有人具体对接和推动。

在合规部门之上，必须再设置一个能够统筹合规部门、业务部门、其他职能部门等更高层的职位或组织。这个“组织”往往被放在董事会层级，即董事会下设一个专门的“合规委员会”。鉴于合规管理的风险管理属性，合规委员会可以是一个单独的委员会，也可和“风险管理委员会”等合署。合规委员会是企业合规内控管理体系中最高的权力机构，其最终决定合规工作中的一切重要事项。合规委员会一般吸纳 1—2 位董事参与，他们将成为合规部门的负责人成员。

与合规部门并行的是各业务部门、各职能部门，这些部门之前一直存在。在合规内控管理体系建设过程中，必须明确赋予其在合规管理工作上的职责。例如，合规风险自查工作，必须由业务部门定期执行，并将自查结果向合规部门报送。

在合规部门内，有必要进一步细分为各个合规岗，如负责反腐败调查的合规经理、负责合规检查的合规主管、负责数据合规的合规专员等。如企业规模足够大，可配置多名合规岗，按照合规领域进行人员分工，将更有利于合规管理整体工作。如企业合规人员人手不足，一人兼任多个合规岗也是一种不得已的选择，但应保证最低人数的合规岗。

合规组织架构应自上而下地设计，从企业最高决策层到企业的业务一线，都应考虑配备合规人员。对各层级的合规组织，包括合规委员会、合规部门、合规岗（专职或兼职的），要有明确的职责说明。同时，对于非专门的合规组织，从董事会、监事会、经理层到业务部门、职能部门，下属单位，也都应有明确的合规职责说明。合规组织架构示例如图 2－3 所示。

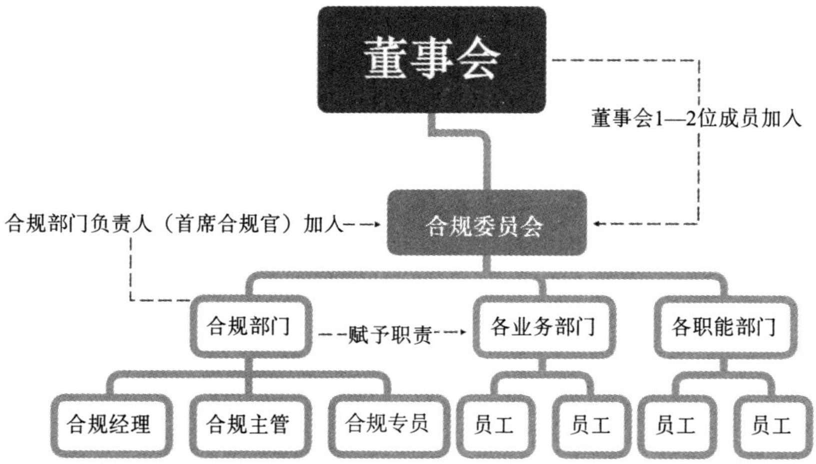

图 2－3 合规组织架构示例

（二）梳理企业的业务流程

合规管理的对象是企业及其员工的经营管理行为，其实就是指企业的业务。这里的业务包括直接帮助企业创造利润的“经营行为”，如投资、采购、销售、运营等行为；也包括致力于提高前述创造利润行为的效率以及防范其风险的“管控行为”，如人力资源管理、财务管理、风险管理等行为。合规管理本质上是一种风险管理，面向投资、采购、销售等经营行为，同时也面向人力资源、财务、行政后勤等管理行为，甚至是内控、监察等风险管理自身的管理行为。作为风险管理，先要由风险专业人员把“管理对象”摸清楚，即梳理企业的业务。

现代企业的业务管理，基本上已经从职能管理转向流程管理。流程是一系列活动的总称，流程为用户提供某项具体服务或产品。流程具有重复性、目标性和过程性等特点。在流程思维下，原来的投资、采购、销售、运营等职能行为转变为投资流程、采购流程、销售流程、运营流程等。这种转化并不是字面上的文字游戏，而是更为反映业务的真实特点。流程其实是客观存在于企业的业务过程之中的，为更有效地提高业务的效率与效益，现代中大型企业的管理全部转向以流程为基础的管理。梳理企业的业务，其实就是分析企业的业务流程。

所有的企业风险，归根结底都是起因于业务行为，也就是来源于某个业务流程的缺陷、缺失或错误。对业务流程进行梳理，是全部的内部控制及风险管理等类似工作的一个共同基础，当然也是合规管理工作的一项基础。梳理企业的业务流程，之所以是合规内控管理体系搭建的第二步，其原因也正在于此。无论是后期的识别合规风险，还是管控合规风险，都需要建立在对业务流程的了解之上。

对业务流程的梳理，属于流程管理学领域的知识。如果企业规模小，业务较为简单，其流程梳理自然简单。但如属于集团性质的大型企业，可能有多个业务线（事业部或下属控参股公司），同时又是集团层面统一的职能管控，那么梳理该类企业的业务流程，对于平时仅熟悉法律的合规或风控等非业务人员来说，可能存在很大的难度。

（三）收集企业的合规义务

梳理企业的业务流程，最终目的是发现企业潜在的合规风险。但光有对业务的了解并不能自动地知晓企业面临的合规风险，还需要了解法律、法规的规定及其变化。正是这些法律、法规及其变化，作用于企业的业务流程，或业务流程有存在违反这些规定的地方，才产生了合规风险。因此，除了熟悉业务，我们还必须熟悉企业业务流程进行过程中所应遵守的法律、法规及其变化，即还必须收集企业的合规义务，并随时关注其变化。

企业合规义务是企业业务行为的边界，包括法律、法规、监管规定、道德规范、国际规则、他国域外法等。任何企业是处于层层“规”之下的。在法治经济、法治社会下，这些“规”的数量非常庞大，而且错综复杂，甚至“规”自身也不尽完善，并一直处于变化之中。这些特点，带来了识别本企业应适用哪些“规”的难度。故需要专门的法律与合规人员，对“规”进行收集。

收集本企业的主要合规义务，可从如下两个方面展开。

一是从企业的业务流程展开。企业的研发流程、销售流程、营销流程、投资流程、人力资源管理流程、财务税务管理流程等，各自应遵守的主要法律、法规、监管规定、国际规则等，分别有哪些？最后形成企业的业务常用合规义务清单。这个合规义务清单，以法律条文或法律规则为基本单位。例如，企业在营销环节，要遵守反不正当竞争法规定的禁止混淆、不得商业贿赂、禁止虚假宣传等，以及遵守广告法规定的不得使用“国家级”“最高级”“最佳”等用语，不得发布虚假广告等，以及价格法规定的不得有不正当价格行为等。

二是从企业应遵守的部门法归属角度展开。这就是我们常说的合规管理领域，它包括反贿赂反腐败合规义务、反洗钱合规义务、反垄断反不正当竞争合规义务、数据与网络安全合规义务、环境保护合规义务、知识产权合规义务、劳动用工合规义务。当然，这个角度的合规义务，与部门法也不是完全吻合的，但基本上可对应于某个部门法及某个部门法内的某部主要“法律”。

因合规义务数量非常多，我们几乎无法穷尽一次收集完企业应遵守的全部合规义务。即便耗费大量人力物力收集齐全了，我们也无法消化。故合规义务的收集，需要关注与企业业务的关联度。与企业所在行业、所采取的商业模式、所采用的运作流程密切相关的法律、法规，国际规则，特别是行业监管规定，才是重点收集对象。

（四）合规风险评估

在熟悉了企业的业务流程和企业应遵守的合规义务之后，接着就进入合规风险评估的阶段。风险评估，一般包括风险识别、风险分析与风险评价三个环节。合规风险的评估，逻辑上与此类似，包括合规风险的识别、合规风险的分析以及合规风险的评价等环节。但合规风险是一种特殊的风险，基于“合规无偏好，违规零容忍”的理念，合规风险评估工作的重点是合规风险的识别环节。对于合规风险的分析与评价，与一般的风险分析与评价，有不一致之处。

识别或发现企业面临的潜在合规风险，在整个合规内控管理体系建设过程中来说都是很重要的一环。虽然已有企业的业务梳理和合规义务收集作为基础，但合规风险不是必然地就显现出来，它取决于信息的收集和经验的判断。合规风险是实际的业务可能违反合规义务的地方。一是风险只是一种可能性，不同的人员对其是否发生有不同的判断；二是对实际业务和合规义务都深入了解的部门和人员不多，这造成了合规风险识别的难度。必须采用一定的方法，设计专门的机制方可将合规风险予以发现。这类常用的合规风险识别方法，包括流程推演法、法规倒推法、案例整理法等。可用的机制，包括部门自查、第三方专家提供、通用合规风险库比对等。

全面风险管理体系框架下的风险分析和风险评价，是在识别风险的基础上，对风险的发生原因、发生来源、发生后的影响程度等做定性和定量的分析，并按重要性进行排序和可视化表达，最后得出风险地图。对合规风险的分析，主要集中在对其发生原因和发生来源进行分析。对其发生后的影响程度，似乎无法像一般风险那样进行定量分析，也无法按数值大小进行排序。这与合规风险的性质密切相关。原因即在于前述的“违规零容忍”的说法，我们无法选出哪些是可接受的合规风险，哪些是不可接受的合规风险。理论上，所有的合规风险都是不可接受的。

这一点与很多合规管理专家的认识是相反的。不少的合规管理专家，把合规风险完全等同于一般风险或其他风险，在对其进行分析时，也是按发生概率与发生后果等进行定量打分之后进行排序，从而形成合规风险地图。整个合规风险地图也分为三个区域：一是红色区域，属于严重违规；二是黄色区域，属于中度违规；三是绿色区域，属于轻度违规或可接受违规的。存在可接受的违规行为，这与“违规零容忍”的原则是相冲突的。因此，需要注意合规风险的分析与评价，与一般的风险分析与评价是不相同的。

实践中，为有效利用合规管理建设所投入的资源，又有必要把那些最重要的合规风险优先选出，集中精力去防范。这就是很多企业所明确强调的“合规底线清单”。这些最重要的合规风险，与企业的合规文化宣传是密切相关的。重点宣传合规底线清单，可更好地培养合规意识，提高合规建设工作的投入产出率。当然，合规风险评估的最后成果，应当是形成合规风险信息库、案例库。这与一般的风险评估的成果是类似的。

（五）拟定合规内控管理制度

合规内控管理体系作为一种管理体系，其实施最终还是要归于制度。制度的含义很广，企业所提出的所有要求，包括书面的、口头的，都是制度。但这里说的制度，仅是指书面的、正式的，以防控合规风险为目的的企业内部规定。合规管理涉及面很广，管控手段有多种，决定了合规管理制度也是多样的。本书认为，凡是与业务合规管控相关的制度，不管如何称呼，是称“办法”，还是称“细则”，或称“指引”，均应纳入“业务合规指引”范畴。合规管理制度仅指与“合规管理本身怎么做”密切相关的内部规定。

合规内控管理制度的第一个层级，就是关于合规管理工作的基本规定，一般称为“合规管理办法”。“合规管理办法”规定合规管理工作的原则、合规管理的组织与职责、合规管理的重点领域、合规内控管理体系的运行、合规管理保障等基本内容。“合规管理办法”相当于合规管理的工作总则，是一般性的指导文件，故往往在启动合规内控管理体系建设工作之前即在企业内颁布实施。

合规内控管理制度的第二个层级，是关于如何落实合规管理工作的具体实施细则。如合规风险评估实施细则，是关于推动企业内相关部门如何相互配合、相互监督，进行合规风险的识别、分析、评价等工作的规定。具体内容包括合规风险评估的概念、原则、组织实施、评估方法、评估内容以及评估保障等。

类似这方面的实施细则，还可包括合规检查办法、合规审查办法、合规员管理办法、举报与合规调查办法、合规风险预警实施细则、合规绩效考核实施细则、合规培训实施细则、合规报告实施细则、境外合规管理实施细则等规定。这些制度，有的被称为“办法”，有的被称为“实施细则”，有的还被称为“制度”，这没有本质区别。这些办法或细则，与总的“合规管理办法”，形成“1 + N”的制度体系，主要解决合规管理怎么做的问题。凡是合规内控管理体系建设过程中出现的管理操作，均可制定具体的实施细则。

（六）制作业务合规内控指引

业务合规指引，从劳动法的角度，也属于企业合规管理制度的一种。但如前述，本类“指引”，可能也被称为“制度”“办法”等，专指某一个业务领域的合规管控措施，主要解决在某个领域如何合规的问题。

业务合规内控指引，与合规义务的归纳方法类似，也可按两条线来制定。

第一条线是按企业的业务流程制定合规内控指引。如采购合规管理指引，也可称为“采购合规管理办法”。具体内容可包括采购部门或人员的合规职责、采购活动的禁止性规定、异常情况的报告义务、采购合规尽职调查、采购合规风险评级及其审批程序、采购活动记录规定等。其他类似的合规指引，包括销售合规管理指引、投资合规管理指引、研发合规管理指引、合同合规管理办法、投标合规管理办法、工程建设合规管理办法、商业伙伴合规管理办法等。

第二条线是按合规管理的领域来制定合规内控指引。如反垄断合规管理指引、反不正当竞争合规管理指引、反洗钱合规指引、反腐败反贿赂合规指引、数据保护与网络安全合规管理指引、劳动用工合规管理指引、安全生产合规管理指引、出口管制与经济制裁合规指引、知识产权保护合规指引、环境保护合规指引等。

业务合规内控指引是指明企业应当遵守的合规义务，并给出如何不触犯的一些操作形式指南。形式同样可以多样化，以图文方式，以文字方式，以清单方式，均可。在有一些业务领域，如反腐败，甚至可单独制作成一个“反腐败合规手册”，把相关内部全部包含进去。如关于礼品招待的、关于慈善捐赠的、关于商务旅行的，关于销售代理人的，关于合伙伙伴的以及关于海外 FCPA 反腐败等相关规定，都可放在一起，形成该领域的一套完整手册。

（七）合规内控管理机制设计

合规内控管理体系的运行，需要实际的制度实施或制度所规定的管理举措的运行。这便是合规管理的实施机制，合规管理机制是一种动态的实际做法。作为新建合规内控管理体系的流程，进行良好的、适宜的合规管理机制设计，是非常重要的一步。

类似的合规内控管理机制包括：合规强制咨询机制、合规联席会议机制、合规检查机制、合规尽职调查机制、合规风险监测与预警机制、合规报告机制、合规问责机制、合规有效性评估机制、合规审计机制等。这些机制可以直接用实际的管理行动来付诸实践，还可以用一些工作表单、工作报告的方式来完成合规管理机制的设计。

合规管理机制设计的目的是在于把合规管理制度和业务合规指引的举措落地，将合规风险的发现、预防、控制等责任落实到相关责任人员，并建立起事前、事中、事后多层级的合规风险防范机制。

（八）编制合规内控手册

在完成合规管理机制设计之后，合规内控管理体系搭建工作的内核即算完成。为有效地展现合规内控管理体系建设成果，并能为各业务部门和职能部门以及合规部门自身提供一套方便阅读且易于查询的工具，将之前几个步骤的工作成果有选择地进行整合，形成合规管理手册，也是一项非常重要的事项。这种表达方式，同样也是内部控制体系建设、全面风险管理体系建设时常用到的。为了将合规管理融入内部控制体系建设中去，在编制本手册时应当按以下要求进行。

1. 合规内控流程

在内控流程中嵌入合规要求，将业务风险和合规风险进行融合，体现在业务流程图中，可以清晰地提醒流程执行者业务环节的风险点与合规要求。

【例如】基本制度制定流程，融入合规要求后的流程为：（1）相关部门拟定规章制度；（2）部门负责人审核；（3）法律部门合规审查；（4）制度归口部门审核；（5）分管领导审核；（6）是否涉及职工切身利益；（7）是则执行工会或职工代表大会审议；（8）否则执行总经理办公会审议；（9）董事会决议。其中第（3）（7）（9）节点为合规管理要求。在流程图中用醒目符号标注合规风险点、合规与内控流程融合流程，在一张业务流程图中，实现了内控与合规的控制整合。

2. 合规内控矩阵

内部控制的流程（风险）控制措施主要是以控制矩阵形式体现，一般包括风险类别、控制目标、风险点描述、控制点编号、控制点描述、执行部门、执行岗位、控制频率、控制证据、控制依据等要素，主要反映业务层面风险的控制，一般为流程执行者日常工作中的风险防范。

合规要求与控制矩阵融合的基本做法是：首先通过流程图识别法，辨别哪个环节存在合规风险，其次对构成风险的主要因素进行分析，然后准确进行合规风险描述，最后拟定控制措施。

表现形式上对原控制矩阵进行修改，增加风险类别，将内控和合规进行区分，融合的作用就是让流程执行者关注业务风险的同时，提高对合规风险的警觉，潜移默化地将合规文化渗透到日常经营管理当中。

合规内控矩阵如表 2 - 12 所示。

表 2 - 12 合规内控矩阵

风险类型	风险点编号	风险点描述	控制点编号	控制点描述	执行部门及控制手段（手工/IT/手工依赖 IT 控制）	控制依据
内控		合同履行过程中，未能及时发现已经或潜在企业利益受损情况，可能导致企业经济利益受损		业务主管部门对合同全过程进行跟踪管理，对协作单位合同履行情况及效果实施有效监控，发现问题及时纠正、处理	业务主管部门手工依赖 IT 控制	《合同管理办法》
合规		一方或双方未全面履行合同义务，未采取相关措施降低合同风险，导致合同违规执行		（1）合同依法成立，合同各方均应履行合同约定的义务，任何一方不得擅自变更或解除合同 （2）合同生效后，出现或发现就合同主要条款约定不明或有遗漏时，合同双方协商可以签订补充协议	合同承担单位手工依赖 IT 控制	《中华人民共和国民法典》

3. 合规内控评价

内部控制评价是企业对内部控制设计和运行有效性进行的客观评价，其目的在于准确地揭示经营管理的风险状况，优化内部控制体系，促进内部控制系统有效运行。

合规管理评估是通过对合规管理体系的有效性进行分析，对重大或反复出现的合规风险和违规问题，深入查找根源，完善相关制度，堵塞管理漏洞，强化过程管控，持续改进提升。

内部控制评价完全可以与合规管理评估或评价融合，将合规评价指标细化后，对员工合规职责履行情况进行评价。根据内部控制评价点控制要求，对内部控制体系设计和运行进行评价，并设置不同的权重，形成综合考核评价结论，并将结果作为员工考核、干部任用、评先选优等工作的重要依据。

合规管理整体业务流程如图2－4所示。

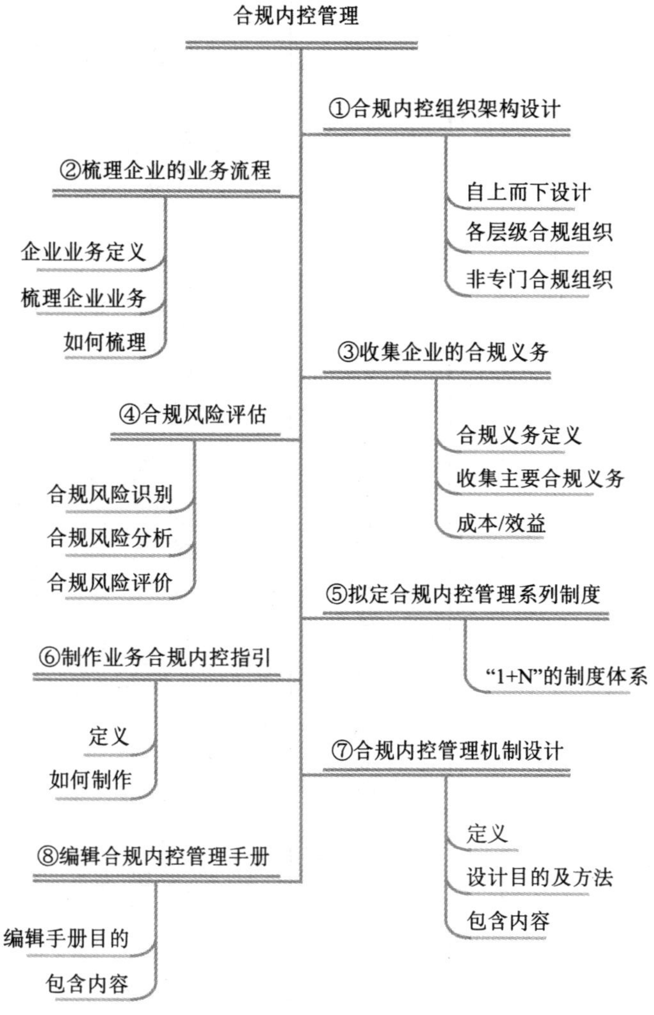

图2－4　合规管理整体业务流程

三、合规表单管理

合规表单主要包括重点岗位合规风险源识别穿透检索表、重点岗位合规风险分析评估控制表、企业合规义务管理台账、合规风险分析评估控制表等，分别如表2－13、表2－14、表2－15、表2－16所示。

表 2－13　重点岗位合规风险源识别穿透检索表

岗位名称：　　　　所在部门：　　　　合规管理员：

岗位职责	对应负责的工作事项清单	合规风险源（组织活动本身具有的属性）				风险控制穿透环节				
		是否涉及利益管理活动	是否涉及权力行使活动	是否涉及技术性（黑箱）操作活动	是否涉及利益冲突活动	主办	会商	审核	审批	管理流程可追溯的上级

表 2－14　重点岗位合规风险分析评估控制表

岗位名称：　　　　所在部门：　　　　合规管理员：

岗位职责	对应负责的工作事项	对应的具体合规义务			合规风险源	合规风险分析评估与应对								对应内部管控制度	是否有剩余合规风险	设定合规目标	剩余合规风险控制措施	嵌入制度名称	责任人
		合规承诺	纪律与道德规范	法律法规监管规定等		不合规情形	产生不合规原因	不合规后果（个人和环境的伤害、经济损失、声誉损失以及行政责任）	合规风险源发生频次	对业务目标影响	对合规目标影响	合规风险系数	风险应对策略						

表 2－15 **企业合规义务管理台账**

单位名称： 责任部门： 台账管理员：

项数	合规义务名称	颁布目的	发布人	发布时间	实施时间	对应废止	对组织活动、产品和服务的影响	公司牵头实施责任部门	涉及公司相关范围				是否进行合规风险评估	公司对应配套制度、业务流程与作业指导文件（文件名称＋发布时间、字号）	备注
									相关单位	相关部门	相关业务流程	相关岗位			
合规要求															
1															
2															
合规承诺															
1															
2															

表 2－16 **合规风险分析评估控制表**

业务名称： 主责部门： 合规管理员：

业务步骤	对应业务事项	对应的具体合规义务			合规风险源	合规风险分析评估与应对								对应内部管控制度	是否有剩余合规风险	设定合规目标	剩余合规风险控制措施	嵌入制度名称	责任人
		合规承诺	纪律与道德规范	法律法规监管规定等		不合规情形	产生不合规原因	不合规后果（个人和环境的伤害、经济损失、声誉损失以及行政责任）	合规风险源发生频次	对业务目标影响	对合规目标影响	合规风险系数	风险应对策略						

第七节 表单管理

表单是企业按预先设定的要求和规定的格式，记录或备忘经营管理行为的文字或数据的登录文件，是制度的一种规范化、标准化表现形式，是制度与业务高度融合“落地”的重要途径。表单的形式包括各类审批单、会签表，台账、报告、记录、账本或财务凭证，甚至包括各类评价或考核单据等。从管理角度来看，表单是一种信息载体。作为信息载体的表单，与流程相辅相成，在流程图中的表现形式如图 2 -5 所示。

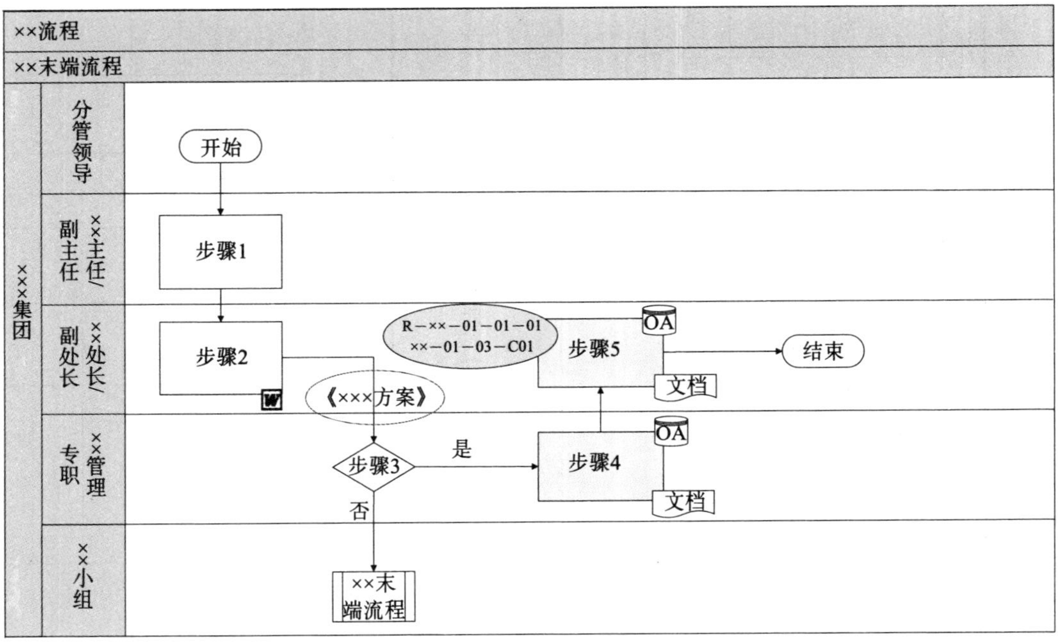

图 2 -5 表单在流程图中的表现形式

在流程流转过程中，输出信息通过不同图标区分系统文档和非系统文档（含文字型实施文档/表单型实施文档），一般输出信息图标在流程步骤图标的右下方，记录该流程步骤产生的相关文档资料。

一、表单管理概述

（一）表单管理概念

所谓表单管理，就是通过对表格、规范标准和各类单据的系统运用，提高企业的管理规范性与标准性，借以提高管理绩效。通过表单管理，可将制度的关键点用直观的表格、简单的图形、简洁的文字等形式表现出来，从而使制度落实到企业内部各层级，使制度的执行实现规范化、流程化和可操作性。由此可见，表单管理其实就是制度执行的另一种表现形式。

（二）表单设计原则

1. 流程表单要素齐全且逻辑合理

表单一般包括以下要素：表单名称、版本号、表头信息、具体内容信息、签批意见、填表说明。实务中，容易忽略的信息是填表说明，需要引起注意。一般填表说明包括名词解释、流程简要说明、授权说明、特殊情况说明、各重要信息填写指引、相关标准说明等。

2. 流程表单要受控

企业各部门可能会根据各自的需要而设计各类表格，但在实际应用中，很多表格相互之间是重叠甚至冲突的，所以，企业流程表单的设计和运用都应该是统一管理且受控，有利于确保表单的有效性和整合性。

3. 流程表单要 IT 化

要尽可能把所有的流程表单都嵌入信息系统中，实现表单 IT 化，这样便于信息的处理。即使部分表单还无法实现信息化，也要尽可能通过 Excel 实现基本的电子化，避免大量使用纸质表单。

4. 流程表单要精简

虽然流程表单化很重要，但并非说表单越多越好。表单一定要尽可能整合精简，同一个工作尽可能减少表单的数量，有的企业在工作申请时需要填写一个申请表，下一个部门处理后又要提供一个正式的信息反馈表，其实这两个表格完全可以整合成一个表格，但需满足不同部门对表单要素的要求。

（三）表单管理的优势

1. 件件留痕迹、事事可追责

实现流程表单化后，使在工作中做到件件留痕迹、事事可追责，强化了内控执行的痕迹化管理。例如，加强应付未付款项清理管理。中小企业、民营企业及农民工工资等有关款项的支付是近年来内外部审计、检查的重点内容，企业要有高度的政治敏锐性，充分重视未按合同办理的应付款项有关原因分析，对于非企业方原因导致的款项无法按合同期限及金额支付的，经办部门要及时、主动通过电子或纸质的书面告知文件、函件等材料通告对方，并将有关通告材料以及对方的回应材料等一并做好留存，纳入履约台账管理，以备后续内外部检查举证。再如对“三重一大”等重大事项严格执行会议纪要制度，收发文、签报管理、信息报送等履行阅办单制度，业务审核严格按照审核流程做好审核记录。通过对留有管理痕迹的表单等相关资料进行梳理，可以根据发现的风险，及时建立风险事件应对机制。

2. 有效控制风险点，提高工作效率

（1）实行表单管理，有效界定部门之间的权责。一般而言，企业对某个部门内部的管控体系都会制定相应的管理办法，但对于部门之间的衔接却很难有较好的管控方式，部门之间的权责越是界定不清，问题就越多。这时就需要对部门之间的衔接通过表单的形式对在企业的运营流程进行明确，将部门纳入流程中，成为企业流程中的一个节点，有效界定部门之间的权责，提高运营效率。

（2）实行表单管理，有效识别风险点、控制点。在管理过程和业务处理过程中，借助 OA 协同办公系统、利用 MES 制造执行系统、ERP 企业资源计划系统等信息系统，明确业务流转的路线，梳理制度、流程、表单等在实际工作中的执行流程要素，将非结构化的制度以及各项条款转化为结构化的数据与表单，将风险点、控制点与流程匹配，以流程的节点取代个别部门或个人的观点，不断地持续优化和改进，确保各流程要素既可动态引用又可动态修改，实现了流程化管理。

3. 实现管理环环相扣，全面优化工作流程

表单管理体系以“全员参与，统筹规划；科学设计，系统实施；创新管理，持续改进”为指导思想，通过建立表格化运营管理体系，用表格化工作语言固化职能、优化流程、提高效率。把企业的人力、物力、财力以及时间等因素作为资源，精简成表格，以可靠、通畅、严谨的流程化形式承接出来，以此为切入点，谋求企业内外协调发展，实现管理规范化的目标。企业上至管理决策层，下至基层员工，都以表格为红线，全面优化工作流程，形成有机的效用整体。

二、表单管理作用

（一）提高信息传递效率

以一点产生同时传递到多点，多方在相同时间段内可确认同一信息。例如，关于发货的授权文件，由主管产生后，同时传递至销售、仓库、财务等多个部门。

以一点产生依次流转多点，多方需按一定先后顺序对同一事项予以确认。例如，

合同审批单，由多个岗位先后审核，方可执行。

两点间交换，一方需对另一方对特定事项予以确认。例如，入库申请单由入库方填写，由仓库管理员确认后返还给入库方。

（二）准确获取数据信息

表单的存在，其作用就在于通过指定必须统计的数据项目，要求相关工作人员进行日常记录、定期汇总统计，从而获取真实准确的数据信息，使一切以数据为基础的决策和工作都可以顺利开展。

（三）强化过程实时管控

表单的内容是落实企业内部各项工作制度中的要求，对相关工作人员的工作过程进行实时管控，确保按照规定的要求落实工作每一步。

（四）有利资料存档备查

各类表单在使用完毕后通常会进行归档，进而作为各类核查的重要依据。内外部审计过程中，通常将各类存档表单及对其所作的评价结论作为重要审计依据。

三、内部控制中的表单管理

（一）表单管理注意事项

表单是由企业内部自行制定的、记录经济业务活动过程的表格和原始凭证，是企业经济业务行为的“留印”和“有痕”，能够反映单位经济活动是否合法、合规、真实。表单是一种只限于企业使用的内部凭证，是简化制度、固化流程、提升工作效率的有效工具，表单在制度规范中一般是作为管理制度文件的附表来使用。每年填报内部控制报告都需要准备佐证材料，其中，轮岗记录表、合同审批单等就属于内部表单。还有一种情况是作为报销凭证使用的表单，比如过年过节走访慰问等，这些活动产生的费用应取得相应凭证，以及领取清单。内部表单设计时应注意以下事项：

1. 单位使用的内部表单，由经济业务各归口管理部门设计编制，提交领导、办公会审议审批，并经办公室备案、登记后，方可使用。

2. 内部表单正式使用前，办公室应向各科室下发相关通知或公告，并由表单编制部门进行专项培训和讲解。

3. 根据企业经营管理要求的变化和实际工作需要，新增、改版和废止的内部表单应重新履行表单审批、备案和公告程序。

4. 内部表单可以作为原始凭证使用，在办理经费支出业务时，财务部门要对表单是否已备案、审批是否符合程序要求、填写是否规范等情况进行严格审核。

（二）单据控制操作规范

单据是发生经济业务活动的书面证明，证明经济业务事项的真实性及其金额，是进行会计核算的原始资料和重要依据。单据从种类或来源上可分为“单”和“据”：“单”是指表单，是内部凭证；“据”是指票据，是外部凭证。单据控制的操作规范如下：

1. 单据控制要求企业根据国家有关规定和经营管理业务流程，在内部控制中明确界定各项经济活动所涉及的表单和票据。

2. 单据控制过程应包括单据的填制、审核、归档和保管等管理环节。

3. 相关工作人员应当按照内控要求，填制、审核、归档、保管单据。

4. 做到外部票据和内部表单结合，全面构建企业内外部经济业务活动凭证的控制体系。

四、表单设计基本要求

【案例一】

以“存货盘点表”为例，表单设计基本要求如表 2－17 所示。

表 2－17　　　　存货盘点表

公司：　　　　基准日：20××年××月××日　　单位：元

序号	仓库名称	物料编码	物料名称	物料型号	单位	单价	存储位置	存货状态	基准日金额			盘点日盘点数量	追溯计算		追溯结果	数量差异	数量差异原因	备注
									数量	原值	已计提存货跌价准备		入库数量	发出数量				
1																		
2																		
合计	—			—		0.00	0.00		0.00	0.00								

盘点人：　　监盘人：　　审核人：　　盘点时间：

（一）表单填写要素齐全，字段完整

必须包含全部控制活动所处业务节点的运行轨迹，如包含时间的要求，填写人员

的要求（如制表人、填写人、审批人等），以便于明确填写过程及责任的区分。表单填写规则及质量要求应当具体，可操作性强，栏目设计应合理有序，应按时间顺序或事物发展的过程展开，要有逻辑条理。语言应高度简洁，表述准确，让人看后无使用障碍。

表2－17“存货盘点表”，涵盖了公司名称、盘点基准日、仓库名称、物料编码、物料名称、物料型号、单位、单价、存储位置、存货状态、基准日金额、数量、数值、已计提存货跌价准备、数量差异原因、盘点日盘点数量、追溯计算、入库数量、发出数量、追溯结果、数量差异、盘点时间，盘点人、监盘人、审核人签字，要素齐全，字段完整，包含全部存货盘点业务节点的行动轨迹，表述准确。

表2－17“存货盘点表”栏目设计合理，按盘点活动发展顺序编写，盘点仓库名称—物料编码—物料名称—存储位置—存货状态—账面存货数量—盘点日盘点数量—追溯计算—追溯结果—数量差异及原因，逻辑条理清晰，可操作性强。

（二）表单设计应当与组织架构、制度、流程具有一致性

表单的责任部门、岗位、人员与企业当前组织架构、岗位设置和责权分工保持一致。流程表单要反映工作过程，让谁做、怎样做要规定得非常清晰，又要控制住整个业务流程的全部风险，同时防止将不相干的人纳入流程中进行“责任绑架”，在自己并不了解的工作内容上签字。

在存货盘点过程中，为防止现场盘点出现漏盘、错盘、登记错误或物资出现毁损、变质等减值迹象未准确记录等情况，盘点完成后，“存货盘点表”由盘点人、监盘人与审核人共同签署，体现不相容岗位分离原则，以明确责任，控制流程风险。表单设置中的责任部门、岗位、人员与企业当前组织架构、岗位设置和责权分工保持一致。

（三）表单能清晰地反映流程节点以及节点间的相互关系，应覆盖关键节点和控制过程，表单（或一组表单）承载业务的全部主要节点，尤其是关键控制点

存货应当定期盘点，每年至少盘点一次。在存货盘点过程中，发现物资存在减值迹象，或者盘点日物资数量追溯调整为基准日数量后与账面记录数量存在差异的情况，应于期末查明原因，并根据公司的管理权限，经股东大会或董事会，或经理会议或类似机构批准后，在期末结账前处理完毕。对于盘盈、盘亏或毁损的存货，应当及时进行账务处理，以保证财务报表的准确性。表2－17“存货盘点表”核对账目栏中明确列出存货状态、追溯结果及数量差异等，完整记录盘点活动关键要素，为后续财务处理提供有力支撑、清晰反映物资盘点关键节点和控制过程。

（四）表单应当经企业各相关方仔细研究并得到广泛的认可，并随企业正式的制度、文件一并公开发布，且具有权威性，不能临时、随意增加表单

表单变更（包括修订、废除）要严格执行变更流程，并有详细的记录，包括版本号、责任人、变更内容、变更时间等。

表2－17“存货盘点表”与企业《存货管理办法》一并公开发布，具有权威性。

【案例二】

以“××××公司员工退出会签单”为例，表单设计基本要求如表2－18所示。

表2－18　　××××员工退出会签单

××××公司 员工退出会签单 编号：YGTC－RZ－WG－001					
员工姓名		退出时间		所属部门	
员工向有关部门移交物品或结算费用，并由相关部门签署意见					
签报部门	手续办理完成情况		部门负责人签名		
员工所属部门			年　月　日		
办公室			年　月　日		
党委党建部			年　月　日		
工会			年　月　日		
财务资产部			年　月　日		
物业管理部			年　月　日		
医务室			年　月　日		
人力资源部			年　月　日		
备注：办理何种手续请具体描述					

（一）表单填写要素必须包含全部控制活动所处业务节点的运行轨迹，填写规则应当具体，栏目设计应合理有序，语言应高度简洁，表述准确

表2－18“××××公司员工退出会签单”，涵盖了表单编号、员工姓名、退出时间、所属部门、办理何种手续及相关部门签署、签署时间等几类基本要素。部门签署意见也明确由部门负责人签名，明确责任的区分。

栏目设计合理有序，签署意见由员工所属部门—办公室—党委党建部—工会—单位有关部门（财务资产部—物业管理部—医务室）—人力资源部（归口部门）按事情发展的过程依次展开，签署时间也应当依次展开，具有逻辑条理。

（二）表单的责任部门、岗位、人员与企业当前组织架构、岗位设置和责权分工保持一致

表2－18“××××公司员工退出会签单”，与公司的《员工退出管理规定》具有一致性，制度规定：“公司党组组织部按照管理权限，负责公司党组管理的领导人员和总部其他人员的退出管理工作。”“各级单位工会主要职责：（一）负责通过平等协商，协调劳动关系，依法维护员工的合法权益。（二）负责依法对所在单位涉及员工惩处、解除劳动合同的相关事项进行审查并履行民主程序。”“公司各级单位专业部门主要职责：负责配合本单位人力资源管理部门对员工退出相关事项进行审查复核。”“人力资源部是员工退出的归口管理部门，主要职责：负责指导、监督、考核各单位员工退出管理工作。”以上制度规定了公司党建部、工会、各专业部门、人力资源部的职责，表单的责任部门、岗位、人员与公司当前组织架构、岗位设置和责权分工保持一致，未将不相干的人纳入流程中进行“责任绑架”。

（三）表单能清晰地反映流程节点以及节点间的相互关系，应覆盖关键节点和控制过程

“××××公司员工退出会签单”，表单业务功能清晰准确，能覆盖员工退出的关键节点，如财务资产部审核备用金、借款是否及时还清等，物业管理部审核门禁卡是否及时撤销、领用的办公用品是否及时归还等，医务室审核医药费是否及时结清，待相关部门审核无误后，归口部门人力资源部，方可办理退出手续。

（四）同类业务的表单应当具有唯一性，相似业务的表单必须合并同类项

不同部门间的同类业务表单具有基本一致性。单个表单一般只针对一项业务的一个阶段

表2－18“××××公司员工退出会签单”，编号：YGTC－RZ－WG－001，各签报部门签署结束后交由人力资源部统一管理，表格为一份，具有唯一性。

（五）表单应当经企业各相关方仔细研究并得到广泛的认可，并随企业正式的制度、文件一并公开发布，且具有权威性，不能临时、随意增加表单

表2－18“××××公司员工退出会签单”与公司的《员工退出管理规定》一并公开发布，且具有权威性。

五、表单信息化管理

（一）表单工具在企业信息化建设中的发展趋势

1. 信息化建设的发展趋势

随着现代化、信息化建设步伐的加快，无纸化办公已经由概念逐渐应用到多个行业领域中，新时代无纸化办公，将开启工作现代化新征程。无纸化办公已成为信息时代办公发展的必然趋势。早在2013年印发的《党政机关厉行节约反对浪费条例》中就明确提出，要积极利用信息化手段，推行无纸化办公，减少一次性办公用品消耗。因此，无纸化办公不仅是势在必行的趋势，而且是提升工作质量和服务品质的重要方面。

《财政部 国家档案局关于规范电子会计凭证报销入账归档的通知》（财会［2020］6号）第五条规定，符合档案管理要求的电子会计档案与纸质档案具有同等法律效力。除法律、行政法规另有规定外，电子会计档案可不再另以纸质形式保存。

随着信息技术的不断发展，企业的信息化建设也成为时代的必然产物，国家大力支持企业的信息化建设，并积极开展了对中小企业信息化建设的调查活动：各企业对信息化建设的认识大不一样，对信息化建设的要求更是千差万别，对信息化建设的了解程度、运用程度相差甚多。但是，企业的信息化建设已经成为我国企业发展的必然趋势，不可逆转。企业的信息化建设不仅提高了企业的市场竞争力，缩短了企业与市场之间的距离，更为企业的发展提供了有力保障。

2. 表单工具的发展趋势

企业的办公自动化已经逐步发展起来，并被大量应用。表单工具作为企业办公自动化的重要工具之一，在企业的未来发展中占有不可低估的位置。表单工具不仅能够优化企业的数据整合，还能降低企业的成本，更能缩短企业部分办公的时间，降低工作难度，为企业的发展提高效率，带来福利。表单工具将成为企业信息化建设中的“功臣”。

（二）表单工具在企业信息化建设中的优势

1. 实时收集传递信息

如果没有表单，在进行跨岗位、跨部门、甚至跨公司的工作中，企业需要的信息如何收集、获取和传递？如果通过纸质收集、获取和传递，不仅造成浪费，而且影响信息的质量。因此，跨部门的工作流程及信息传递，要使用的一个关键工具就是表单，就是通过将表单嵌入企业管理信息系统，实现信息的实时、准确收集并传递。

2. 提高整体工作效率

表单中所列的各项内容，都是经过事先评估后觉得有必要掌握了解的内容，因此才放入表单。而那些不太重要的，或根本不相关的信息，则未纳入表单。因此，只要填表者严格按照表单内容填写，即可在短时间内获取所需的关键内容，从而大幅减少筛选无用信息的时间，因此也就明显提高了决策效率和决策准确率，继而提高整体工作效率和工作质量。

3. 有利实现过程管控

如果制定了工作表单，并嵌入信息管理系统，将员工工作过程中的关键环节和关键动作纳入表单内容，要求其填写工作中及完成后的各项重要信息，那么员工为了能够填写这些信息，必然要按要求执行这些环节和动作，然后才能有可填报的内容。因此，表单的内容就是对相关工作的要求，按照表单的要求填写相关内容，也就是在对相关人员的工作过程进行管理，确保相关人员按照规定的要求开展工作，此即过程管控。

4. 大大简化管理过程

在具体的管理实践中，往往会倾向于不断制定和推出各种文件、制度、流程、作业指导书等，所以企业里的文件越来越多，制度越来越厚，也就让人越来越记不住……

如果管理者把与日常工作密切相关的文件制度设计成一个个的表单，设置在信息化管理流程中，很多管理规定将变得容易理解、容易落地，从而大大简化管理过程。

六、表单管理实践应用

（一）工程项目方面

1. 内控要点

（1）建立和完善工程项目各项管理制度，规范工程立项、招标、造价、建设、验收等环节的工作流程，明确相关部门和岗位的职责权限；

（2）可行性研究与决策、概预算编制与审核、项目实施与价款支付、竣工决算与审计等不相容职务相互分离；保证工程项目质量、进度及资金安全。

2. 风险提示

（1）工程项目开工手续不全；招标工程量清单漏项；施工组织方案不合理；

（2）未按照施工方案施工；无施工图施工；

（3）未按批复要求组织实施；

（4）设计变更未履行审批手续；

（5）工程施工工期滞后；

（6）超合同约定支付工程进度款。

3. 案例

工程变更未编制工程变更费用预算，未履行签证审批手续。某企业某市政工程根据原先施工方案签订合同施工内容，约定支架场地硬化厚度为20厘米，因局部地基承载力不够，施工方案厚度和实际施工厚度变更为25厘米，施工内容变更未履行签证审批手续。该项目支架场地硬化为9328平方米，因实际施工超厚，多耗用混凝土466.40立方米，多发生成本20余万元。

（二）采购业务方面

1. 内控要点

（1）完善采购业务相关管理制度；

（2）明确请购、审批、购买、验收、付款、采购后评估等环节的职责和审批权限；

（3）建立价格监督机制，定期检查和评价采购执行情况。

2. 风险提示

（1）采购计划不合理；

（2）应招标未招标；

（3）未按规定评标；

（4）供应商管理不到位等。

3. 案例

采购预付款支付未按规定执行。某企业《资金预算及集中收支管理办法》规定：“根据合同相关条款需要预付款的，须提交双方签字盖章的合同原件并经生产经营部门审核确认。”但实际操作中采购合同预付款未经生产经营部审核确认。

（三）资金活动方面

1. 内控要点

（1）完善严格的资金授权、批准、审验等相关管理制度；

（2）明确筹资、投资、营运等各环节的职责权限和岗位分离要求；

（3）定期或不定期检查和评价资金活动情况，落实责任追究制度，确保资金安全和有效运行。

2. 风险提示

（1）未落实应收账款清欠管理；

（2）未对长期应收款项进行清理分析；

（3）质保金长期未收回；

（4）未按合同约定收取保证金；

（5）资金支付未按照规定审核签字；

（6）报销业务审批不严格等。

3. 案例

未按规定履行付款程序。某企业《资金预算及集中收支管理办法》规定："资金计划每月上报经理办公会审议，付款须经企业负责人、计划财务部负责人审签。"检查发现，某企业未按规定履行付款程序，存在2个月的资金计划未及时提交经理办公会审议；部分付款凭证后所附支付申请单无企业负责人签字。

（四）资产管理方面

1. 内控要点

（1）完善各项资产管理相关制度，建立存货管理岗位责任制，明确各部门相关岗位职责权限；

（2）做到不相容岗位相互分离、制约和监督；

（3）规范存货验收程序和方法，明确存货发出和领用的审批权限；

（4）建立固定资产卡片，明确责任人管理；

（5）关注资产减值迹象，合理确认资产减值损失；

（6）每年年度终了对资产开展全面盘点清查；

（7）加强固定资产处置的控制，关注固定资产处置中的关联交易和处置定价，防范资产流失。

2. 风险提示

（1）固定资产、存货盘点不规范；

（2）存货管理不规范；

（3）已报废资产未及时处置；

(4) 资产日常保管、领用手续不规范，部分资产未建立台账管理等。

3. 案例

固定资产盘点不规范。某企业固定资产盘点未按照规定下发年度固定资产盘点实施方案，未形成盘点结果报告并提出固定资产管理意见。提供的“20××年固定资产盘点明细表”无盘点人、审核人签字，表单上无盘点痕迹，盘点流于形式。

(五) 合同管理方面

1. 内控要点

(1) 加强合同管理，确定合同归口管理部门；

(2) 明确合同拟订、审批、执行等环节的程序和要求，定期检查和评价合同管理中的薄弱环节；

(3) 采取相应控制措施，促进合同有效履行，切实维护企业的合法权益。

2. 风险提示

(1) 合同关键约定条款缺失；

(2) 合同评审依据不足；

(3) 签订合同未经委托授权；

(4) 合同审批程序不到位。

3. 案例

合同评审意见不明确。某企业《合同管理办法》规定：“各评审人应代表本部门签署明确的结论性意见后签名，结论性意见分为建议性和否定性两类。”检查发现，某企业签订的《电动机维修合同》，合同履约单位评审表中申报单位的经营管理人员与单位负责人仅签署姓名，未签署明确的结论性意见。

第八节 信息系统控制

一、信息系统控制概述

(一) 信息系统和信息系统控制的概念

信息系统，是指企业利用计算机和通信技术，对内部控制进行集成、转化和提升所形成的信息化管理平台。通过信息系统可强化内部控制，提高控制的效率和效果。

信息系统控制，是以大数据为基础，以内部风险辨识为切入点，以流程管理为载体，以防范风险、有效监管为核心，通过控制环境、控制活动、信息与沟通、监控等要素搭建起统一、集中、全方位的风险数据库和内控信息化管理体系。它是促进企业有效实施内部控制，提高企业现代化管理水平，减少或规避人为操纵因素造成风险的有效工具和信息化平台。

（二）信息系统控制的类型

信息系统控制可以是人工的、自动化的，或是基于自动流程的人工控制。信息系统控制分为两类，即一般控制和应用控制。

1. 一般控制

信息系统一般控制是指为保证各信息系统有效执行业务处理控制而对信息系统开发和应用环境进行的控制活动，即各个应用系统均通用的控制，其包括了职责分工与授权审批控制、信息系统开发控制、运行维护与变更控制、信息安全控制、硬件管理控制等。一般控制为应用系统运行和应用控制有效实施提供了必要的保障。

2. 应用控制

信息系统应用控制是指为保证特定业务流程正常运转而对具体应用系统进行的控制活动，包括了业务处理流程整体控制、输入控制、处理控制和输出控制等。应用控制可以通过在业务流程层面运行的自动化程序实现，也可以通过人工方式实现，但通常以程序化控制为主。

（三）信息系统在内控风险管理中的作用

1. 提高风险管理质量

信息系统在资源共享方面有着强大的优势，业务人员能够从信息系统中实时获取信息，快速高效的信息传递机制一方面能帮助各部门随时对业务进程进行掌控，另一方面也极大限度避免了由于沟通不畅导致的误解和偏差，大幅缩短信息搜集和反馈的时间，进而提高内控管理效率。

2. 促进业务流程变革

信息系统对业务流程的革新主要体现在对各个部门工作职责的细化和明确上，通过引入信息技术，实时监控业务流程的每一个环节，以使情况得到及时的反映、业务监管的精确度得到提升，进而突出对业务流程的管理，为业务流程的改革提供方向和动力。

3. 强化内部监察力度

在信息系统应用后，企业任何行为都会被记录下来，使得其决策更加透明，方便管理者的实施监督。企业可以利用大数据、人工智能、区块链等现代信息技术和手段对信息系统中各类信息进行深度整合和挖掘，通过对不同数据的关联应用，能够及早发现潜在的风险隐患，结合风险预警和防控措施，为管理决策及时提供依据。

二、信息系统在内部控制中的应用

（一）信息系统在内控风险管理中的功能

1. 信息门户和操作

通过信息系统可以创建一个集成各个专业模块的信息化的协同工作平台。企业内部成员可以使用该平台查看所有线上流程相关的电子文档、岗位职责、待办工作、审批进展，并在权限范围内进行相应的内部控制管理和操作。

2. 内控设计

通过信息系统可以用信息化手段对企业内控制度、业务流程、职责权限、线上文档等进行设计，通过信息交换平台显示到信息门户，并把流程节点、风险控制点和控制措施传递固化到 ERP 等信息管理系统中。后续还可以结合用户使用反馈，对流程、授权、控制措施进行优化。

3. 风险管理

通过信息系统可以实现风险管理的线上操作，包括对风险的识别、评估和应对，其中在风险识别模块，对风险控制点进行监控，将存在差异的识别为风险事件并进行记录；在风险评估模块，对风险事件进行分析和评价，匹配相应的风险并分级排序，形成风险矩阵和风险库，供用户查询；在风险应对模块，根据风险评估结果，为管理层提供针对不同风险适用的应对措施，帮助企业建立覆盖事前预防、事中处置和事后处理的风险应对机制。

4. 内控执行

通过信息系统可以快速高效地完成内部控制中控制活动的执行，结合风险管理中的风险应对模块，将管理层选择的应对措施通过信息交换平台传递给 ERP 等信息管理系统，并在系统中自动执行，同时在信息门户实时发布执行情况。

5. 内控测试

通过信息系统可以对内部控制的建设和执行情况进行测试和评价，根据测试结果和评价内容，对内控设计和运行进行持续改进，将内控措施有机融合到日常业务中去，促进内控机制的有效落实。

6. 风险预警

通过信息系统可以设置对重大事件、重大风险和重要指标的预警和监控，将风险规则嵌入业务流程，结合大数据的支持加强信息化集成，在企业开展业务的不同阶段持续进行风险的评估，将结果与风险阈值进行比对，实时展示企业风险和绩效的各种指标，降低风险事件发生的概率。

7. 综合报告

通过信息系统还可以总结提炼相关指标和数据，通过预先设置的规则模型，生成各种类型的报表和报告，清晰直观地显示出企业内部控制效果，满足内部经营分析和对外披露等需要。

（二）信息系统如何控制风险

1. 权限配置

传统方式下企业将细化后的经营方针和目标落实到职能部门和岗位后，存在流程烦琐、反应慢、互相推诿等问题，而在信息化环境下，企业可以在信息系统中清晰定义每个业务流程、每个工作节点的工作内容以及具体由哪个岗位负责，为每个岗位赋予相应的权限，发布工作任务。各岗位也可以在信息系统中明确自己的责任和权利，并获取工作任务。企业各个层级、岗位、流程和关键控制点分工明确、有序运行，管理者也得以全面掌握企业内部控制相关情况，保障内控体系高效运转。

例如，出纳不得兼任收入、支出、费用记账岗位。某企业在岗位权限配置时，若出纳岗位配置了收入、记账等不相容权限，则系统预警，提示不相容岗位权限无法配置。

2. 自动控制

传统的人工内部控制可能存在执行不到位或规避执行的情况，管理层凌驾于控制之上、内外人员相互勾结绕过控制、执行者人为疏忽导致执行不力的行为屡见不鲜，而在信息化环境下，通过计算机程序将规范的业务流程和控制手段固化到信息系统中，利用信息系统来自动执行，可以明显减少人为干预，使得各项业务流程规范有序地运行，从而让内部控制体系和制度真正在企业落地生根。

例如，某企业报销系统设置发票校验流程，自动校验发票的真伪、购销方信息是否完整准确，避免人为审核未发现不合规事项导致入账后发现发票无法认证的情况。物资采购结算业务，在系统设计时除了正常的“三单”（采购订单、收货单、发票）

匹配的校验稽核外，还需要设置系统自动校验发票销售方与合同签订乙方单位、收款单位信息是否一致，避免款项错付。

3. 表单线上化

传统的表单控制是以纸质形式对企业经营行为中的文字、数据等资料进行记录，普遍存在效率低、易丢失、资源浪费等问题，而在信息化环境下，通过在信息系统中预先设定表单格式，在相应的流程步骤从系统中调用并在各业务环节流转，可以便捷、高效地完成信息的传递，方便各个环节的审核、批复及签字，从而实现标准化和无纸化办公。

例如，某企业通过区块链技术，项目建设单位与业主单位对进度款审批表、结算书等进行电子签章，通过线上流转签章来取消线下纸质文档流转形式，从而实现无纸化办公。

4. 建立定额数据库

传统的企业管理过程大多采用事后核算的方式，难以实现事前控制，且各部门标准不一，缺乏透明度，内部审核也流于形式。而在信息化环境下，企业能够在信息系统中建立定额数据库，组织各部门参考社会定额和企业历史成本测算编制反映内部实际成本的企业定额，并不断根据外部信息和企业内部反馈信息进行及时更新和动态修正，用户可以根据投标报价、成本控制、资金预算等不同用途调用相应的修正模板，录入原始数据并自动加工生成所需的定额信息。

例如，某企业参考社会定额和企业历史成本制定本单位标准成本，将标准成本测算规则嵌入系统，获取各类参数测算企业年度预算标准，用于校验企业预算需求与标准差异，以便控制预算的重大偏差风险。

三、信息系统控制自身存在的风险

企业信息系统内部控制以及利用信息系统实施内部控制过程中面临诸多风险，其中主要包括了以下五个阶段的风险。

（一）信息系统规划阶段的风险

这一阶段的主要风险有：缺乏战略规划或规划不合理，可能造成信息孤岛或重复建设，导致企业经营管理效率低下；没有将信息化与企业业务需求结合，降低了信息系统的应用价值，造成信息孤岛现象，导致有的企业各个系统各自为政、孤立存在，削弱了信息系统的协同效用，甚至引发系统冲突。

针对上述风险，企业可以采取的控制措施包括：一是企业必须制订信息系统开发的战略规划和中长期发展计划，并在每年制订经营计划的同时制订年度信息系统建设计划，促进经营管理活动与信息系统的协调统一。二是企业在制定信息化战略过程中，要充分调动和发挥信息系统归口管理部门与业务部门的积极性，使各部门广泛参与，充分沟通，提高战略规划的科学性、前瞻性和适应性。三是信息系统战略规划要与企业的组织架构、业务范围、地域分布、技术能力等相匹配，避免相互脱节。

（二）信息系统开发阶段的风险

这一阶段根据开发方式不同，其风险表现也有差异，以自行开发为例，其主要风险有：需求本身不合理，对信息系统提出的功能、性能、安全性等方面的要求不符合业务处理和控制的需要；技术上不可行、经济上成本效益倒挂，或与国家有关法规制度存在冲突；设计方案未能有效控制建设开发成本，不能保证建设质量和进度；设计方案没有考虑信息系统建成后对企业内部控制的影响，导致系统运行后衍生新的风险。

针对上述风险，企业可以采取的控制措施包括：一是企业应当根据信息系统建设整体规划提出分阶段项目的建设方案，明确建设目标、人员配备、职责分工、经费保障和进度安排等相关内容。二是信息系统归口管理部门应当组织企业内部各有关部门提出开发需求，加强系统分析人员和有关部门的管理人员、业务人员的交流，建立健全需求评审和需求变更控制流程。三是系统设计负责部门应当就总体设计方案与业务部门进行沟通和讨论，提高系统设计说明书的编写质量，建立设计评审制度和设计变更控制流程。

（三）信息系统日常运行和维护阶段的风险

这一阶段的主要风险有：没有建立规范的信息系统日常运行管理规范，计算机软硬件的内在隐患易于爆发，可能导致企业信息系统出错；没有执行例行检查，导致一些人为修改会长期隐藏在系统中，可能造成严重损失；企业信息系统数据未能定期备份，可能导致损坏后无法恢复，从而造成重大损失；用户账号相互借用造成非授权访问，可能导致不当操作后产生责任不清的情况。

针对上述风险，企业可以采取的控制措施包括：一是企业应制定信息系统使用操作程序、信息管理制度以及各模块子系统的具体操作规范，及时跟踪、发现和解决系统运行中存在的问题，确保信息系统按照规定的程序、制度和操作规范持续稳定运行。二是企业应通过监控日志切实做好系统运行记录，尤其是对于系统运行不正常或登录异常的情况，应对异常现象发生时间和可能的原因作出详细记录。三是配备专业人员负责处理信息系统运行中的突发事件，必要时应会同系统开发人员或软硬件供应商共同解决。

（四）信息系统变更阶段的风险

这一阶段的主要风险有：企业没有建立严格的变更申请、审批、执行、测试流程，导致系统随意变更；系统变更后的效果达不到预期目标。

针对上述风险，企业可以采取的控制措施包括：一是企业应当建立标准流程来实施和记录系统变更，保证变更过程得到适当的授权与管理层的批准，并对变更进行测试。信息系统变更应当严格遵照管理流程进行操作。信息系统操作人员不得擅自进行软件的删除、修改等操作；不得擅自升级、改变软件版本；不得擅自改变软件系统的环境配置。二是系统变更程序（如软件升级）需要遵循与新系统开发项目同样的验证和测试程序，必要时还应当进行额外测试。三是企业应加强紧急变更的控制管理。四是企业应加强对将变更移植到生产环境中的控制管理，包括系统访问授权控制、数据转换控制、用户培训等。

（五）信息系统安全管理阶段的风险

这一阶段的主要风险有：业务部门信息安全意识薄弱，对系统和信息安全缺乏有效的监管手段；对系统程序的缺陷或漏洞安全防护不够，导致遭受黑客攻击，造成信息泄露；对各种计算机病毒防范清理不力，导致系统运行不稳定甚至瘫痪。

针对上述风险，企业可以采取的控制措施包括：一是企业应成立专门的信息系统安全管理机构，由企业主要领导负总责，对企业的信息安全作出总体规划和全方位严格管理。二是企业应当按照国家相关法律法规以及信息安全技术标准，制定信息系统安全实施细则。三是企业应当有效利用 IT 技术手段，对硬件配置调整、软件参数修改严加控制。四是企业应当建立系统数据定期备份制度，明确备份范围、频度、方法、责任人、存放地点、有效性检查等内容。五是企业应当建立信息系统开发、运行与维护等环节的岗位责任制度和不相容职务分离制度，防范利用计算机舞弊和犯罪。六是企业应积极开展信息系统风险评估工作，定期对信息系统进行安全评估，及时发现系统安全问题并加以整改。

第三章

内部控制评价

为了促进企业全面评价内部控制的设计与运行情况，规范内部控制评价程序和评价报告，揭示和防范风险，企业董事会或类似权力机构应当定期对内部控制的有效性进行全面评价，形成评价结论，出具评价报告。内部控制有效性是指企业建立与实施内部控制对实现控制目标提供合理保证的程度，包括内部控制设计的有效性和内部控制运行的有效性。

内部控制设计的有效性是指为实现控制目标所必需的内部控制要素都存在并且设计恰当。评价内部控制设计的有效性，应充分考虑：（1）是否为防止、发现并纠正财务报告重大错报而设计了相应的控制；（2）是否为合理保障资产安全而设计了相应的控制；（3）相关控制的设计是否能够保证企业遵循适用的法律法规；（4）相关控制的设计是否有助于企业提高经营效率和效果，实现发展战略。

内部控制运行的有效性是指现有内部控制按照相关规定程序得到了正确执行。评价内部控制运行的有效性，应充分考虑：（1）相关控制在评价期内是如何运行的；（2）相关控制是否得到了持续一致的运行；（3）实施控制的人员是否具备必要的权限和能力；（4）相关控制运行的方式，一般包括人工控制和自动控制、预防性控制和发现性控制。

根据《关于印发企业内部控制配套指引的通知》要求："执行《企业内部控制基本规范》及企业内部控制配套指引的上市公司和非上市大中型企业，应当对内部控制的有效性进行自我评价，披露年度自我评价报告，同时应当聘请会计师事务所对财务报告内部控制的有效性进行审计并出具审计报告。"

第一节 内部控制评价概述

一、内部控制评价的概念

内部控制评价，是指企业董事会或类似权力机构对内部控制的有效性进行全面评价、形成评价结论、出具评价报告的过程。企业应当根据《企业内部控制评价指引》，结合内部控制设计与运行的实际情况，制定具体的内部控制评价办法，规定评价的原则、内容、程序、方法和报告形式等，明确相关机构或岗位的职责权限，落实责任制，按照规定的办法、程序和要求，有序开展内部控制评价工作。

二、内部控制评价的目标

企业内部控制评价的目标是通过对企业内部控制体系的健全性、合理性和有效性的评价，促使企业切实加强内部控制体系的建设并认真执行，并保证内部控制体系得以持续、有效地改进。

三、内部控制评价的原则

（一）全面性原则

内控评价应覆盖内部控制的设计与运行，涵盖企业各类业务和事项。

（二）重要性原则

在全面评价的基础上，内控评价应重点关注重要业务单位、重大业务事项和高风险领域。

（三）客观性原则

内控评价应以事实为依据，客观揭示经营管理的风险状况，如实反映内部控制的有效性。

（四）统一性原则

内控评价应采用统一的评价方法和标准，保证评价结果在不同单位间或同一单位不同时期具有可比性。

四、内部控制评价的要求

每个企业的情况不同，设置的内部控制制度有所差异，对于内部控制评价也是一样。应当结合企业的实际情况，制定出内部控制评价办法，并明确内部控制评价的原则和内容、程序和方法以及报告形式等相关内容，确保内部控制评价工作落到实处。企业主要负责人应当对内部控制评价结论的真实性负责。

第二节　内部控制评价内容

一、内部控制五要素的评价

企业应当根据《企业内部控制基本规范》《企业内部控制评价指引》、应用指引以及本企业的内部控制制度，围绕内部环境、风险评估、控制活动、信息与沟通、内部监督等要素，确定内部控制评价的具体内容，对内部控制设计与运行情况进行全面评价。

（一）内部环境的评价

企业组织开展内部环境评价，应当以组织架构、发展战略、人力资源、企业文化、社会责任等应用指引为依据，结合本企业的内部控制制度，对内部环境的设计及实际运行情况进行认定和评价。对内部环境的评价包括：经营活动的复杂程度、管理权限的集中程度、管理行为守则的健全性和有效性、管理层对逾越既定控制程度的态度、组织文化的内容及组织成员对此的理解与认同、法人治理结构的健全性和有效性、组织各阶层人员的知识与技能、组织结构和职责划分的合理性、重要岗位人员的权责相称程度及其胜任能力、员工聘用程序及培训制度、员工业绩考核与激励机制。

【例如】内部环境的评价要点：

（1）董事会对已认定的风险是否有应对策略？是否制定了处理风险的政策？

（2）企业文化、行动守则、人力资源政策和绩效考核系统是否支持企业目标和风险管理以及内部控制系统？

（3）在企业内部，高级管理人员是否通过行动和政策来展示必要的胜任能力、正直和营造互相信任的氛围？

（4）权责是否明确？决策和执行的人员是否合适？决策和执行是否很好地协调运作？

（5）企业是否和员工沟通企业对他们的期望，以及自由行动的界限？

（6）企业的员工是否具有支持企业目标和有效管理风险，使企业目标实现的知识、技术和工具？

（7）内部控制体系是如何调整以适应新的风险，以及如何改正内控缺陷的？

（二）风险评估的评价

企业组织开展风险评估机制评价，应当以《企业内部控制基本规范》有关风险评估的要求，以及各项应用指引中所列主要风险为依据，结合本企业的内部控制制度和历年来内外部各类检查问题清单，对日常经营管理过程中的风险识别、风险分析、应对策略等进行认定和评价。在企业风险评估的评价中，应注意的是风险评估整体目标的制定、作业层级目标的制定、风险分析和对变化的管理等。具体评价的重点是被评价企业对抗风险的能力和风险管理的具体办法及效果。

【例如】风险评估的评价要点：

（1）企业是否有明确的目标，并且已经与员工沟通，给员工在风险评估和控制问题中提供了有效的方向？例如，编制包括业绩指标的预算。

（2）显著的经营风险、财务风险和其他风险是否已经被认定和评估？认定和评估风险的基准是否是持续适用的？（显著风险可能包括和市场、信用、流动性、技术、法律和声誉等相关的问题。）

（3）管理层和企业中其他员工是否清楚地了解董事会可接受的风险？

（三）控制活动的评价

企业组织开展控制活动评价，应当以《企业内部控制基本规范》和各项应用指引中的控制措施为依据，结合本企业的内部控制制度，对相关控制措施的设计和运行情况进行认定和评价。应重点关注对企业的每个作业环节是否都定有适当的政策和程序，现有的已确认的控制活动均被适当执行。

（四）信息与沟通的评价

企业组织开展信息与沟通评价，应当以内部信息传递、财务报告、信息系统等相关应用指引为依据，结合本企业的内部控制制度，对信息收集、处理和传递的及时性、反舞弊机制的健全性、财务报告的真实性、信息系统的安全性，以及利用信息系统实施内部控制的有效性等进行认定和评价。具体评价的重点包括：获取财务信息、非财务信息的能力，信息处理的及时性和适当性，信息传递渠道的便捷与畅通，管理信息系统的安全可靠性。

【例如】信息与沟通的评价要点：

（1）董事会和管理层能否及时地接收来自企业内外的关于违反企业目标的信息及其可能带来的风险？例如，员工的态度和顾客的满意度等信息。

（2）信息缺乏和相关的信息系统是否被重新评估为目标及其风险的改变或者被重新评估为缺陷？

（3）周期报告包括半年报和年报的程序是否有效地传达企业的现状和前景？

（4）是否建立了个人报告内控制度漏洞或其他不合适之处的沟通渠道？

（五）内部监督的评价

企业组织开展内部监督评价，应当以《企业内部控制基本规范》有关内部监督的要求，以及各项应用指引中有关日常管控的规定为依据，结合本企业的内部控制制度，对内部监督机制的有效性进行认定和评价，重点关注监事会、审计委员会、内部审计机构等是否在内部控制设计和运行中有效发挥监督作用。对内部监督的评价包括：日常监督评价、专项监督评价和缺陷报告评价。

【例如】内部监督评价要点：

（1）企业是否制定了全面风险管理和内部控制的监督程序？

（2）这些监督程序是否具有监控企业重新评估风险及有效地调整控制以适应企业目标、业务和内部环境改变的能力？

（3）是否存在有效的后续程序保证内控体系的改变以适应风险的变化？

（4）与董事会（或董事会专门委员会）沟通风险和控制事件监控程序的有效性的方式是否合适？应该包括及时地报告任何显著的内控失效和控制弱点。

（5）是否存在内控监督和向董事会报告重大风险的具体安排？这些可能包括违法违规行为或者对企业的声誉和财务状况产生负面影响的行为。

二、内部控制评价中应特别关注的内容

（一）企业内部控制评价应当以内部环境为基础

重点关注：①治理结构是否形同虚设；②发展战略是否可行；③机构设置是否重叠；④权责分配是否明晰；⑤不相容岗位是否分离；⑥人力资源政策和激励约束机制是否科学合理；⑦企业文化是否促进员工勤勉尽责；⑧社会责任是否有效履行等。

（二）企业内部控制评价应当以生产经营活动为重点

至少关注：①资金的筹集、投放和营运过程是否存在资金链断裂；②资产运行中是否存在效能低下或资产流失；③采购与销售环节是否存在舞弊行为；④研发项目是否经过科学论证；⑤工程项目是否存在商业贿赂等。

（三）企业内部控制评价应当兼顾控制手段

至少关注：①全面预算是否具有约束力；②合同履行是否存在纠纷；③信息系统是否与内部控制有机结合；④内部报告是否及时传递和有效沟通等。

第三节　内部控制评价程序

企业应当按照内部控制评价办法规定的程序，有序开展内部控制评价工作。内部控制评价程序一般包括：设立内部控制评价部门、制订评价方案、组成评价工作组、实施现场测试、认定控制缺陷、汇总评价结果、编制评价报告等。

一、设立内部控制评价部门

企业可以授权内部审计部门或专门机构（以下简称“内部控制评价部门”）负责内部控制评价的具体组织实施工作。

（一）设立内部控制评价部门必须具备以下条件：

（1）能独立行使对内部控制系统建立与运行过程及结果进行监督的权力。

（2）具备与监督和评价内部控制系统相适应的专业胜任能力和职业道德素养。

（3）与单位其他职能机构就监督与评价内部控制系统方面应是协调一致的，在工作中能够相互配合、相互制约、相互促进，在效率上能够满足单位对内部控制系统进行监督与评价所提出的有关要求。

（4）能够得到企业董事会和经理层的支持，并采取有效措施保证内部控制系统评价工作的有效开展。

（二）设立内部控制评价部门的主要职责

（1）制定企业内控评价规范等相关管理制度；

（2）组织制定内控评价手册；

（3）组织制定内控评价标准和缺陷认定标准；

（4）编制评价年度工作计划；

（5）组织开展内控评价工作，编制内控评价报告；

（6）组织检查下级单位内控评价工作及年度自评价报告，出具考核意见；

（7）依托企业全面风险管理与内部控制信息系统（简称“风控信息系统”）开展内控评价，并对内控评价程序的编制、发布、调整、应用和废止实现全过程管理；

（8）完成内控评价相关的其他事项。

二、制订评价方案

企业内部控制评价部门应当根据企业实际情况和管理要求，分析企业经营管理过程中的高风险领域和重要业务事项，制订科学合理的评价工作方案。评价工作方案应当明确评价主体范围、设定缺陷认定标准、确定工作任务、人员组织、进度安排和费用预算等相关内容，报经董事会或其授权机构审批后实施。

其中明确内控具体评价范围主要分为以下五个步骤：

（一）设定重要性水平

使用核心财务指标分别设定财务报表层面的重要性水平（PM，如税前利润的5%，资产总额或收入的1‰，反映若干流程）和科目层面的重要性水平（TE，实际执行的重要性水平，通常为财务报表层面的重要性水平的50%—75%，反映单一流程），作为之后重要科目、业务流程选择的定量标准。

（二）识别重要科目

基于科目层面重要性水平和定性标准，筛选出重要的报表科目。

（三）识别重要业务

根据筛选出的重要科目，匹配相对应的业务流程；同时结合其他非财务角度标准，确定需纳入范围的业务流程。

（四）确定纳入评价范围的单位

使用税前利润、资产等财务指标和其他定性标准，筛选出需纳入范围的单位。

（五）确定纳入评价范围单位的末端流程

分配公司科目层面重要性水平至纳入范围的各单位，然后分别确定各单位重要科目和需纳入范围的业务流程。

内部控制评价范围的确定应当遵循风险导向、自上而下的原则来确定需要评价的分支机构、重要业务单元、重点业务领域或流程环节。

评价工作方案既可以以全面评价为主，也可以根据需要采用重点评价的方式。一般而言，内部控制建立与实施初期，实施全面综合评价有利于推动内部控制工作的深入有效开展；内部控制系统趋于成熟后，企业可在全面评价的基础上，更多地采用重点评价或专项评价，以提高内部控制评价的效率和效果。

三、组成评价工作组

企业内部控制评价部门根据经批准的评价方案，结合单位的经营规模、机构设置、经营性质、制度状况等组成内部控制评价工作组，评价工作组在内部控制评价部门的领导下，具体承担内部控制检查评价任务。内部控制评价部门根据经批准的评价方案，挑选具备独立性、业务胜任能力和职业道德素养的评价人员，组成评价工作组，具体实施内部控制评价工作。评价工作组应当吸收企业内部相关机构熟悉情况的业务骨干参加，评价工作组成员对本部门的内部控制评价工作应当实行回避制度。企业可以委托中介机构实施内部控制评价。为企业提供内部控制审计服务的会计师事务所，不得同时为同一企业提供内部控制评价服务。实施评价工作前，评价人员需要接受相关培训，培训内容一般包括内部控制专业知识及相关规章制度、评价工作流程、检查评价方法、工作底稿填写要求、缺陷认定标准、评价人员的权利义务、纪律要求及评价中需要重点关注的问题等。

四、实施现场测试

评价工作组根据评价工作方案确定的内部控制评价范围，入驻被评价单位，实施现场测试。现场测试一般步骤为：

（一）了解被评价单位基本情况

评价工作组与被评价单位进行充分沟通，了解其经营业务范围、评价期间内生产经营计划和预算完成情况、组织机构设置及职责分工、领导层成员构成及分工、财务管理及会计核算体制、内部控制工作概况、最近一次内部控制评价（或审计）发现问题的整改情况等。

（二）确定检查评价范围和重点

评价工作组根据掌握的情况确定评价范围、检查重点和抽样数量，并结合评价人员的专业背景进行合理分工。检查重点和分工情况可以根据需要进行适时调整。

（三）开展现场检查测试

评价工作组根据评价人员分工，综合运用各种评价方法对内部控制设计与运行的有效性进行现场检查测试，按要求填写工作底稿、记录相关测试结果，并对发现的内部控制缺陷进行初步认定。评价人员应遵循客观、公正、公平原则，如实反映检查测试中发现的问题，并及时与被评价单位进行沟通。

（四）编制现场评价报告

评价工作组汇总评价人员的工作底稿，形成现场评价报告。评价工作底稿应进行交叉复核签字，并由评价工作组负责人审核后签字确认。

（五）提交现场评价结论

评价工作组将评价结果及现场评价报告向被评价单位进行通报，由被评价单位相关负责人签字确认后，提交企业内部控制部门。

五、汇总评价结果

内部控制评价部门汇总各评价工作组的评价结果，对工作组现场初步认定的内部控制缺陷进行全面复核、分类汇总，对缺陷的成因、表现形式及风险程度进行定量或定性的综合分析，按照对控制目标的影响程度判定缺陷等级。对于认定的内部控制缺陷，内部控制评价部门应当提出整改建议，要求责任单位及时整改，并跟踪其整改落实情况；已经造成损失或负面影响的，企业应当追究相关人员的责任。

六、编制评价报告

内部控制评价部门以经汇总的评价结果和认定的内部控制缺陷为基础，综合内部控制工作整体情况，客观、公正、完整地编制内部控制评价报告，并报送企业经理层、董事会和监事会，由董事会最终审定后对外披露，或以其他形式加以合理利用。

第四节 内部控制评价方法

企业在开展内部控制检查评价工作的过程中，应当根据评价内容和被评价单位具体情况，综合运用个别访谈、调查问卷、专题讨论、穿行测试、实地查验、抽样和比较分析等方法，充分收集被评价单位内部控制设计和运行是否有效的证据。评价方法的选择应当有利于保证证据的充分性和适当性。证据的充分性是指获取的证据能够为形成内部控制评价结论提供合理保证；证据的适当性是指获取的证据与相关控制的设计和运行有关，并能可靠地反映控制的实际情况。企业内部控制评价的方法有多种，主要介绍以下几种常用的方法。

一、穿行测试

穿行测试主要用于评价内控设计的有效性。穿行测试法是指在正常运行条件下，根据所需测试流程选取一个典型样本，追踪该交易从最初起源直到最终在财务报表或其他经营管理报告中反映出来的过程，即该流程从起点到终点的全过程，检查该流程全过程的所有操作步骤和控制环节，以此了解控制措施设计的有效性，理解内控实际设计及运行情况，评价控制设计能否及时预防或发现并降低风险，找出内控缺陷，并识别出关键控制点。如针对销售交易，选取一批订单，追踪订单处理—核准信用状况及赊销条款—填写订单并准备发货—编制货运单据—订单运送/递送追踪至客户或由客户提货—开具销售发票—复核发票的准确性并邮寄/送至客户—生成销售明细账—汇总销售明细账，并过账至总账和应收账款明细账等交易的整个流程，考虑之前对相关控制的了解是否正确和完整，并确定相关控制是否得到执行。

（一）穿行测试流程

开展穿行测试时，需遵循如下流程：访谈流程负责人，了解流程步骤的内容及流程步骤是如何执行的，根据流程步骤内容（见图3-1），客观地选取各流程步骤具有的代表性样本（具体请见本章“穿行测试样本的选取原则”）。按照穿行测试步骤审阅样本信息，判断是否与步骤描述一致，流程设计是否存在缺陷，如职责是否分离、授权审批是否合理等。针对每一流程步骤得出穿行测试结论，并将以上测试过程客观、完整、详细地填写在穿行测试底稿中（具体请见本章“穿行测试模版及填写说明”）。

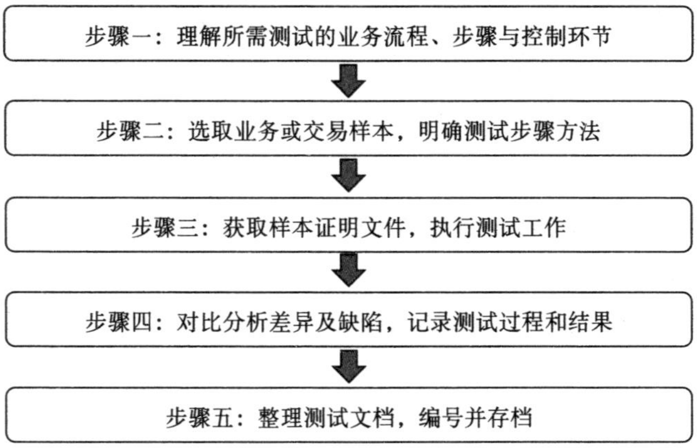

图 3-1　穿行测试步骤

（二）穿行测试样本的选取原则

对于每个末端流程，均需要选取一个样本进行穿行测试。选取的样本需满足如下原则：

1. 全面性

选取的穿行测试样本必须是能够代表该流程的典型业务及操作步骤，穿行测试不仅仅是在自己的部门里进行，如果还有尚未涵盖的路径，需要选择另一笔业务或另一个职能条线来验证相关活动的运行情况。穿行测试要对控制点的所有情况进行测试，比如 100 万元以上的合同审批与 100 万元以下的合同审批路径不一致，则需同时抽取一笔 100 万元以上合同和一笔 100 万元以下合同测试。

2. 专一性

对于每个末端流程，尽可能选取一个能够覆盖该末端流程所有步骤的样本，跟踪交易全过程。如通过招投标，确定了 XYZ 供应商，并向其采购 a 原材料，到货期为 30 天，入仓库的 B-1 库位，那么穿行测试所需要的资料应为：招投标材料；XYZ 供应商的《采购合同》；采购台账（在 30 天内至少有一次跟踪）；到货通知书（检查 a 原材料到货日是否在规定的天数之内）；到货签收记录（是否在到货当日及时记录，日期和到货通知是否匹配）；仓库台账（记录了 a 原材料的信息）；存货管理系统（库位信息）；入库单（a 原材料的入库信息是否和合同信息、到货信息一致）；发票（a 原材料的发票信息是否和入库单、合同一致）；财务入账凭证（入账是否及时，是否满足财务截止性要求，是否与发票信息一致）。

3. 客观性

客观选择每个末端流程样本，即样本选取满足随机性，避免主观挑选样本。缺失的文档不予弥补，记录为缺陷；测试结果与矩阵不符的，需及时记录并上报更新；样本应选择日期相近、与现状相符的；在随机的前提下尽量选择较完整样本进行穿行测试，比如采购样本，尽量选择已经到货入库并已财务入账的，研发样本选择已经完成设计并交付使用的。

在穿行测试过程中获取的所有样本资料，均需要进行统一编号，并电子扫描或复印件归档保存。对于不涉及文档样本的流程步骤，需通过观察或询问执行穿行测试，并在穿行测试模版的“穿行测试步骤”中对该步骤的测试方法进行记录、说明。

（三）穿行测试的方法

1. 询问

通过口头或书面形式确认控制是否存在，是一种较薄弱的测试方法，应该与其他测试共同执行并询问多人，以确定结果一致。

2. 观察

观察员工执行控制步骤，可能需要其他跟进测试同步完成。

3. 审阅与检查

审阅文档记录或报告，是获得资产存在证据的最简单的方法。

4. 重新执行

采用独立的数据重新进行对账，按系统的计算公式重新计算，在系统中输入测试数据来查看结果。

在穿行测试过程中获取的所有样本资料，均需要进行统一编号，并电子扫描或复印归档保存。对于不涉及文档样本的流程步骤，需通过观察或询问执行穿行测试，并在穿行测试模版的“穿行测试步骤”中对该步骤的测试方法进行记录、说明。

（四）穿行测试模版及填写说明

针对每个末端流程，根据获取的穿行测试样本信息填写穿行测试底稿，底稿模版分为四部分。穿行测试基本信息包括：穿行测试底稿编号、流程负责部门、测试负责人、测试日期、审阅人、审阅日期；穿行测试样本信息；穿行测试程序；穿行测试结论（见表3－1）。

表 3-1 统一的穿行测试模版

<table>
<tr><td>穿行测试底稿编号：</td><td colspan="4"></td></tr>
<tr><td>流程负责部门：</td><td colspan="4"></td></tr>
<tr><td>测试负责人：</td><td colspan="4"></td></tr>
<tr><td>测试日期：</td><td colspan="4"></td></tr>
<tr><td>审阅人：</td><td colspan="4"></td></tr>
<tr><td>审阅日期：</td><td colspan="4"></td></tr>
<tr><td colspan="5">穿行测试样本信息</td></tr>
<tr><td>流程步骤编号</td><td colspan="2">流程步骤内容</td><td>穿行测试文档编号</td><td>穿行测试文档名称</td></tr>
<tr><td></td><td colspan="2"></td><td></td><td></td></tr>
<tr><td></td><td colspan="2"></td><td></td><td></td></tr>
<tr><td></td><td colspan="2"></td><td></td><td></td></tr>
<tr><td colspan="5">穿行测试程序</td></tr>
<tr><td>流程步骤编号</td><td colspan="4">穿行测试步骤</td></tr>
<tr><td></td><td colspan="4"></td></tr>
<tr><td></td><td colspan="4"></td></tr>
<tr><td></td><td colspan="4"></td></tr>
<tr><td></td><td colspan="4"></td></tr>
<tr><td colspan="5">穿行测试结论</td></tr>
<tr><td>流程步骤编号</td><td>穿行测试结论</td><td>问题编号</td><td>问题说明</td><td>改进建议</td></tr>
<tr><td></td><td></td><td></td><td></td><td></td></tr>
<tr><td></td><td></td><td></td><td></td><td></td></tr>
<tr><td></td><td></td><td></td><td></td><td></td></tr>
<tr><td></td><td></td><td></td><td></td><td></td></tr>
</table>

1. 穿行测试基本信息

穿行测试底稿编号：按照“末端流程编号—WT”（WT 为英文穿行测试的缩写）的编号规则对每个末端流程的穿行测试底稿进行编号。如：DW—03—01—01—WT。

流程负责部门：填写该末端流程对应的负责部门。如：某部门。

测试负责人：填写负责执行该末端流程穿行测试并填写底稿的负责人所在部门、岗位及姓名。如：某部门某岗，姓名。

测试日期：填写测试负责人完成穿行测试底稿的具体日期，日期格式为：20××年××月××日。

审阅人：填写负责审阅该末端流程穿行测试底稿的负责人所在部门、岗位及姓名。如：某部门某岗，姓名。

审阅日期：填写审阅人完成穿行测试底稿审阅的具体日期，日期格式为：20××

年××月××日。

2. 穿行测试样本信息

流程步骤编号、流程步骤内容：按照内控流程手册，依次填写该末端流程包含的各流程步骤编号及步骤说明。

穿行测试文档编号：按照“末端流程编号—WT序号”的编号规则，对获取的各流程步骤对应穿行测试文档依次编号。如：DW—03—01—01—WT1、DW—03—01—01—WT2。如不同流程步骤对应同一文档，该文档对应的每个流程步骤编号需相同。

穿行测试文档名称：填写各流程步骤对应的穿行测试文档名称。如不同流程步骤对应同一文档，该文档对应的每个流程步骤名称须相同。

3. 穿行测试程序

穿行测试步骤：针对该末端流程的每一步骤，描述对应穿行测试文档所需满足的各项要求。如文档内容是否完整、合理，审批流程是否与流程标准描述一致等。

4. 穿行测试结论

穿行测试结论：对于获取的穿行测试文档样本，判断其是否满足穿行测试步骤要求，如是，填写“有效”；如不是，填写“无效”。

问题编号：对于穿行测试结论判断为“无效”的流程步骤，按照“末端流程编号—IS—SJ—序号”的编号规则，对问题依次编号；对于穿行测试结论判断为“有效”的流程步骤，则填写“—”。

问题说明：对于穿行测试结论判断为“无效”的流程步骤，需对发现的问题进行描述，并说明问题产生的原因；对于穿行测试结论判断为“有效”的流程步骤，则填写“—”。

改进建议：对于穿行测试结论判断为“无效”的流程步骤，需提供问题改进的建议；对于穿行测试结论判断为“有效”的流程步骤，则填写“—”。

（五）穿行测试样本数量与测试结论的关系

每个流程步骤仅需选取一个样本进行穿行测试，可在符合样本选取原则的条件下选择样本进行测试。

二、控制测试

（一）控制测试定义及流程

控制测试指根据既定的抽样原则、方法和样本量规定，综合运用内控评价方法对内控流程的控制点执行有效性进行检查。

开展控制测试时，需遵循如下流程：选取内部控制矩阵中每个末端流程包含的控制点，按照控制测试程序（具体参见本章“控制测试程序及说明”）及控制运行的频率确定控制测试所需样本量，随机选取各控制点对应的样本（具体参见本章“控制测试样本的选取原则”）。根据各控制测试要点判断控制的执行情况，在控制测试底稿中详细记录控制测试样本信息（具体参见本章“控制测试模版及填写说明”），对于不符合测试要点的控制点，需根据选取的控制测试样本数量进一步判断是否需增加样本进行补充测试，并最终得出控制测试结论（具体参见本章“控制测试样本数量与测试结论的关系”）（见图 3－2）。

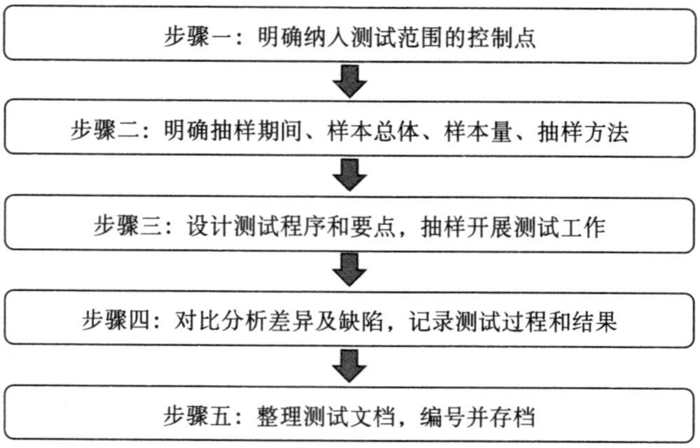

图 3－2　控制测试流程

（二）控制测试程序及说明

控制测试程序为对各业务流程中的控制点执行控制测试时使用的测试标准，控制测试程序模板分为四部分：测试工作底稿编号、控制点信息、控制测试方法与程序、控制测试要点。如表 3－2 所示。

控制测试标准说明如下：

1. 控制测试底稿编号

针对每一末端流程所包含的控制点，按照“末端流程编号—TOC 序号”的编号规则对控制测试底稿进行编号。如：DW—03—01—01—TOC1。

2. 控制点信息

控制点编号、控制描述、控制频率、控制类型、控制责任岗位引自内控流程手册，与对应的末端流程内控矩阵中信息保持一致。

表 3－2　　　　　　　　　　控制测试程序模板

<table>
<tr><td colspan="3">测试工作底稿编号</td><td></td></tr>
<tr><td rowspan="13">控制点信息</td><td colspan="2">控制点编号 1</td><td></td></tr>
<tr><td colspan="2">控制描述</td><td></td></tr>
<tr><td colspan="2">控制点编号 2</td><td></td></tr>
<tr><td colspan="2">控制描述</td><td></td></tr>
<tr><td colspan="2">控制频率</td><td></td></tr>
<tr><td colspan="2">控制类型</td><td></td></tr>
<tr><td rowspan="7">控制责任岗位</td><td rowspan="7">单位</td><td></td></tr>
<tr><td></td></tr>
<tr><td></td></tr>
<tr><td></td></tr>
<tr><td></td></tr>
<tr><td></td></tr>
<tr><td></td></tr>
<tr><td rowspan="8">控制测试方法与程序</td><td colspan="2">测试方法</td><td></td></tr>
<tr><td rowspan="7">测试程序</td><td rowspan="7">单位</td><td></td></tr>
<tr><td></td></tr>
<tr><td></td></tr>
<tr><td></td></tr>
<tr><td></td></tr>
<tr><td></td></tr>
<tr><td></td></tr>
<tr><td rowspan="5">控制测试要点</td><td>测试要点 1</td><td rowspan="5">单位</td><td></td></tr>
<tr><td>测试要点 2</td><td></td></tr>
<tr><td>测试要点 3</td><td></td></tr>
<tr><td>测试要点 4</td><td></td></tr>
<tr><td>测试要点 5</td><td></td></tr>
</table>

3. 控制测试方法与程序

测试方法明确了控制测试执行人在进行控制测试所采用的方法，包括询问、观察、检查、重新执行。测试程序详细说明了控制测试执行人在控制测试过程中所执行的测试步骤。测试程序所涉及的各层级与控制责任岗位相对应。

询问：询问控制执行人是否了解其控制目的及执行方法；询问是否在日常工作中实施控制，且具体如何操作；重点关注相关操作有哪些证据，相关文档如何保管等。

观察：观察控制执行人如何执行操作步骤；可能需其他跟进测试；文档记录要求：谁，什么时候，观察的结果。

检查：获得执行控制的相关证据（如经签批的文件、经复核签字的工作底稿等）；检查文档记录或报告，查看是否留有执行控制的痕迹（如签字、邮件、通话记录等）；

评价控制执行是否有效、是否符合规定（如审批是否由适当的人在适当的时间执行等）；记录所获取的证据，并对测试过程、测试结果及结论进行书面记录。

重新执行：测试人通过重新执行操作步骤，以验证控制执行是否准确、有效。

4. 控制测试要点

控制测试要点明确了控制测试执行人在执行控制测试时所需关注的要点。测试要点所涉及的各层级与控制责任岗位相对应。

（三）控制测试模板及填写说明

针对每个末端流程包含的控制点，需获取控制测试所需的样本并根据控制测试标准填写控制测试底稿，底稿模版分为四部分。控制测试基本信息包括：测试工作底稿编号、控制点编号、测试负责人、测试日期、审阅人、审阅日期；测试抽样信息；测试样本记录；测试结论。统一的控制测试模板如表 3－3 所示。

表 3－3　　控制测试模板

<table>
<tr><td colspan="2">测试工作底稿编号</td><td colspan="7"></td></tr>
<tr><td colspan="2">流程负责部门</td><td colspan="7"></td></tr>
<tr><td colspan="2">控制点编号</td><td colspan="7"></td></tr>
<tr><td colspan="2">测试负责人</td><td colspan="7"></td></tr>
<tr><td colspan="2">测试日期</td><td colspan="7"></td></tr>
<tr><td colspan="2">审阅人</td><td colspan="7"></td></tr>
<tr><td colspan="2">审阅日期</td><td colspan="7"></td></tr>
<tr><td rowspan="8">测试抽样信息</td><td rowspan="5">第一轮测试</td><td>样本选取期间</td><td colspan="6"></td></tr>
<tr><td>样本总体</td><td colspan="6"></td></tr>
<tr><td>样本量</td><td colspan="6"></td></tr>
<tr><td>样本选取方法说明</td><td colspan="6"></td></tr>
<tr><td>样本选取期间</td><td colspan="6"></td></tr>
<tr><td rowspan="3">第×轮测试</td><td>样本总体</td><td colspan="6"></td></tr>
<tr><td>样本量</td><td colspan="6"></td></tr>
<tr><td>样本选取方法说明</td><td colspan="6"></td></tr>
<tr><td rowspan="6">测试样本记录</td><td rowspan="3">第一轮测试</td><td>样本编号</td><td>样本名称</td><td>样本属性</td><td>测试要点 1</td><td>测试要点 2</td><td>测试要点 3</td><td>……</td></tr>
<tr><td></td><td></td><td></td><td></td><td></td><td></td><td></td></tr>
<tr><td></td><td></td><td></td><td></td><td></td><td></td><td></td></tr>
<tr><td rowspan="3">第×轮测试</td><td>样本编号</td><td>样本名称</td><td>样本属性</td><td>测试要点 1</td><td>测试要点 2</td><td>测试要点 3</td><td>……</td></tr>
<tr><td></td><td></td><td></td><td></td><td></td><td></td><td></td></tr>
<tr><td></td><td></td><td></td><td></td><td></td><td></td><td></td></tr>
</table>

续表

			控制点编号1	控制点编号2	控制点编号3	控制点编号4	……	……
测试结论	第一轮测试	是否有效						
		问题编号						
		问题说明						
		风险说明						
		改进建议						
	第×轮测试	是否有效						
		问题编号						
		问题说明						
		风险说明						
		改进建议						
	整体结论	是否有效						
		问题编号						
		问题说明						
		风险说明						
		问题编号						

1. 控制测试基本信息

测试工作底稿编号：该测试工作底稿编号与对应的控制测试标准中测试工作底稿编号相同。

流程负责部门：填写该末端流程负责部门。如：某部门。

控制点编号：与对应的末端流程内控矩阵中信息保持一致，不同控制点之间用逗号隔开。如 DW—03—01—01—C01，DW—03—01—01—C02。

测试负责人：填写执行该控制测试并填写测试底稿的负责人所在部门、岗位及姓名。如：某部门某岗，姓名。

测试日期：填写测试人完成控制测试底稿的具体日期，日期格式为：20××年××月××日。

审阅人：填写负责审阅该末端流程控制测试底稿的负责人所在部门、岗位及姓名。如：某部门某岗，姓名。

审阅日期：填写审阅人完成控制测试底稿审阅的具体日期，日期格式为：20××年××月××日。

2. 控制测试样本的选取原则

根据业务发生频率不同，控制测试选取的样本数量也不同，具体的控制测试样本选取原则如表 3 –4 所示。

表 3 –4　　控制测试样本选取原则

控制运行频率	控制年度运行次数	控制测试所需样本量
每年一次	1	1
每半年一次	2	2
每季度一次	4	2
每月一次	12	2
每周一次	52	5
每天一次	250	25
每天多次	>250	25
不定期	50—250（含 50）	总样本量的 10%
	5—50（含 5）	5
	<5	全部样本

需要注意的是：

如果控制测试过程中发现样本异常，应按照业务发生频率，确定是否需扩大样本量（具体请见本章“控制测试样本数量与测试结论的关系”中的描述）。

主观选取控制测试样本将影响控制测试结论的准确性，因此，控制测试样本的选取需满足随机性，即在样本总体中随机抽样获取控制测试样本。

若穿行测试中测试的是唯一样本，则控制测试可直接利用该穿行测试样本，将穿行测试结论作为控制测试结论。

控制测试过程中存在问题的样本资料，均需要进行统一编号，并电子扫描或复印归档保存。

3. 控制测试抽样信息

针对每个末端流程，可视实际情况需要开展多轮控制测试，并在测试底稿中记录每轮测试的测试样本信息，每轮测试要求与第一轮测试要求相同。

样本选取期间：填写开展本次控制测试所需样本所在的期间。如：2022 年 1 月 1 日—2022 年 12 月 31 日。

样本总体：测试执行人填写控制测试样本总体的具体数量。如对于每月发生一次的控制，若样本选取期间为 2022 年全年，样本总体需填写：12；如对于不定期发生的样本，需填写样本选取期间内发生的样本总体数量。

样本量：按照本章“控制测试样本的选取原则”，填写对控制点进行测试所选取的具体样本数量。如对于每月发生的样本，样本总量为 12，则样本量需填写：2。样本选取方法说明：若为不定期发生，需填写选取通过检查何种文档或系统（该文档或系统应保证样本总体的完整性），统计出测试期间共发生的样本总体，按照样本总量10%的抽样规则，确定样本量。如：通过检查××系统（或××台账），得知测试期间共发生200个申请，按照样本总量10%的抽样规则，选取20个样本进行测试。若为定期发生，则填写“—”。

4. 控制测试样本记录

针对开展的多轮控制测试，需详细记录每轮控制测试样本信息，且每轮控制测试需记录的样本信息要求相同。

样本编号：按照序号依次对获取的样本进行编号。如：1，2，3，……

样本名称：填写获取的控制测试样本名称。如：2022年企业年度资金计划草案。

样本属性：填写可证明该样本唯一性的信息，如样本的编号、日期等，如：202×年×月第××号记账凭证。

测试要点检查结果：根据实际获取的样本，对照内控评价手册中控制测试程序及对应的测试要点描述，判断样本是否满足测试要求，如满足，在对应测试要点下选填“有效”，否则，选填“无效”。

5. 控制测试结论

针对开展的多轮控制测试，均需根据测试样本信息详细记录每个控制点对应的控制测试结论，且各轮控制测试需记录的控制测试结论要求相同。

是否有效：根据测试样本记录中各测试要点的结论，判断控制点是否得到了有效执行。如控制点对应的各测试要点均得到有效执行，则控制结论为有效，在“是否有效”栏选填“是”；如该控制点对应的测试要点结论出现一个或以上“无效”，则控制结论为无效，在“是否有效”栏选填“否”。

问题编号：对于测试结论中“是否有效”一栏选填为“否”的控制点，需按照“末端流程名称—IS—ZX－序号”的编号规则对控制执行缺陷依次编号。如：DW—03—02—IS—ZX—01；对于测试结论中“是否有效”一栏选填为判断为“是”的控制点，则填写“—”。

问题说明：对于测试结论中“是否有效”一栏选填为“否”的控制点，需就发现问题进行详细描述；对于测试结论中“是否有效”一栏选填为判断为“是”的控制点，则填写“—”。

风险说明：对于测试结论中“是否有效”一栏选填为“否”的控制点，需就发现问题的潜在风险进行详细描述，该风险描述引自内控流程手册控制点对应的风险点描述；对于测试结论中“是否有效”一栏选填为判断为“是”的控制点，则填写“—”。

改进建议：对于测试结论中“是否有效”一栏选填为“否”的控制点，需提供问题的改进建议；对于控制测试结论中“是否有效”一栏选填为判断为“是”的控制点，则填写“—”。

（四）控制测试样本数量与测试结论的关系

针对每年发生一次的业务，直接选取该笔业务作为控制测试样本，若该笔业务出现异常，则控制点测试结论为控制失效。

针对每半年发生一次的业务，直接选取这两笔业务作为控制测试样本，若其中任意一个出现异常，则控制点测试结论为控制失效。

针对每季度发生一次的业务，在全年发生的业务中随机选取2个样本；若2个样本中任一个出现异常，则控制点测试结论为控制失效。

针对每月发生一次的业务，在全年发生的业务中随机选取2个样本；若2个样本中任一个出现异常，则控制点测试结论为控制失效。

针对每周发生一次的业务，在全年发生的业务中随机选取5样本，且样本至少需分布于3个月中。若1个或以上的样本存在异常，则控制测试结论为控制失效。

针对每天发生及每天多次发生的业务，在全年发生的业务中随机选取25个样本，且样本至少分布于3个月中；若2个或以上样本存在异常，则控制点测试结论为控制失效；若1个样本出现异常，需增加15个随机样本进行补充测试，补充样本中的任一个出现异常，则测试结论为控制失效。

针对不定期发生的业务，如测试样本中出现1个异常样本，即可判定测试结论为控制失效。其余情况均视为控制有效。

控制测试样本数量与控制测试结论的关系见表3－5。

表3－5　　控制测试样本数量与控制测试结论

控制运行频率	初始样本数量	异常样本数量	补充样本数量	补充样本中异常样本数量	控制测试结论
每年一次	1	0	—	—	控制有效
		1	—	—	控制无效
每半年一次	2	0	—	—	控制有效
		≥1	—	—	控制无效
每季度发生一次	2	0	—	—	控制有效
		≥1	—	—	控制无效
每月发生一次	2	0	—	—	控制有效
		≥1	—	—	控制无效

续表

控制运行频率	初始样本数量	异常样本数量	补充样本数量	补充样本中异常样本数量	控制测试结论
每周发生一次	5	0	—	—	控制有效
		≥1	—	—	控制无效
每天发生一次/每天发生多次	25	0	—	—	控制有效
		1	15	0	控制有效
				1	控制无效
		≥2	—	—	控制无效

三、个别访谈法

企业根据检查评价需要，对被检查单位员工进行单独访谈，以获取有关信息。通过找有关人员谈话，可以调查了解内部控制制度，还可以针对可疑账项或异常情况等向有关人员提出询问。具体的运用流程是：

一是设计访谈提纲。

二是恰当进行提问。要想通过访谈获取所需资料，对提问有特殊的要求。在表述上要求简单、清楚、明了、准确，并尽可能地适合受访者；在类型上可以有开放型与封闭型、具体型与抽象型、清晰型与含混型之分；另外，适时、适度的追问也十分重要。

三是准确捕捉信息，及时收集有关资料。访谈法收集资料的主要形式是“倾听”。“倾听”可以在不同的层面上进行：在态度上，访谈者应该是“积极关注地听”，而不应该是“表面地或消极地听”；在情感层面上，访谈者要“有感情地听”和“共情地听”，避免“无感情地听”；在认知层面，要随时将受访者所说的话或信息迅速地纳入自己的认知结构中，加以理解和同化，必要时还要与对方进行对话，与对方进行平等的交流，共同建构新的认识和意义。另外“倾听”还需要特别遵循两个原则：不要轻易地打断对方和容忍沉默。

四是及时做好访谈记录，一般还要录音或录像。

四、抽样法

抽样法分为随机抽样和其他抽样。随机抽样是指按随机原则从样本库中抽取一定数量的样本；其他抽样是指人工任意选取或按某一特定标准从样本库中抽取一定数量的样本。使用抽样法时首先要确定样本库的完整性，即样本库应包含符合控制测试的所有样本；其次要确定所抽取样本的充分性，即样本的数量应当能检验所测试的控制点的有效性；最后要确定所抽取样本的适当性，即获取的证据应当与所测试控制点的设计和运行相关，并能可靠地反映控制的实际运行情况。

五、专题讨论会法

专题讨论会法主要是集合有关专业人员就内部控制执行情况或控制问题进行分析，既可以是控制评价的手段，也是形成缺陷整改方案的途径。对于同时涉及财务、业务、信息技术等方面的控制缺陷，往往需要由内部控制管理部门组织召开专题讨论会议，综合内部各机构、各方面的意见，研究确定缺陷整改方案。

六、调查问卷法

调查问卷法主要用于企业层面评价。调查问卷应尽量扩大对象范围，包括企业各个层级员工，应注意事先保密性，题目尽量简单易答。比如你对企业的核心价值观是否认同，你对企业未来的发展是否有信心。

七、比较分析法

比较分析法是指通过数据分析，识别评价关注点的方法。数据分析可以是与历史数据、行业（公司）标准数据或行业最优数据等进行比较。比如针对具体客户的应收账款周转率进行横向或纵向比较，分析存在异常的应收客户款，进而对这些客户的赊销管理控制进行检查。

常用的计算及比较方法包括下列各类：

（一）绝对额比较

例如，将本期金额（如某账户余额）和预期金额进行简单比较等。

（二）共同比分析（也称垂直分析）

这是指先计算出某财务报表的各组成要素占有关总额的百分比（如现金占总资产的百分比、毛利占销售收入的百分比），再将此比例与预期数比较。

（三）比率分析

这是注册会计师和财务分析人员常用的分析方法。此方法要求先计算出各种比率，再将其与预期比率进行比较。对计算出来的比率可单独分析，也可归类（如偿债能力、效率及获利比率等）分析。在分析中常用的财务比率有：

1. 速动比率

速动比率 =（速动资产 ÷ 流动负债）×100% =［（流动资产 – 存货 – 待摊费用 – 1年内到期的非流动资产及其他流动资产）÷ 流动负债］×100% =［（货币资金 + 交易性金融资产 + 应收、预付款项）÷ 流动负债］×100%

速动比率用以衡量被审计单位用现金和非现金资产对短期债权人所提供的保障程度。这个比率越大，流动性越大，短期偿债能力就越强。

2. 流动比率

流动比率 =（流动资产 ÷ 流动负债）×100%

流动比率用以衡量流动负债被流动资产偿还的程度，此比率越高，流动负债可被及时偿还的保证越大。

3. 资产负债率

资产负债率 =（负债 ÷ 资产）×100%

资产负债率可以衡量企业在清算时保护债权人利益的程度。资产负债率越低，企业偿债越有保证，贷款越安全。资产负债率还代表企业的举债能力。一个企业的资产负债率越低，举债越容易。如果资产负债率高到一定程度，没有人愿意提供贷款了，则表明企业的举债能力已经用尽。

4. 产权比率

产权比率 =（负债总额 ÷ 股东权益）×100%

产权比率用以衡量企业负债经营的情况，通常此比率不会超过 100%，因为此比率超过 100%，债权人将比所有者承担更大的风险。

5. 利息保障倍数

利息保障倍数 = 息税前利润 ÷ 利息费用 =（净利润 + 利息费用 + 所得税费用）÷ 利息费用

利息保障倍数用以衡量企业以盈余支付固定利息的倍数。如果利息保障倍数小于 1，表明自身产生的经营收益不能支持现有的债务规模。利息保障倍数等于 1 也是很危险的，因为息税前利润受经营风险的影响，是不稳定的，而利息的支付却是固定数额。利息保障倍数越大，企业拥有的偿还利息的缓冲资金越多。

6. 应收账款周转率

应收账款周转率是应收账款与销售收入的比率。它有三种表现形式：应收账款周转次数、应收账款周转天数和应收账款与收入的比，具体计算公式如下：

应收账款周转次数 = 销售收入 ÷ 应收账款

应收账款周转天数 = 365 ÷（销售收入 ÷ 应收账款）

应收账款与收入的比 = 应收账款 ÷ 销售收入

应收账款周转率用以衡量一定期间内应收账款收回的次数，在具体分析时，还要关注销售收入的赊销比例问题，计算上采用赊销额代替销售收入更加恰当。一般地，应收账款的周转天数是越少越好。应收账款是赊销引起的，如果赊销有可能比现金销售更有利，周转天数就不会越少越好，收现时间的长短与企业的信用政策有关。

7. 存货周转率

存货周转率是销售收入与存货的比值，也有三种计算方式，其计算公式如下：

存货周转次数 = 销售收入（或销售成本）÷ 存货

存货周转天数 = 365 ÷ [销售收入（或销售成本）÷ 存货]

存货与收入比 = 存货 ÷ 销售收入

存货周转率用以衡量存货周转的速度。在计算存货周转率时，使用“销售收入”还是“销售成本”作为周转额，要看分析的目的。在短期偿债能力分析中，为了评估资产的变现能力需要计量存货转换为现金的数量和时间，应采用“销售收入”。在分解总资产周转率时，为系统分析各项资产的周转情况并识别主要的影响因素，应当使用“销售收入”计算周转率。如果是为了评估存货管理的业绩，应当使用“销售成本”计算存货周转率，使其分子和分母保持口径一致。实际上，两种周转率的差额是毛利引起的，使用哪一个计算都能够达到分析的目的。

8. 销售利润率

销售利润率 =（净利润 ÷ 销售收入）× 100%

销售利润率表明 1 元销售收入与其成本费用之间可以“挤”出来的净利润，该比率越大则企业的盈利能力越强。

9. 总资产报酬率

总资产报酬率 = 净利润 ÷ 总资产 × 100%

总资产报酬率用以衡量总资产的获利能力。比率越高，表示企业能比较有效地使用资产。

10. 权益净利率

权益净利率 =（净利润 ÷ 股东权益）× 100%

权益净利率用以衡量管理层以所有者投资的资本赚取适当报酬的能力。此比率通常必须达到10%，以确保能提供发放股利及企业发展所需的资金。

八、标杆法

标杆法是指通过与组织内外部相同或相似经营活动的最佳实务进行比较，对控制设计有效性评价的方法。

标杆法是将本企业经营的各方面状况和环节与竞争对手或行业内外一流的企业进行对照分析的过程，是一种评价自身企业和研究其他组织的手段，是将外部企业的持久业绩作为自身企业的内部发展目标并将外界的最佳做法移植到本企业的经营环节中的一种方法。实施标杆法的企业必须不断对竞争对手或一流企业的产品、服务、经营业绩等进行评价，来发现优势和不足。

九、实地查验法

实地查验法是指企业对财产进行盘点、清查，以及对存货出、入库等控制环节进行现场查验。

第五节　内部控制有效性评价

企业组织开展内控评价，运用内控评价方法，收集被评价单位内控设计与执行有效性证据，填写评价工作底稿，全面查找和报送内控缺陷。

一、内部控制缺陷的分类

内部控制缺陷，是指内部控制的设计存在漏洞，不能有效防范错误与舞弊，或者内部控制的运行存在弱点和偏差，不能及时发现并纠正错误与舞弊的情形。内部控制缺陷按不同的分类方式分为：设计缺陷和执行缺陷；财务报告内部控制缺陷和非财务报告内部控制缺陷；重大缺陷、重要缺陷和一般缺陷。

（一）设计缺陷和执行缺陷

1. 设计缺陷

概念：设计缺陷是指在内部控制设计时，缺少为实现控制目标的必要措施，或现有的措施不能满足控制要求，表现为规章制度缺失、不相容职责未有效分离、控制设计不合理等。

识别要点：必要的控制缺失；控制的必要成分缺失；某个现有的控制不合理，导致这个控制不能满足控制目标。

2. 执行缺陷

概念：执行缺陷是指设计合理及有效的内部控制未被正确地执行，表现为未按设计方式运行、执行人因未获得必要授权或缺乏胜任能力无法实施等。

识别要点：控制设计完好，但没有被正确地执行。

（二）财务报告内部控制缺陷和非财务报告内部控制缺陷

内部控制缺陷按其表现形式分为财务报告内部控制缺陷和非财务报告内部控制缺陷。财务报告内部控制缺陷，是指在会计确认、计量、记录和报告过程中出现的，对财务报告的真实性和完整性产生直接影响的控制缺陷，一般可分为财务（会计）报表缺陷、会计基础工作缺陷和财务报告密切关联的信息系统控制缺陷等。非财务报告内部控制缺陷，是指虽不直接影响财务报告的真实性和完整性，但对企业经营管理合法合规、资产安全、营运效率和效果等控制目标的实现存在不利影响的其他控制缺陷。

（三）重大缺陷、重要缺陷和一般缺陷

内部控制缺陷按其严重程度分为重大缺陷、重要缺陷和一般缺陷。重大缺陷，是指一个或多个控制缺陷的组合，可能导致企业严重偏离控制目标的情形。重要缺陷，是指一个或多个控制缺陷的组合，其严重程度和经济后果低于重大缺陷，但仍有可能导致企业偏离控制目标的情形。一般缺陷，是指除重大缺陷、重要缺陷之外的其他缺陷。

二、内部控制缺陷的认定标准

企业对内部控制评价过程中发现的内部控制缺陷，应当综合分析缺陷的成因、表现形式及重要程度，并按照一定的标准将各项内部控制缺陷分别认定为重大缺陷、重要缺陷和一般缺陷。内部控制缺陷的认定标准和认定结果将直接影响内部控制有效性的结论。一般而言，如果一个企业存在内部控制缺陷达到了重大程度，就不能认定该企业的内部控制是有效的。由于财务报告内部控制缺陷与非财务报告内部控制缺陷分

别影响不同控制目标的实现，其表现形式各异，为此，财务报告内部控制缺陷的认定标准与非财务报告内部控制缺陷的认定标准也有所区别。内控缺陷认定标准一经确定，在不同评价期间应保持一致，未经批准不得随意变更。

企业对内部控制缺陷的认定，应当以日常监督和专项监督为基础，结合年度内部控制评价，由内部控制评价部门进行综合分析后提出认定意见，按照规定的权限和程序进行审核后予以最终认定。

（一）财务报告内部控制缺陷的认定标准

财务报告内部控制缺陷的认定标准由该缺陷可能导致财务报表错报的重要程度来确定，这种重要程度主要取决于两方面因素：第一，该缺陷是否具备合理可能性导致内部控制不能及时防止、发现并纠正财务报表错报；第二，该缺陷单独或连同其他缺陷可能导致的潜在错报金额的大小。

1. 重大缺陷

如果一项内部控制缺陷单独或连同其他缺陷具备合理可能性导致不能及时防止、发现并纠正财务报表中的重大错报，就应将该缺陷认定为重大缺陷。合理可能性是指大于微小可能性（几乎不可能发生）的可能性，对合理可能性的理解涉及评价人员的职业判断，且这种判断在不同评价期间应保持一致。重大错报中的“重大”，涉及企业确定的财务报表重要性水平。一般而言，企业可以采用绝对金额法（例如，规定金额超过 10000 元的错报应认定为重大错报）或相对比例法（例如，规定超过净利润 5% 的错报应当认定为重大错报）来确定重要性水平。如果企业的财务报告控制存在一项或多项重大缺陷，就不能得出该企业的财务报告内部控制有效的结论。

2. 重要缺陷

如果一项内部控制缺陷单独或连同其他缺陷具备合理可能性导致不能及时防止、发现并纠正财务报表中虽然未达到和超过重要性水平但仍应引起董事会和经理层重视的错报，就应将该缺陷认定为重要缺陷。重要缺陷并不影响企业财务报告内部控制的整体有效性，但是应当引起董事会和经理层的重视。对于这类缺陷，应当及时向董事会和经理层报告，因此，也称“应报告情形”。

3. 一般缺陷

不构成重大缺陷和重要缺陷的财务报告内部控制缺陷，应认定为一般缺陷。

（二）非财务报告内部控制缺陷的认定标准

企业可以根据自身的实际情况，参照财务报告内部控制缺陷的认定标准，合理确定非财务报告内部控制缺陷的定量和定性认定标准。定量标准，既可以根据缺陷造成直接财产损失的绝对金额制定，也可以根据缺陷的直接损失占本企业资产、销售收入或利润等的比率确定。定性标准，可以根据缺陷潜在负面影响的性质、范围等因素确定。

1. 重大缺陷

凡有下列情形之一的，内部控制可能存在重大缺陷：

（1）缺乏民主决策程序或决策程序不科学；

（2）内部控制环境失效；

（3）高级管理层成员发生舞弊；

（4）未能及时发现或有效应对重大风险，造成严重后果；

（5）违反国家法律、法规有关规定；

（6）管理报告中存在重大错报；

（7）内部控制监督失效；

（8）关键岗位的管理人员或技术人员流失严重；

（9）在主要媒体出现负面新闻；

（10）发生重大安全生产事故；

（11）重要业务管理或操作人员明显不胜任；

（12）制度缺失、设计不合理或系统性失效，对企业经营活动产生重大影响。

2. 重要缺陷

凡有下列情形之一的，内部控制可能存在重要缺陷：

（1）管理决策程序不完善；

（2）未能及时发现或有效应对重大风险，尚未造成一定后果；

（3）企业各类管理报告中存在重要错报的；

（4）内部控制监督不力；

（5）所属各级单位内控自评价报告与实际不符或故意隐瞒信息；

（6）管理人员或技术人员流失较多，对经营产生一定影响；

（7）在媒体出现负面新闻；

（8）业务管理或操作人员不胜任；

（9）制度缺失或设计不合理，对部分经营活动产生重要影响。

3. 一般缺陷

由于控制设计不合理或执行不到位，造成负面影响和目标偏离，未构成重大或重要缺陷的，通常认定为一般缺陷。

（三）常见的内部控制重大缺陷情形

当有确凿证据表明企业在评价期末存在下列情形之一时，通常应认定为内部控制重大缺陷：

（1）企业财务报表已经或者很可能被注册会计师出具否定意见或者拒绝表示意见；

（2）企业审计委员会和内部审计机构未能有效发挥监督职能；

（3）企业董事、监事和高级管理人员已经或者涉嫌舞弊，或者企业员工存在串谋舞弊情形并给企业造成重要损失和不利影响；

（4）企业财务会计、资产管理、资本运营、信息披露、产品质量、安全生产、环境保护等方面发生重大违法违规事件和责任事故，给予企业造成重要损失和不利影响，或者遭受重大行政监管处罚。

上述控制缺陷如果对企业财务报表的真实可靠性产生影响，则为财务报告内部控制重大缺陷；如果不影响财务报表的真实可靠，则为非财务报告内部控制重大缺陷。

三、对信息系统有效性的评价

信息系统控制可以是人工的、自动化的，或是基于自动流程的人工控制。信息系统控制分为两类，即信息技术的一般控制和应用控制。

（一）一般控制

一般控制是指与多个应用系统有关的政策和程序，有助于保证信息系统持续恰当地运行（包括信息的完整性和数据的安全性），支持应用控制作用的有效发挥，通常不包括数据中心和网络运行控制，系统软件的购置、修改及维护控制，接触或访问权限控制，应用系统的购置、开发及维护控制。例如，程序改变的控制、限制接触程序和数据的控制、与新版应用软件包实施有关的控制等都属于信息技术的一般控制。

一般控制评价应当着重考虑与信息系统开发有关的信息技术控制目标、程序变更、计算机运行和对数据的接触是否符合企业内部控制的要求，是否有利于企业内部控制目标的实现，并以此评价信息系统的安全性、可靠性和合理性。

（二）应用控制

应用控制是指主要在业务流程层面运行的人工或自动化程序，与用于生成、记录、处理、报告交易或其他财务数据的程序有关，通常包括检查数据计算的准确性，审核账户和试算平衡表，设置对输入数据和数字序号的自动检查，以及对例外报告进行人工干预。

应用控制评价应当结合企业业务流程特点，着重考虑信息系统中与业务流程相关的控制点，并以此评价相关应用系统操作数据的真实性、准确性和合规性。

四、内部控制缺陷的记录原则

（一）清晰性原则

发现点描述应清晰明了，让未参加过此次项目但具有相当工作经验的员工，通过阅读发现点，能够知晓属于设计缺陷还是运行缺陷，并且正确地把握缺陷重点。

（二）完整性原则

发现点描述的内容中应当包含如下五个方面：发现方法（访谈、观察环境、查阅资料、抽取××个样本发现×个例外），发现点概述，根本成因分析（可视情况选择是否填写），可能导致的风险（可视情况选择是否填写），合理化建议。

（三）简明性原则

发现点描述应简洁易懂，长篇大论包罗万象的描述会使内控缺陷报告的使用者造成困惑，无法理解需要阐述的风险和意见。

五、内部控制缺陷的汇总

编制内部控制缺陷汇总表（见表3-6）。

表3-6　××公司内部控制缺陷汇总表

序号	单位名称/部门名称	缺陷名称	缺陷类别	被评价流程/涉及业务领域	缺陷描述及成因分析	涉及金额	缺陷等级	是否完成整改	若未完成整改，填写预计整改时间	整改措施	制度依据	控制点编号

填表说明如下：

（一）序号

为对内部控制缺陷的概要说明。

（二）单位名称/部门名称

即该控制的负责人及整改负责人。

（三）缺陷描述及成因分析

是对内部控制缺陷内容的详细说明。

（四）是否完成整改

即评价工作组对该缺陷整改的参考管理建议。

（五）若未完成整改，填写预计整改时间

即管理层计划整改完成时间。

（六）整改措施

即管理层针对缺陷认定、参考管理建议的反馈，说明是否认可缺陷认定，如何推进整改工作。

（七）控制点编号

若缺陷类别为执行缺陷，则控制点编号必填，控制点编号与流程图中编码应一致；若缺陷类别为设计缺陷，则控制点编码选填。

六、内部控制缺陷的报告和整改

企业内部控制评价部门应当编制内部控制缺陷认定汇总表，结合日常监督和专项监督过程中发现的内部控制缺陷及其持续改进情况，对内部控制缺陷及其成因、表现形式和影响程度进行综合分析和全面复核，提出认定意见，按照规定权限和程序进行审核后予以最终认定。

（一）内部控制缺陷报告

内部控制缺陷报告应当采取书面形式。对于一般缺陷和重要缺陷，通常向企业经理层报告，并视情况考虑是否要向董事会及审计委员会、监事会报告；对于重大缺陷，应当及时向董事会及审计委员会、监事会和经理层报告。如果出现不适合向经理层报告的情形，如存在与经理层舞弊相关的内部控制缺陷，或存在经理层凌驾于内部控制之上的情形等，应当直接向董事会及审计委员会、监事会报告。企业应根据内部控制缺陷的影响程度合理确定内部控制缺陷报告时限，一般缺陷、重要缺陷应定期报告，重大缺陷即时报告。

（二）内部控制缺陷整改

企业对于认定的内部控制缺陷，应当制订内部控制缺陷整改方案，按规定权限和程序审批后执行；对于认定的重大缺陷，还应及时采取应对策略，切实将风险控制在可承受度之内，并追究有关机构或相关人员的责任。内部控制缺陷整改方案一般包括整改目标、内容、步骤、措施、方法和期限等；整改期限超过1年的，还应在整改方案中明确近期目标和远期目标以及对应的整改工作任务等。

企业通过内部控制评价发现内部控制的缺陷，应当建立内部控制缺陷整改机制，明确内部各管理层级和单位整改的职责分工，确保内部控制设计与运行中的主要问题和重大风险得到及时解决和有效控制。内部各管理层级和单位职责分工如下：

（1）董事会/党组：董事会或类似权力机构是内部控制的最终责任人，应对落实整改进行管理、指导和监督。

（2）管理层：管理层是内部控制的直接责任人，应将整改责任落实到正确的职能部门/单位，并全程监控整改落实的过程。

（3）流程负责人：制订具体整改计划，确保整改计划科学合理、切实可行，并领导执行。

（4）风控办公室：对整改过程进行监控，并对整改结果进行评估。

（5）其他人员：提供信息、采取有效行动和交流沟通。

内控缺陷整改后应保证有一定的有效运行期。未经再测试或未获得有效执行证据，不得认定原内控缺陷事项已整改完成。各类型控制活动有效运行期如下：

（1）运行频率为每天一次或多次的控制活动，至少应运行25次/15天；

（2）每周一次的控制活动，至少运行5周；

（3）每月一次的控制活动，至少运行2个月；

（4）每季度运行一次的控制活动，至少运行两个季度。

第六节　内部控制评价报告

内部控制评价报告应当分别就内部环境、风险评估、控制活动、信息与沟通、内部监督等要素进行设计，对内部控制评价过程、内部控制缺陷认定及整改情况、内部控制有效性的结论等相关内容作出披露。

一、内部控制评价报告内容

内部控制评价报告是内部控制评价工作的结论性成果，企业应当根据内部控制评价结果和整改情况，编制内部控制评价报告。内部控制评价报告至少应当披露下列内容：

（1）董事会对内部控制报告真实性的声明；

（2）内部控制评价工作的总体情况；

（3）内部控制评价的依据；

（4）内部控制评价的范围；

（5）内部控制评价的程序和方法；

（6）内部控制缺陷及其认定情况；

（7）内部控制缺陷的整改情况及重大缺陷拟采取的整改措施；

（8）内部控制有效性的结论。

二、内部控制评价结论

内部控制评价结论分为以下几种情形：

（1）企业对不存在重大缺陷的情形，出具评价期末内部控制有效结论；

（2）对存在重大缺陷的情形，不得作出内部控制有效的结论，并需描述该项重大缺陷的成因、表现形式及其对实现相关控制目标的影响程度。

自内部控制评价报告基准日至内部控制评价报告发出日之间发生重大缺陷的，企业须责成内部控制评价部门予以核实，并根据核查结果对评价结论进行相应的调整。

三、内部控制评价报告的编制

企业应当根据年度内部控制评价结果，结合内部控制评价工作底稿和内部控制缺陷汇总表等资料，按照规定的程序和要求，及时编制内部控制评价报告。

（一）编制时间

内部控制评价报告按照编制时间的不同，分为定期报告和不定期报告。定期报告是指企业至少每年进行一次内部控制评价工作，编制评价报告，并由董事会对外发布或以其他方式加以合理利用。年度内部控制评价报告以 12 月 31 日作为基准日。不定期报告是指企业出于特定目的或针对特定事项而临时开展内部控制评价工作并编制评价报告。不定期报告编制时间和编制频率由企业根据实际情况确定。

（二）编制主体

内部控制评价报告的编制主体包括单个企业和企业集团的母公司。单个企业内部控制评价报告是指某一企业以自身经营业务和管理活动为基础编制的内部控制评价报告；企业集团内部控制评价报告是企业集团以母公司及控股子公司的经营业务和管理活动为基础编制的内部控制评价报告，是对企业集团内部控制设计与运行有效性的总体评价。

（三）编制程序

内部控制评价部门对工作底稿进行复核，根据认定并按照规定的权限和程度审批确定的内部控制缺陷，判断内部控制有效性。编制程序如下：

（1）内部控制评价部门搜集整理编制内部控制评价报告所需的相关资料；

（2）内部控制评价部门根据有关资料撰写内部控制评价报告；

（3）内部控制评价报告上报经理层审核，董事会审批后确定。

（四）编制格式及内容（见图 3－3 和图 3－4）

××公司内部控制评价报告

主要负责人：　　（签字）

企业名称：××公司（公章）

填报日期：20××年××月

图 3－3　编制格式

××公司20××年内部控制评价报告
一、总体情况
（一）组织情况
（二）评价依据
（三）业务范围
（四）评价方法
二、检查情况
缺陷一：
缺陷描述：
原因及风险分析：
整改建议：
……
三、工作亮点

图3-4 编制内容

（1）内部控制评价工作的组织情况（具体实施机构；是否聘请中介机构实施内控评价；是否聘请中介机构对内控有效性进行独立审计）；

（2）内部控制评价的依据（根据对××公司截至20××年12月31日的内部控制设计与运行的有效性进行评价）；

（3）内部控制评价的业务范围（纳入评价范围的单位、业务事项）；

（4）内部控制评价的程序和方法（基本流程；个别访谈法、调查问卷法、专题讨论法、穿行测试法、实地查验法、抽样法、比较分析法等）；

（5）内部控制缺陷及认定（定性及定量标准；发现×个缺陷，其中重大缺陷×个，重要缺陷×个）；

（6）内部控制缺陷的整改建议（针对报告期内发现的内部控制缺陷，提出相应的整改措施）；

（7）内部控制有效性的结论及亮点（报告期内，公司在内控设计与运行方面尚未完成整改的重大缺陷×××。由于存在上述缺陷，可能会给公司未来生产经营带来××风险；报告期内，公司对纳入评价范围的业务与事项均已建立了内部控制，并得以有效执行，达到了内部控制目标，不存在重大缺陷；自内部控制评价报告基准日至内部控制评价报告发出日之间是否发生对评价结论产生实质性影响的重大变化、影响及应对措施）。

（五）报告审批

总部应结合各单位内部控制自评价报告，编制公司内部控制评价报告；内部控制评价报告由公司风控委员会审定，经党组会或领导班子审批后，按照规定要求对外报送。

（六）后续整改

（1）整改负责人根据已识别的缺陷的性质，结合公司的实际情况制订相应的缺陷整改计划。整改计划中需要包括以下内容：整改负责部门/个人；整改步骤；整改日期等。

（2）定期确认缺陷的整改进度，协调解决整改过程中出现的问题，以保证在预计的整改时间内完成整改任务。

（3）再次测试验证整改结果：针对每个末端流程，公司可视实际情况开展多轮控制测试并在测试底稿中记录每轮测试过程与结果，与第一轮测试要求相同；内控缺陷整改后应保证一定的有效运行期，未经再测试或未获得有效执行证据，不得认定原内控缺陷事项已整改完成。

注意：测试期间为控制生效日期（整改后运行期结束）至测试截止日期。

（4）再次测试验证整改结果汇总。

整改进度与结果：整改进度即缺陷整改的进度情况，有三种状态：已整改；整改未启动；整改进行中。整改结果即记录再测试的结果，控制有效或控制无效。

存在偏差与原因：描述再测试后发现的控制偏差，并详细描述无法在预计整改完成时间内完成整改的原因、难点或其他考虑。

拟采取的纠偏措施：对于再测试后发现的控制偏差，与整改责任人、项目工作组讨论确认后续可采取的纠正偏差的应对措施。

经再测试尚未整改的内部控制缺陷，应全部纳入内部控制缺陷认定表，评估其重要性及其对公司内部控制有效性的最终影响。

四、内部控制评价报告的报送

内部控制评价报告报经董事会批准后对外披露或报送相关主管部门。上市公司年度内部控制评价报告必须向社会公开披露，接受社会监督，为投资者和社会公众提供依据；非上市企业的内部控制评价报告须按规定报送财政等监管部门，接受政府的监督检查。内部控制评价报告通常应于基准日后 4 个月内报出。

五、内部控制评价报告的使用

内部控制评价报告的使用者包括政府监管部门、投资者及其他利益相关者、中介机构和研究机构等。

内部控制评价是企业董事会对本企业内部控制有效性的自我评价，具有一定的主观性，因此，在此基础上形成的内部控制评估报告只能作为有关方面了解企业内部控制设计与运行情况的途径之一。在使用内部控制评价报告时，还应注意与内部控制审计信息、内部控制监管信息、财务报告信息等相关信息结合使用，切实做到全面分析、综合判断、相互验证。

第七节 内部控制评价资料归档

企业应当建立内部控制评价工作档案管理制度。内部控制评价的有关文件资料、工作底稿和证明材料等，应由企业全面风险管理办公室统一整理、妥善保管。

附件：

一、内控评价手册（模板）

<table>
<tr><td colspan="3">测试工作底稿编号</td><td></td></tr>
<tr><td rowspan="13">控制点信息</td><td colspan="2">控制点编号</td><td></td></tr>
<tr><td colspan="2">控制描述</td><td></td></tr>
<tr><td colspan="2">控制点编号</td><td></td></tr>
<tr><td colspan="2">控制描述</td><td></td></tr>
<tr><td colspan="2">控制点编号</td><td></td></tr>
<tr><td colspan="2">控制描述</td><td></td></tr>
<tr><td colspan="2">控制点编号</td><td></td></tr>
<tr><td colspan="2">控制描述</td><td></td></tr>
<tr><td colspan="2">控制点编号</td><td></td></tr>
<tr><td colspan="2">控制描述</td><td></td></tr>
<tr><td colspan="2">控制频率</td><td></td></tr>
<tr><td colspan="2">控制类型</td><td></td></tr>
<tr><td>控制责任岗位</td><td>单位</td><td></td></tr>
<tr><td rowspan="7">控制测试方法与程序</td><td colspan="2">测试方法</td><td></td></tr>
<tr><td rowspan="6">测试程序</td><td rowspan="6">单位</td><td></td></tr>
<tr><td></td></tr>
<tr><td></td></tr>
<tr><td></td></tr>
<tr><td></td></tr>
<tr><td></td></tr>
</table>

续表

控制测试要点	测试要点 1	单位	
	测试要点 2		
	测试要点 3		
	测试要点 4		
	测试要点 5		

二、填报要求

控制测试程序为对各业务流程中的控制点执行控制测试时使用的测试标准，控制测试程序模版分为四部分：测试工作底稿编号、控制点信息、控制测试方法与程序、控制测试要点。

（一）控制测试底稿编号

针对每一末端流程所包含的控制点，按照“末端流程编号—TOC 序号”的编号规则对控制测试底稿进行编号。如末端流程 DW—03—01—01 的第二个测试底稿编号为 DW—03—01—01—TOC2。为保证内控评价效率，单次测试能够覆盖多个控制频率相同的控制点时，应合并为一项测试程序，即使用同一个测试底稿。

（二）控制点相关信息

控制点编号、控制描述、控制频率、控制类型、控制责任岗位均引自内控流程手册，且应与对应的末端流程内控矩阵中信息保持一致。

（三）控制测试方法与程序

1. 控制测试方法明确了控制测试执行人在进行控制测试时所采用的方法，包括询问、观察、检查、重新执行。应依据控制描述、控制类型等内容，合理选择控制测试方法，根据需要可选择一个或多个适用的测试方法。其中：

（1）询问是指测试人询问控制执行人是否了解其控制目的及执行方法；询问是否在日常工作中实施控制，且具体如何操作；重点关注相关操作有哪些证据，相关文档如何保管等。

（2）观察是指测试人观察控制执行人执行操作步骤。

（3）检查是指测试人获得执行控制的相关证据（如经签批的文件、经复核签字的工作底稿等）；检查文档记录或报告，查看是否留有执行控制的痕迹（如签字、邮件、通话记录等）；评价控制执行是否有效、是否符合规定（如审批是否经过适当的人、在适当的时间执行等）；记录所获取的证据，并对测试过程、测试结果及结论进行书面记录。

（4）重新执行是指测试人通过重新执行操作步骤以验证执行是否准确、有效。

2. 控制测试程序：依据所选择的控制测试方法，详细说明为验证实际操作是否如控制描述所示而执行的工作步骤。测试人参照控制测试程序即可执行控制测试。控制测试程序编制要求：

（1）明确所需证据的准确名称和具体测试步骤，表述形式为："1. 获取测试期间××（文档）样本；2. 观察/检查/重新执行××（执行人：应为控制责任岗位）××（执行的动作或结果）是否如控制描述所示。"

（2）对控制点所涉及的层级均应编制控制测试程序，在不涉及的层级处，测试程序写"—"。

（3）属于 IT 控制类型的控制点不应与其他类型控制点合并编制测试程序。

（四）控制测试要点

控制测试要点明确了各测试步骤所要实现的具体目标，即测试人在执行控制测试时所需关注的要点。测试要点应与控制测试程序所涉及的各层级相对应。

第四章

典型案例

典型案例 1：农民工工资支付

一、案例概述

（一）农民工工资

农民工，是指为用人单位提供劳动的农村居民。

农民工工资，是指农民工为用人单位提供劳动后应当获得的劳动报酬。

（二）工作流程

1. 工作环节

农民工工资支付的内控管理可分为项目开工准备阶段、项目开工阶段和项目完工阶段。在项目开工阶段，包含资金筹措、合同签订、工程款支付担保、农民工工资专户开立、工资保证金存储和信息公开环节；项目开工阶段包含劳动合同签订和实名登记、人工费用拨付和工资发放环节；项目完工阶段包含公示、注销农民工工资专用账户环节。

2. 涉及部门职责

（1）流程维护部门：建设部/后勤保障部。

（2）主责部门：

建设部/后勤保障部监督施工单位及时开立农民工工资专户，及时掌握工程施工进展凭证，及时进行提报资金支付申请，做好农民工账户收款的监管。按照法律规定履行项目审批手续、筹集工程建设资金并按照合同约定的期限和方式支付合同价款，及时足额支付人工费用至农民工工资专用账户，并加强对施工总承包单位按时足额支付农民工工资的监督。

（3）参与部门：

招标部门：在技术规范书、合同模板中约定遵守农民工工资支付条款。

经法部门：做好合同中农民工工资支付条款的审核把关。

财务部门：及时对资金支付申请进行审批，做好资金支付凭证经济合规性把关。

审计部门：做好农民工工资支付风险的防控、审查。

二、流程图及说明

（一）发包方

1. 流程图

发包方农民工工资支付流程如图 4 – 1 所示。

2. 流程步骤说明

发包方农民工工资支付流程步骤说明如表 4 – 1 所示。

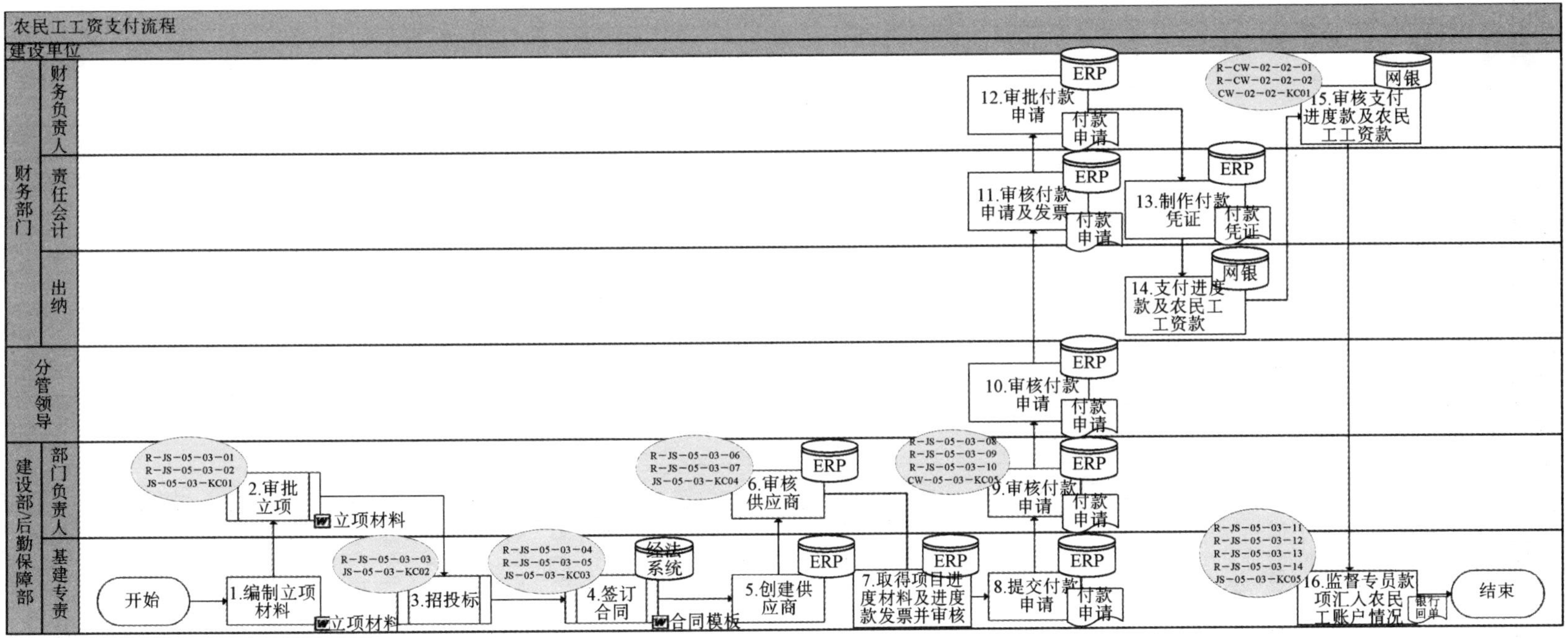

图4-1　发包方农民工工资支付流程

表 4－1　　发包方农民工工资支付流程步骤说明

步骤编号	标准流程步骤	步骤说明	涉及层级	责任部门	责任岗位	输入信息	输入信息提供者	输出信息	涉及系统
1	编制立项材料	基建专职根据工程项目的类型和规模，编制立项材料，对于工期较长的工程项目，立项材料中需明确农民工工资支付的监管措施	发包方	建设部/后勤保障部	基建专职	工程项目类型、规模及具体信息	基建专职	立项材料	
2	审批立项	部门负责人审核立项材料，特别是农民工工资支付的监管措施	发包方	建设部/后勤保障部	部门负责人	立项材料	基建专职	经审核立项材料	
3	招投标	招标文件中明确承包人的资格要求	发包方	招标部门	招标专职		招标专职		
4	合同签订	基建专职在中标通知书出具30天内完成合同签订。合同中约定承包方在工程施工合同签订之日起30日内开立农民工工资专用账户，专项用于支付本工程农民工工资。与施工总承包单位订立书面工程施工合同时，应当约定工程款计量周期、工程款进度结算办法以及人工费用拨付周期，并按照保障农民工工资按时足额支付的要求约定人工费用；与承包方签订农民工工资保证金存款协议书，在取得施工许可证开工报告批复之日起20个工作日内（如果是依法不需要办理施工许可证或批准开工报告的工程自签订施工合同之日起20个工作日之内）向承包人提供工程款支付担保，确保农民工工资按时足额支付	发包方	建设部/后勤保障部	基建专职		基建专职	合同	经法系统

续表

步骤编号	标准流程步骤	步骤说明	涉及层级	责任部门	责任岗位	输入信息	输入信息提供者	输出信息	涉及系统
5	创建供应商	基建专职取得农民工工资专用账户信息并创建固定供应商	发包方	建设部/后勤保障部	基建专职	农民工工资专户信息	承包方	固定供应商编号	ERP
6	审核供应商	部门负责人审核供应商信息和农民工工资专用账户信息的及时性和准确性	发包方	建设部/后勤保障部	部门负责人				
7	取得项目进度材料及进度款发票并审核	基建专职根据项目管理要求取得工程量清单等佐证材料，并分别取得工程款发票和农民工工资发票，并审核材料和发票是否合规	发包方	建设部/后勤保障部	基建专职	项目进度材料及进度款发票	承包方		
8	提交付款申请	基建专职提交付款申请，工程人工费用拨付周期不得超过1个月	发包方	建设部/后勤保障部	基建专职	付款信息	基建专职	付款申请	ERP
9	审核付款申请	部门负责人审核付款申请	发包方	建设部/后勤保障部	部门负责人	付款申请	基建专职	付款申请	ERP
10	审批付款申请	副总经理审批付款申请	发包方	分管领导	副总经理	付款申请	基建专职	付款申请	ERP
11	审核付款申请及发票	责任会计审核付款申请及发票是否合规	发包方	财务资产部	责任会计	付款申请	基建专职	付款申请	ERP
12	审批付款申请	部门负责人审批付款申请	发包方	财务资产部	财务部负责人	付款申请	基建专职	付款申请	ERP
13	制作付款凭证	责任会计制作付款凭证	发包方	财务资产部	责任会计	付款申请	责任会计	付款凭证	ERP

续表

步骤编号	标准流程步骤	步骤说明	涉及层级	责任部门	责任岗位	输入信息	输入信息提供者	输出信息	涉及系统
14	支付进度款及农民工工资款	出纳向承包方账户汇入进度款，向农民工工资专用账户汇入农民工工资款	发包方	财务资产部	出纳				网银
15	审核支付进度款及农民工工资款	审核进度款和农民工工资汇款的及时性和准确性	发包方	财务资产部	财务部负责人				网银
16	监督专户款项汇入农民工账户情况	基建专职监督专户款项汇入农民工账户情况，要求承包方提供农民工工资发放银行回单	发包方	建设部/后勤保障部	基建专职			农民工工资发放银行回单	
17	公示30日后注销农民工工资专户	工程完工且未拖欠农民工工资的，承包方公示30日后，可以申请注销农民工工资专用账户，账户内余额归承包方所有	承包方	承包方					

（二）承包方

1. 流程图

承包方农民工工资支付流程如图4-2所示。

2. 流程步骤说明

承包方农民工工资支付流程步骤说明如表4-2所示。

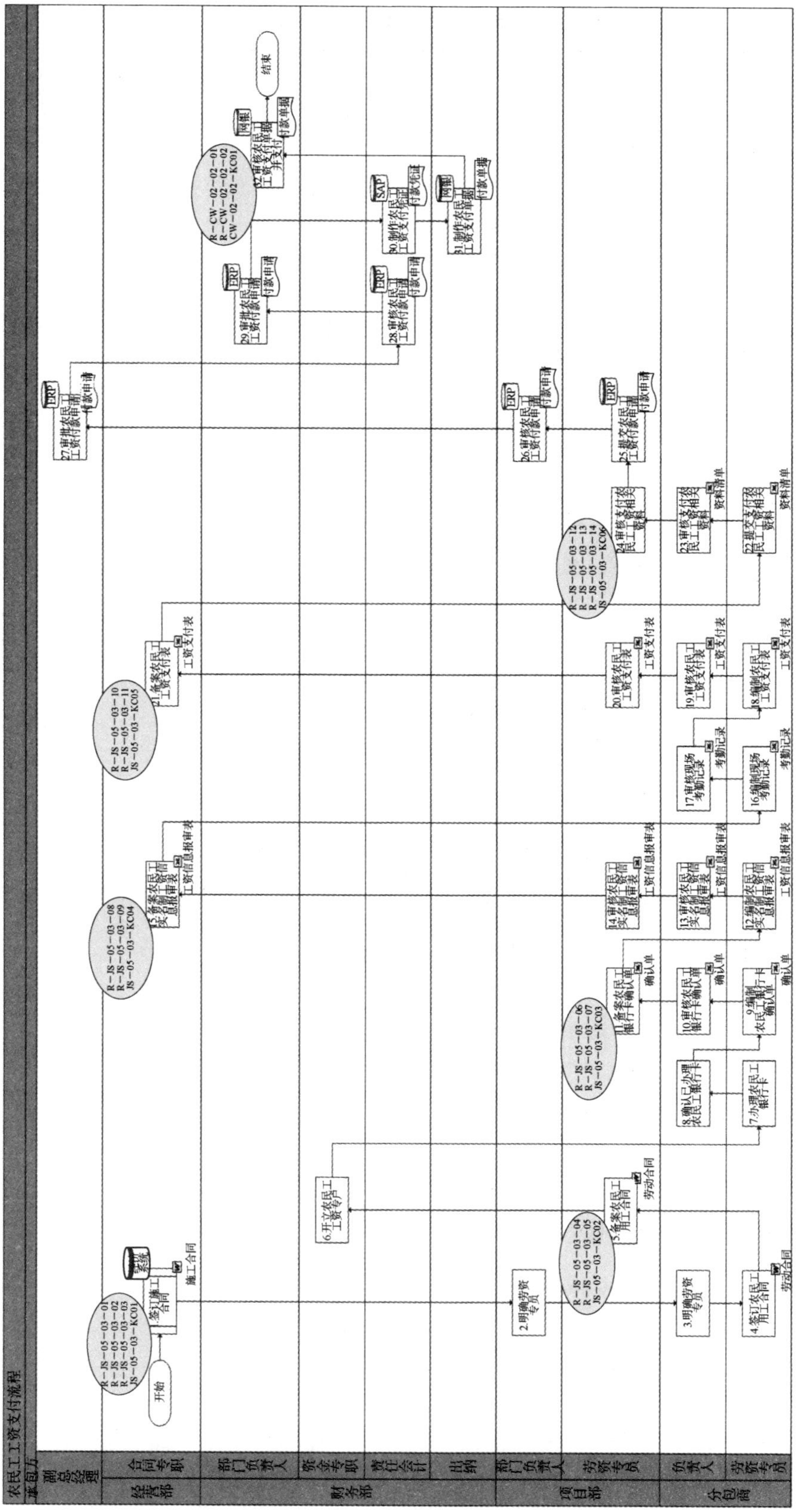

图 4－2　承包方农民工工资支付流程

表 4-2 承包方农民工工资支付流程步骤说明

步骤编号	标准流程步骤	步骤说明	涉及层级	责任部门	责任岗位	输入信息	输入信息提供者	输出信息	涉及系统
1	签订施工合同	合同专职在合同中约定承包方在规定时间内开立农民工工资专用账户，专项用于支付本工程农民工工资；与工程发包方签订农民工工资保证金存款协议书，要求工程发包人应在签订合同约定时间内，向承包人提供工程款支付担保，确保农民工工资按时足额支付，一般要求发包方在取得施工许可证（开工报告批复）之日起 20 个工作日内存储保证金	承包方	经营部	合同专职		合同专职	合同	经法系统
2	确定劳资专员	部门负责人确定劳资专员	承包方	项目部	部门负责人				线下
3	确定劳资专员	负责人确定劳资专员	承包方	分包商	负责人				线下
4	签订农民工用工合同	劳资专员签订农民工用工合同，约定工资支付标准、支付周期、具体支付日期、支付方式等内容	承包方	分包商	劳资专员				线下
5	备案农民工用工合同	劳资专员备案农民工用工合同	承包方	项目部	劳资专员				线下
6	开立农民工工资专户	资金专职按工程或按合同履行行政区域范围开立农民工工资专户，专用账户按工程建设项目开立。名称为总包单位名称加工程建设项目名称后加“农民工工资专用账户”。开立时需与发包方、开户银行签订资金管理三方协议。专户需在工程施工合同签订之日起 30 日内开立，并在开立后的 30 日内报项目所在地专用账户监管部门备案	承包方	财务部	资金专职				线下
7	办理农民工银行卡	劳资专员办理农民工银行卡	承包方	分包商	劳资专员				线下
8	确认已办理农民工银行卡	负责人确认已办理农民工银行卡	承包方	分包商	负责人				线下

续表

步骤编号	标准流程步骤	步骤说明	涉及层级	责任部门	责任岗位	输入信息	输入信息提供者	输出信息	涉及系统
9	编制农民工银行卡确认单	劳资专员编制农民工银行卡确认单	承包方	分包商	劳资专员				线下
10	审核农民工银行卡确认单	负责人审核农民工银行卡确认单	承包方	分包商	负责人				线下
11	备案农民工银行卡确认单	劳资专员备案农民工银行卡确认单	承包方	项目部	劳资专员				线下
12	编制农民工实名制工资信息报审表	劳资专员编制农民工实名制工资信息报审表	承包方	分包商	劳资专员				线下
13	审核农民工实名制工资信息报审表	负责人审核农民工实名制工资信息报审表	承包方	分包商	负责人				线下
14	审核农民工实名制工资信息报审表	劳资专员审核农民工实名制工资信息报审表	承包方	项目部	劳资专员				线下
15	备案农民工实名制工资信息报审表	合同专职备案农民工实名制工资信息报审表	承包方	经营部	合同专职				线下
16	编制现场考勤记录	劳资专员编制现场考勤记录	分包商	分包商	劳资专员				线下
17	审核现场考勤记录	负责人审核现场考勤记录	分包商	分包商	负责人				线下
18	编制农民工工资支付表	劳资专员编制农民工工资支付表，应当包括用人单位名称，支付周期，支付日期，支付对象姓名、身份证号码、联系方式，工作时间，应发工资项目及数额，代扣、代缴、扣除项目和数额，实发工资数额，银行代发工资凭证或者农民工签字等内容	分包商	分包商	劳资专员				线下

续表

步骤编号	标准流程步骤	步骤说明	涉及层级	责任部门	责任岗位	输入信息	输入信息提供者	输出信息	涉及系统
19	审核农民工工资支付表	负责人审核农民工工资支付表	分包商	分包商	负责人				线下
20	审核农民工工资支付表	劳资专员审核农民工工资支付表。确保工程竣工、农民工退场后 30 日内，承包单位应通过农民工工资专户完成本工程所有农民工工资发放	承包方	项目部	劳资专员				线下
21	备案农民工工资支付表	合同专职备案农民工工资支付表	承包方	经营部	合同专职				线下
22	提交支付农民工工资相关资料	劳资专员根据项目管理要求，提交与支付农民工工资相关的工程量清单、工程款发票和农民工工资发票等佐证材料	分包商	分包商	劳资专员				
23	审核支付农民工工资相关资料	负责人审核与支付农民工工资相关的工程量清单、工程款发票和农民工工资发票等佐证材料是否合规	分包商	分包商	负责人				
24	审核支付农民工工资相关资料	劳资专员审核与支付农民工工资相关的工程量清单、工程款发票和农民工工资发票等佐证材料是否合规	承包方	项目部	劳资专员				
25	提交农民工工资付款申请	劳资专员在 ERP 中提交农民工工资付款申请	承包方	项目部	劳资专员				ERP
26	审核农民工工资付款申请	部门负责人在 ERP 中审核农民工工资付款申请	承包方	项目部	部门负责人				ERP
27	审批农民工工资付款申请	副总经理在 ERP 中审批农民工工资付款申请	承包方	分管领导	副总经理				ERP
28	审核农民工工资付款申请	责任会计在 ERP 中审核农民工工资付款申请	承包方	财务资产部	责任会计				ERP
29	审批农民工工资付款申请	财务部负责人在 ERP 中审批农民工工资付款申请	承包方	财务资产部	财务部负责人				ERP

续表

步骤编号	标准流程步骤	步骤说明	涉及层级	责任部门	责任岗位	输入信息	输入信息提供者	输出信息	涉及系统
30	制作农民工工资付款凭证	责任会计在 SAP 中制作农民工工资付款凭证	承包方	财务资产部	责任会计				SAP
31	制作农民工工资支付单据	出纳在网银系统中制作农民工工资支付单据	承包方	财务资产部	出纳				网银
32	审核农民工工资支付单据并支付	财务部负责人在网银系统中审核农民工工资支付单据并支付农民工工资	承包方	财务资产部	财务部负责人				网银

三、风险清单

（一）发包方

发包方农民工工资支付风险清单如表 4 – 3 所示。

表 4 – 3　　发包方农民工工资支付风险清单

序号	环节名称	风险点	风险点编号
1	立项	未明确农民工工资支付的监管措施	R—JS—05—03—01
		农民工工资支付的监管措施不完善	R—JS—05—03—02
2	招投标	未在招标文件中明确投标人的相关资格条件	R—JS—05—03—03
3	合同签订	未约定承包方在规定时间内开立农民工工资专用账户	R—JS—05—03—04
		未签订农民工工资保证金存款协议书	R—JS—05—03—05
4	创建供应商	未及时取得承包方农民工工资专用账户信息	R—JS—05—03—06
		取得的承包方农民工工资专用账户信息有误	R—JS—05—03—07
5	付款申请	未按时取得项目进度材料及发票	R—JS—05—03—08
		取得的项目进度材料及发票缺少	R—JS—05—03—09
		取得的项目进度材料及发票有误	R—JS—05—03—10
6	支付	未按时汇入农民工工资专用账户	R—CW—02—02—01
		汇入农民工工资专用账户金额有误	R—CW—02—02—02
7	监督	未对农民工工资发放进行监督	R—JS—05—03—11
		未及时取得农民工工资发放银行回单	R—JS—05—03—12
		取得的农民工工资发放银行回单缺少	R—JS—05—03—13
		取得的农民工工资发放银行回单信息有误	R—JS—05—03—14

（二）承包方

承包方农民工工资支付风险清单如表4－4所示。

表4－4 承包方农民工工资支付风险清单

序号	环节名称	风险点	风险点编号
1	签订施工合同	未约定承包方在规定时间内开立农民工工资专用账户	R—JS—05—03—01
		未签订农民工工资保证金存款协议书	R—JS—05—03—02
		未要求工程发包人在合同约定时间内向承包人提供工程款支付担保	R—JS—05—03—03
4	签订农民工用工合同	未约定不得以实物或者有价证券等其他形式替代支付农民工工资	R—JS—05—03—04
		未约定具体支付日期遇法定节假日或者休息日应提前支付农民工工资	R—JS—05—03—05
5	编制农民工银行卡确认单	编制农民工银行卡确认单存在不完整、不准确等情形	R—JS—05—03—06
		编制农民工银行卡确认单的信息存在伪造、冒名、编造等情形	R—JS—05—03—07
6	编制农民工实名制工资信息表	编制农民工实名制工资信息表的信息存在不完整、不准确等情形	R—JS—05—03—08
		编制农民工实名制工资信息表的信息存在冒名、编造等情形	R—JS—05—03—09
7	编制农民工工资支付表	编制农民工工资支付表的信息存在不完整、不准确等情形	R—JS—05—03—10
		编制农民工工资支付表的信息存在冒名、编造等情形	R—JS—05—03—11
8	支付申请	未按时取得项目进度材料及发票	R—JS—05—03—12
		取得的项目进度材料及发票缺少	R—JS—05—03—13
		取得的项目进度材料及发票有误	R—JS—05—03—14
9	支付	未按时汇入农民工工资专用账户	R—CW—02—02—01
		汇入农民工工资专用账户金额有误	R—CW—02—02—02

四、内控矩阵

（一）发包方

发包方农民工工资支付内控矩阵如表4－5所示。

表4－5 发包方农民工工资支付内控矩阵

步骤编号	风险点编号	风险点描述	控制点编号	控制点描述	控制方式	控制频率
2	R—JS—05—03—01	未明确农民工工资支付的监管措施	JS—05—03—KC01	部门负责人审核立项材料中明确并完善农民工工资支付的监管措施	线上	每次
	R—JS—05—03—02	农民工工资支付的监管措施不完善			线上	每次

续表

步骤编号	风险点编号	风险点描述	控制点编号	控制点描述	控制方式	控制频率
3	R—JS—05—03—03	未在招标文件中明确投标人的相关资格条件	JS—05—03—KC02	部门负责人审核招标材料中明确投标人的相关资格条件	线上	每次
4	R—JS—05—03—04	未约定承包方在规定时间内开立农民工工资专用账户	JS—05—03—KC03	部门负责人审核承包合同约定承包方在规定时间内开立农民工工资专用账户及农民工工资保证金存款协议书	线上	每次
	R—JS—05—03—05	未签订农民工工资保证金存款协议书				
6	R—JS—05—03—06	未及时取得承包方农民工工资专用账户信息	JS—05—03—KC04	部门负责人审核根据合同约定时间取得准确的农民工工资专用账户信息	线上	每次
	R—JS—05—03—07	取得的承包方农民工工资专用账户信息有误			线上	每次
9	R—JS—05—03—08	未按时取得项目进度材料、进度款及农民工工资发票	JS—05—03—KC05	部门负责人审核根据合同约定按时取得项目进度材料及发票，并审核材料和发票的完整性、准确性	线上	每次
	R—JS—05—03—09	取得的项目进度材料、进度款及农民工工资发票缺少			线上	每次
	R—JS—05—03—10	取得的项目进度材料、进度款及农民工工资发票有误			线上	每次
15	R—CW—02—02—01	未按时汇入农民工工资专用账户	CW—02—02—KC01	财务部负责人审核进度款及农民工工资汇款的及时性、准确性	线上	每次
	R—CW—02—02—02	汇入农民工工资专用账户金额有误			线上	每次
16	R—JS—05—03—11	未对农民工工资发放进行监督	JS—05—03—KC05	基建专责按时取得农民工工资发放银行回单，并审核及时性和准确性，若承包方未及时发放的，应及时提出整改，不予整改的，及时上报人社保障部门和工程主管部门	线上	每次
	R—JS—05—03—12	未及时取得农民工工资发放银行回单			线上	每次
	R—JS—05—03—13	取得的农民工工资发放银行回单缺少			线上	每次
	R—JS—05—03—14	取得的农民工工资发放银行回单信息有误			线上	每次

（二）承包方

承包方农民工工资支付内控矩阵如表 4－6 所示。

表 4 -6 承包方农民工工资支付内控矩阵

步骤编号	风险点编号	风险点描述	控制点编号	控制点描述	控制方式	控制频率
1	R—JS—05—03—01	未约定承包方在规定时间内开立农民工工资专用账户	JS—05—03—KC01	部门负责人审核施工合同约定承包方在规定时间内开立农民工工资专用账户及农民工工资保证金存款协议书、发包人在合同约定时间内向承包人提供工程款支付担保	线上	每次
	R—JS—05—03—02	未签订农民工工资保证金存款协议书				
	R—JS—05—03—03	未要求工程发包人在合同约定时间内向承包人提供工程款支付担保				
5	R—JS—05—03—04	未约定不得以实物或者有价证券等其他形式替代支付农民工工资	JS—05—03—KC02	劳资专员审核用工合同约定不得以实物或者有价证券等其他形式替代支付农民工工资及具体支付日期遇法定节假日或者休息日应提前支付农民工工资	线下	每次
	R—JS—05—03—05	未约定具体支付日期遇法定节假日或者休息日应提前支付农民工工资				
11	R—JS—05—03—06	编制农民工银行卡确认单的信息存在不完整、不准确等情形	JS—05—03—KC03	劳资专员审核编制农民工银行卡确认单信息的真实性、完整性和准确性	线下	每次
	R—JS—05—03—07	编制农民工银行卡确认单的信息存在伪造、冒名、编造等情形				
15	R—JS—05—03—08	编制农民工实名制工资信息表的信息存在不完整、不准确等情形	JS—05—03—KC04	合同专员审核编制农民工实名制工资信息表信息的真实性、完整性和准确性	线下	每次
	R—JS—05—03—09	编制农民工实名制工资信息表的信息存在冒名、编造等情形				
21	R—JS—05—03—10	编制农民工工资支付表的信息存在不完整、不准确等情形	JS—05—03—KC05	合同专员审核编制农民工工资支付表信息的真实性、完整性和准确性	线下	每次
	R—JS—05—03—11	编制农民工工资支付表的信息存在冒名、编造等情形				

续表

步骤编号	风险点编号	风险点描述	控制点编号	控制点描述	控制方式	控制频率
24	R—JS—05—03—12	未按时取得项目进度材料及发票	JS—05—03—KC05	劳资专员按时取得与支付农民工工资相关的工程量清单、工程款发票和农民工工资发票等佐证材料，并审核及时性、准确性、完整性和真实性	线下	每次
	R—JS—05—03—13	取得的项目进度材料及发票缺少				
	R—JS—05—03—14	取得的项目进度材料及发票有误				
32	R—CW—02—02—01	未按时汇入农民工工资专用账户	CW—02—02—KC01	财务部负责人审核农民工工资汇款的及时性、准确性	线上	每次
	R—CW—02—02—02	汇入农民工工资专用账户金额有误				

五、底线清单

有下列情形之一的，由人力资源社会保障行政部门责令限期改正；逾期不改正的，对单位处 2 万元以上 5 万元以下的罚款，对法定代表人或者主要负责人、直接负责的主管人员和其他直接责任人员处 1 万元以上 3 万元以下的罚款：（1）以实物、有价证券等形式代替货币支付农民工工资；（2）未编制工资支付台账并依法保存，或者未向农民工提供工资清单；（3）扣押或者变相扣押用于支付农民工工资的银行账户所绑定的农民工本人社会保障卡或者银行卡。

有下列情形之一的，由人力资源社会保障行政部门、相关行业工程建设主管部门按照职责责令限期改正；逾期不改正的，责令项目停工，并处 5 万元以上 10 万元以下的罚款；情节严重的，给予施工单位限制承接新工程、降低资质等级、吊销资质证书等处罚：（1）施工总承包单位未按规定开设或者使用农民工工资专用账户；（2）施工总承包单位未按规定存储工资保证金或者未提供金融机构保函；（3）施工总承包单位、分包单位未实行劳动用工实名制管理。

有下列情形之一的，由人力资源社会保障行政部门、相关行业工程建设主管部门按照职责责令限期改正；逾期不改正的，处 5 万元以上 10 万元以下的罚款：（1）分包单位未按月考核农民工工作量、编制工资支付表并经农民工本人签字确认；（2）施工总承包单位未对分包单位劳动用工实施监督管理；（3）分包单位未配合施工总承包单位对其劳动用工进行监督管理；（4）施工总承包单位未实行施工现场维权信息公示制度。

有下列情形之一的，由人力资源社会保障行政部门、相关行业工程建设主管部门按照职责责令限期改正；逾期不改正的，责令项目停工，并处5万元以上10万元以下的罚款：（1）建设单位未依法提供工程款支付担保；（2）建设单位未按约定及时足额向农民工工资专用账户拨付工程款中的人工费用；（3）建设单位或者施工总承包单位拒不提供或者无法提供工程施工合同、农民工工资专用账户有关资料。

不依法配合人力资源社会保障行政部门查询相关单位金融账户的，由金融监管部门责令改正；拒不改正的，处2万元以上5万元以下的罚款。

六、主要表单格式

（一）农民工实名制工资信息报审表（见表4-7）

表4-7　　农民工实名制工资信息报审表

工程名称：

序号	姓名	性别	所在班组	身份证号	开户银行	银行卡号	支付周期	支付日期	联系方式	备注
1	示例	男	组塔1班	××××××××× ×××××××××	××银行××支行	×××××××× ××××××××	月	每月××日前	×××××××××	

分包单位（章）　　施工项目部（章）　　监理项目部（章）

法定代表人/授权委托人：　　项目经理：　　总/专业监理工程师：

注：

1. 本表由分包单位进场前编制，附农民工与分包单位的用工合同复印件、身份证复印件、银行卡复印件。
2. 本信息备案表一式三份，分包单位、监理项目部、施工项目部各留存一份。

（二）农民工工资支付表（见表4－8）

表4－8　　**农民工工资支付表**

（　　年　月）

工程名称：　　　　金额单位：元

分包单位填写											本人填写	施工总承包单位填写	
序号	姓名	身份证号	所在班组	岗位	出勤天数	应发工资	其中代扣/代缴	实发工资	开户银行	银行卡号	本人签字	转账日期	银行凭证号
1	示例	××××××××× ×××××××××	组塔1班	技工	××	×× ××	×× ××	×× ××	××银行 ××支行	×××××××× ××××××××			

分包单位（章）　　　　施工项目部（章）

法定代表人/授权委托人：　　年　月　日　　　　项目经理：　　年　月　日

备注：1. 本表由分包单位按月、按工程编制，编制前应与施工项目部核对完成工程量（专业分包）或劳务用工量（劳务分包）。

2. 本表经农民工本人确认、分包单位法定代表人或授权委托人审核后报施工项目部；由施工项目经理审核上报施工总承包单位。

3. 本表经施工总承包单位项目部、财务部门审核后，按实发工资进行发放，实发工资＝应发工资－代扣/代缴金额。农民工代扣、代缴部分由分包单位依法直接负责。

4. 施工单位完成代付工资后，向分包单位提供银行付款凭证复印件。

5. 本表一式三份，签审完成后分包单位、施工项目部、施工单位财务部门各留存一份。本表与相关凭证附件至少保存3年。

七、评价手册

（一）发包方

发包方农民工工资支付内部控制评价手册如表4－9所示。

表4－9　　发包方农民工工资支付内部控制评价手册

末级流程名称	控制点编号	控制点	控制点描述	评价标准编号	评价标准	标准测试程序
审核立项	JS—05—03—KC01	明确监管措施	部门负责人审核立项材料中明确并完善农民工工资支付的监管措施	PJ—05—03—01	明确农民工工资支付的监管措施符合法律政策规定	1. 访谈××员工，了解实际业务操作是否符合控制标准的要求，是否能够有效应对本控制点所面临的风险； 2. 根据抽样规则，获取监管制度、监管台账，检查监管措施是否明确，是否完善
招投标	JS—05—03—KC02	明确投资资质	部门负责人审核招标材料中明确投标人的相关资格条件	PJ—05—03—02	招标文件中明确投标人的相关资格条件	1. 访谈××员工，了解实际业务操作是否符合控制标准的要求，是否能够有效应对本控制点所面临的风险； 2. 根据抽样规则，获取监管制度、监管台账，检查监管措施是否明确，是否完善
合同签订	JS—05—03—KC03	约定农民工工资专户条款并签订保证金存款协议书	部门负责人审核承包合同约定承包方在规定时间内开立农民工工资专用账户及农民工工资保证金存款协议书	PJ—05—03—03	合同中约定承包方在规定时间内开立农民工工资专用账户，签订农民工工资保证金存款协议书	1. 访谈××员工，了解实际业务操作是否符合控制标准的要求，是否能够有效应对本控制点所面临的风险； 2. 根据抽样规则，获取监管制度、监管台账，检查监管措施是否明确，是否完善
审核供应商	JS—05—03—KC04	及时取得农民工工资专用账户信息	部门负责人审核根据合同约定时间取得准确的农民工工资专用账户信息	PJ—05—03—04	及时取得承包方农民工工资专用账户信息完整无误	1. 访谈××员工，了解实际业务操作是否符合控制标准的要求，是否能够有效应对本控制点所面临的风险； 2. 根据抽样规则，获取农民工工资专用账户信息，与相关材料进行比对核实

续表

末级流程名称	控制点编号	控制点	控制点描述	评价标准编号	评价标准	标准测试程序
审核付款申请	JS—05—03—KC05	审核进度材料及发票	部门负责人审核根据合同约定按时取得项目进度材料及发票，并审核材料和发票的完整性、准确性	PJ—05—03—05	按时取得项目进度材料、进度款及农民工工资发票	1. 访谈××员工，了解实际业务操作是否符合控制标准的要求，是否能够有效应对本控制点所面临的风险； 2. 根据抽样规则，获取项目发票台账和发票，检查项目发票是否足量取得，是否符合规定，是否准确无误
审核支付款项	CW—02—02—KC01	按时汇入农民工工资专用账户	财务部负责人审核进度款及农民工工资汇款的及时性、准确性	PJ—05—03—06	按时汇入农民工工资专用账户金额与付款申请单金额一致	1. 访谈××员工，了解实际业务操作是否符合控制标准的要求，是否能够有效应对本控制点所面临的风险； 2. 根据抽样规则，获取“银行进账单”，通过观察、询问，检查是否按时汇入农民工工资专用账户，汇款金额是否一致
监督账户情况	JS—05—03—KC05	监督农民工工资准确发放	基建专责按时取得农民工工资发放银行回单，并审核及时性和准确性，若承包方未及时发放的，应及时提出整改，不予整改的，及时上报人社保障部门和工程主管部门	PJ—05—03—07	对农民工工资准确发放进行监督，发放信息与银行回单一致	1. 访谈××员工，了解实际业务操作是否符合控制标准的要求，是否能够有效应对本控制点所面临的风险； 2. 根据抽样规则，获取监管制度、监督台账，检查是否对农民工工资发放进行监督； 3. 根据抽样规则，获取“银行进账单”，通过观察、询问，检查是否及时取得农民工工资发放银行回单，是否保持回单数量与发放人数一致，是发回单信息与实际发放信息一致

（二）承包方

承包方农民工工资支付内部控制评价手册如表 4－10 所示。

表 4－10 承包方农民工工资支付内部控制评价手册

末级流程名称	控制点编号	控制点	控制描述	评价标准编号	评价标准	标准测试程序
签订施工合同	JS—05—03—KC01	审核施工合同	部门负责人审核施工合同约定承包方在规定时间内开立农民工工资专用账户及农民工工资保证金存款协议书、发包人在合同约定时间内向承包人提供工程款支付担保	PJ—05—03—01	合同中约定承包方在规定时间内开立农民工工资专用账户	1. 访谈××员工，了解实际业务操作是否符合控制标准的要求，是否能够有效应对本控制点所面临的风险； 2. 根据抽样规则，获取监管制度、监管台账，检查监管措施是否明确，是否完善
备案农民工用工合同	JS—05—03—KC02	审核支付条款符合相关规定	劳资专员审核用工合同约定不得以实物或者有价证券等其他形式替代支付农民工工资及具体支付日期遇法定节假日或者休息日应提前支付农民工工资	PJ—05—03—02	合同中约定不得以实物或者有价证券等其他形式替代支付农民工工资	1. 访谈××员工，了解实际业务操作是否符合控制标准的要求，是否能够有效应对本控制点所面临的风险； 2. 根据抽样规则，获取监管制度、监管台账，检查监管措施是否明确，是否完善
备案农民工银行卡确认单	JS—05—03—KC03	审核农民工银行卡信息	劳资专员审核编制农民工银行卡确认单信息的真实性、完整性和准确性	PJ—05—03—03	农民工银行卡确认单的信息完整、准确	1. 访谈××员工，了解实际业务操作是否符合控制标准的要求，是否能够有效应对本控制点所面临的风险； 2. 根据抽样规则，获取农民工银行卡确认单信息，与相关材料进行比对核实
备案农民工实名制工资信息表	JS—05—03—KC04	审核农民工工资信息	合同专员审核编制农民工实名制工资信息表信息的真实性、完整性和准确性	PJ—05—03—04	农民工实名制工资信息表的信息完整、准确	1. 访谈××员工，了解实际业务操作是否符合控制标准的要求，是否能够有效应对本控制点所面临的风险； 2. 根据抽样规则，获取农民工实名制工资信息表信息，与相关材料进行比对核实

续表

末级流程名称	控制点编号	控制点	控制描述	评价标准编号	评价标准	标准测试程序
备案农民工工资支付表	JS—05—03—KC05	审核农民工支付信息	合同专员审核编制农民工工资支付表信息的真实性、完整性和准确性	PJ—05—03—05	农民工工资支付表的信息完整、准确	1. 访谈××员工，了解实际业务操作是否符合控制标准的要求，是否能够有效应对本控制点所面临的风险； 2. 根据抽样规则，获取农民工工资支付表信息，与相关材料进行比对核实
审核支付农民工工资相关资料	JS—05—03—KC06	审核农民工工资支付佐证材料	劳资专员按时取得与支付农民工工资相关的工程量清单、工程款发票和农民工工资发票等佐证材料，并审核及时性、准确性、完整性和真实性	PJ—05—03—06	按时取得项目进度材料及发票准确无误	1. 访谈××员工，了解实际业务操作是否符合控制标准的要求，是否能够有效应对本控制点所面临的风险； 2. 根据抽样规则，获取支付农民工工资相关资料，与相关材料进行比对核实
审核农民工工资支付单据并支付	CW—02—02—KC01	及时支付农民工工资	财务部负责人审核农民工工资汇款的及时性、准确性	PJ—05—03—07	按时支付农民工工资，取得的农民工工资发放银行回单与实际发放农民工工资个数一致	1. 访谈××员工，了解实际业务操作是否符合控制标准的要求，是否能够有效应对本控制点所面临的风险； 2. 根据抽样规则，获取监管制度、监督台账，检查是否对农民工工资发放进行监督； 3. 根据抽样规则，获取“银行进账单”，通过观察、询问，检查是否及时取得农民工工资发放银行回单，是否保持回单数量与发放人数一致，是发回单信息与实际发放信息一致

八、制度清单

（1）《中华人民共和国建筑法》（中华人民共和国主席令第二十九号）；

（2）《人力资源社会保障部 住房和城乡建设部 交通运输部 水利部 银保监会 铁路局 民航局关于印发〈工程建设领域农民工工资保证金规定〉的通知》（人社部发

〔2021〕65号）；

（3）《人力资源社会保障部等十部门关于印发〈工程建设领域农民工工资专用账户管理暂行办法〉的通知》（人社部发〔2021〕53号）；

（4）《保障农民工工资支付条例》（中华人民共和国国务院令第724号）；

（5）《住房和城乡建设部 国家发展改革委关于印发房屋建筑和市政基础设施项目工程总承包管理办法的通知》（建市规〔2019〕12号）；

（6）《住房和城乡建设部 人力资源社会保障部关于印发〈建筑工人实名制管理办法（试行）〉的通知》（建市〔2019〕18号）；

（7）《工业和信息化部 财政部关于公布国务院部门涉企保证金目录清单的通知》（工信部联运行〔2017〕236号）；

（8）《财政部 国家税务总局关于建筑服务等营改增试点政策的通知》（财税〔2017〕58号）；

（9）《财政部 国家税务总局关于全面推开营业税改征增值税试点的通知》（财税〔2016〕36号）；

（10）《中华人民共和国劳动合同法》（中华人民共和国主席令第73号）；

（11）《国家税务总局关于个人所得税偷税案件查处中有关问题的补充通知》（国税函〔1996〕602号）。

典型案例2：往来款管理

一、案例概述

（一）往来款管理

往来账款是企业在生产经营过程中因发生供销产品、提供或接受劳务而形成的债权、债务关系。它主要包括应收、应付、预收、预付、其他应收、其他应付款。其中，应收款是企业应收的销货款，即向购货方收取的款项；预付款是企业的购货款，即预先付给供货方的款项。应付款是在购销活动中由于取得与支付货款在时间上的不一致而产生的负债；预收款则是由购货方预先支付一部分货款给供应方面发生的负债。往来账款是企业收款的权利或付款的义务，往来账款管理中提供的数据是成本费用、经营成果核算中不可缺少的经济信息。加强各种往来款的管理，可有效地防止虚盈或潜亏，有利于真实地反映企业的经营成果。

（二）以应付账款工作流程为例

1. 工作环节

应收账款管理包括每月编制逾期应收账款资料、对账、催账、计提应收账款坏账准备、取证、法律诉讼、账务核销等环节。

企业应付账款管理包括供应商履约、生成暂估款、提供发票校验、支付流程、冲销暂估款生成应付账款账务处理、往来款核对、分析并对长期挂账往来款处理等环节。

2. 涉及部门职责

（1）流程维护部门：财务管理部门。

（2）主责部门：业务部门、财务管理部门。

业务部门：应收账款流程，负责制定信用政策，负责与客户及时对账，催收货款；负责分析客户信用状况及保存好催收记录；负责发起“坏账损失核销内部审批单”及台账登记。应付账款流程，负责在供应商履约后生成暂估款证，催促供应商及时提交发票，结算环节负责进行发票校验审核，并及时发起支付申请；负责对往来款的核对工作。

财务管理部门：应收账款流程，负责每月提供业务部门逾期应收账款台账；负责生成往来款分析报告；负责账务处理（计提应收账款坏账准备、核销账务处理）及台账登记。应付账款流程，负责结算环节中进行发票校验审核工作，冲销暂估款凭证生成应付账款凭证，对到货款支付申请进行审核；负责对付款指令进行审批，分析并对长期挂账往来款账务处理工作。

（3）参与部门：

审计部、监察部、法务部：负责对业务部门发起的“坏账损失核销内部审批单”进行审核。

二、流程图及说明

（一）应收账款

1. 流程图

应收账款管理流程如图 4－3 所示。

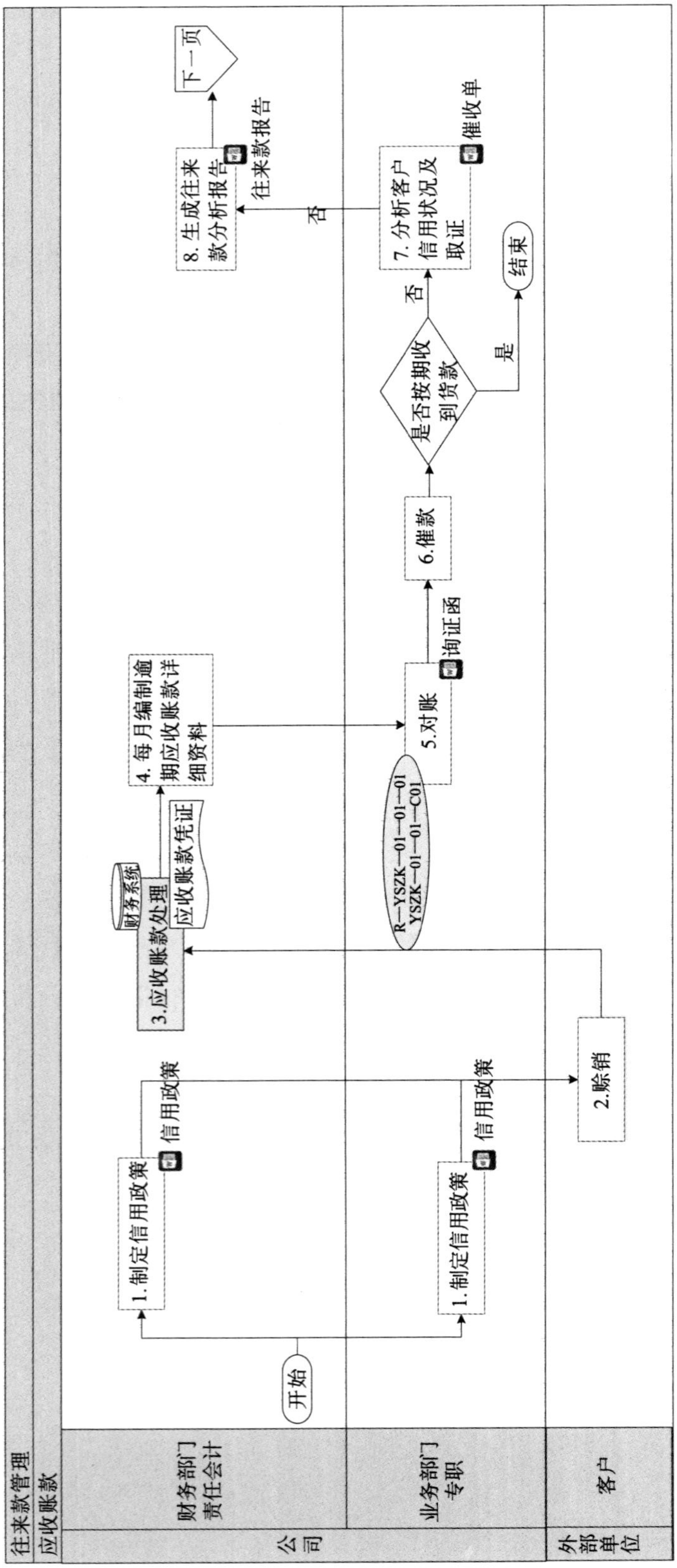

图4－3（a） 应收账款管理流程（一）

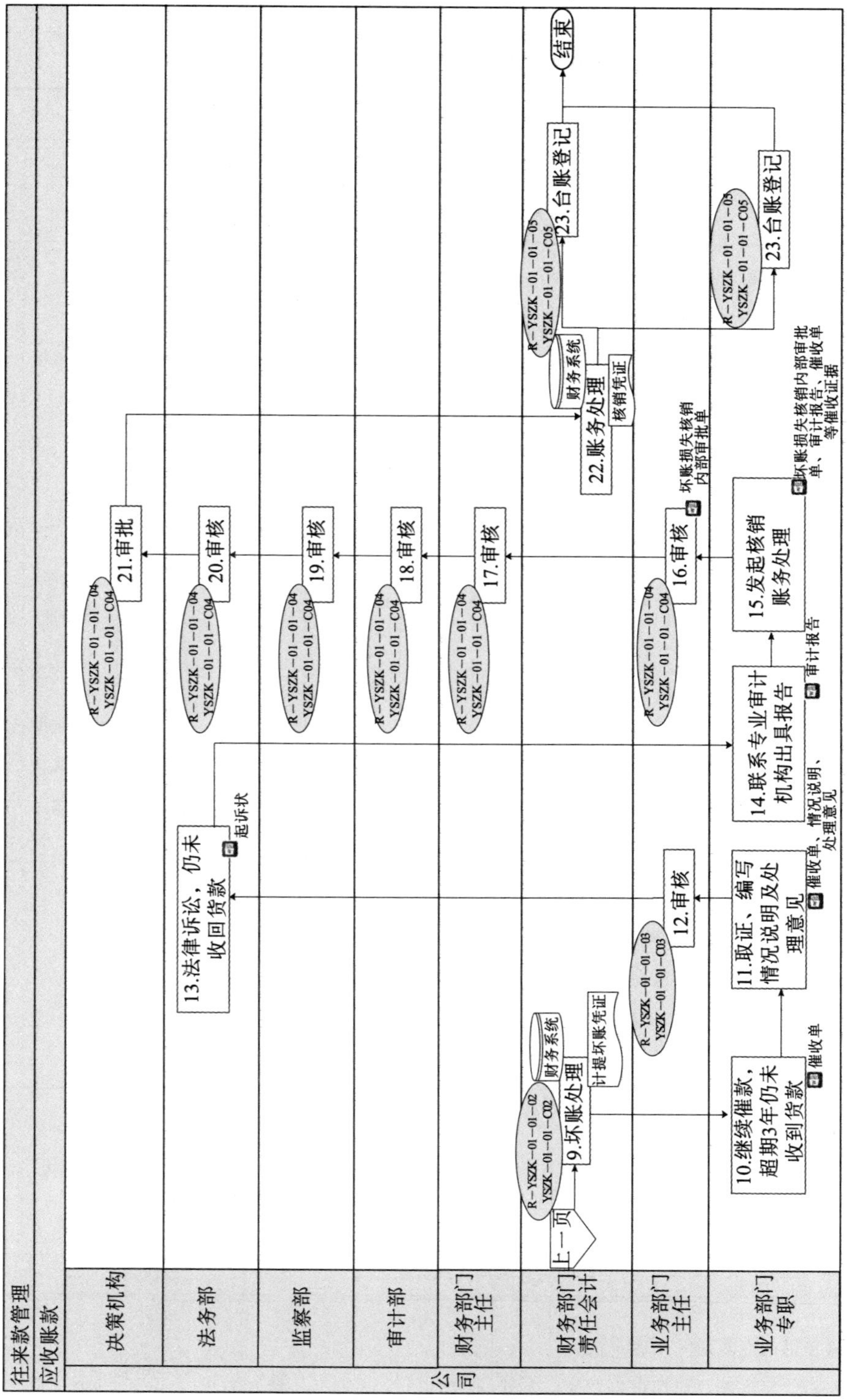

图 4－3（b）　应收账款管理流程（二）

2. 流程步骤说明

应收账款管理流程步骤说明如表4－11所示。

表4－11　　应收账款管理流程步骤说明

应收账款管理流程步骤									
步骤编号	标准流程步骤	步骤说明	涉及层级	责任部门	责任岗位	输入信息	输入信息提供者	输出信息	涉及系统
1	制定信用政策	业务部门专职与财务部门责任会计根据预期的坏账损失率作为判别标准设定信用标准，设定信用期限、折扣期限和现金折扣来制定收账政策	公司	业务部门/财务部门	专职/责任会计			信用政策	线下
2	赊销	客户赊销	公司	客户				线下	
3	应收账款处理	财务部门责任会计依据与客户的购销协议，在财务系统中制定应收账款凭证	公司	财务部门	责任会计			应收账款凭证	财务系统
4	每月编制逾期应收账款详细资料	财务部门责任会计依据月度应收账款凭证，每月导出逾期应收账款台账给业务部门	公司	财务部门	责任会计	应收账款凭证	财务部门责任会计	编制逾期应收账款台账	线下
5	对账	业务部门专职在收到逾期应收账款台账信息后与客户对账，以书面的形式如发送询证函进行核对，往来款核对每年至少进行一次	公司	业务部门	专职	编制逾期应收账款台账	财务部门责任会计	询证函	线下
6	催款	业务部门专职依据询证函，编制催款单，发送给逾期未付款客户，保存催收记录	公司	业务部门	专职	询证函	业务部门专职	催款单	线下
是否按期收到货款									
7	分析客户信用状况及取证	业务部门专职对赊销客户进行分析，并将客户信用报告及催收记录一并提供给财务部门	公司	业务部门	专职	催款单	业务部门专职	催收证据	线下

续表

应收账款管理流程步骤									
步骤编号	标准流程步骤	步骤说明	涉及层级	责任部门	责任岗位	输入信息	输入信息提供者	输出信息	涉及系统
是否按期收到货款									
8	生成往来款分析报告	财务部门责任会计根据客户信用报告、询证函及催收记录编制“往来款报告”	公司	财务部门	责任会计	催收证据	业务部门专职	往来款报告	线下
9	坏账处理	财务部门责任会计依据往来款报告，计提坏账准备，在财务系统生成计提坏账准备凭证	公司	财务部门	责任会计	往来款报告	财务部门责任会计	计提坏账准备凭证	财务系统
10	继续催款，超期3年仍未收到货款	业务部门专职对逾期仍未收回的款项进行催收，并且保存好催收记录	公司	业务部门	专职		财务部门责任会计	催款单	线下
11	取证、编写情况说明及处理意见	业务部门专职依据与客户往来款信息，编写催收单，情况说明以及处理意见	公司	业务部门	专职	催款单	业务部门专职	催收单、情况说明、处理意见	线下
12	审核	业务部门主任审核催收单、情况说明、处理意见，确保信息准确无误	公司	业务部门	主任	催收单、情况说明、处理意见	业务部门专职	催收单、情况说明、处理意见	线下
13	法律诉讼，仍未收回货款	法务部依据情况说明，处理意见编制起诉状，走法律诉讼途径，向人民法院请求保护民事权利的诉讼时效期间为三年，若客户同意履行义务，诉讼时效中断	公司	法务部		催收单、情况说明、处理意见	业务部门主任	起诉状	线下
14	联系专业审计机构出具报告	业务部门专职在法律诉讼后，仍未收回货款，联系专业审计机构出具审计报告	公司	业务部门	专职	催收单、情况说明、处理意见、起诉状	法务部、业务部门专职	审计报告	线下

续表

应收账款管理流程步骤									
步骤编号	标准流程步骤	步骤说明	涉及层级	责任部门	责任岗位	输入信息	输入信息提供者	输出信息	涉及系统
是否按期收到货款									
15	发起核销账务处理	业务部门专职在收到审计报告后，填写“坏账损失核销内部审批表”，同时将催收证据、审计报告等资料一并提交业务部门主任审核	公司	业务部门	专职	催收单、情况说明、处理意见、起诉状、审计报告	法务部、业务部门专职、专业审计机构	坏账损失核销内部审批单、审计报告、催收单等催收证据	线下
16	审核	业务部门主任审核“坏账损失核销内部审批单”、审计报告、催收单等催收证据，并出具意见	公司	业务部门	主任	坏账损失核销内部审批单、审计报告、催收单等催收证据	业务部门专职	坏账损失核销内部审批单	线下
17	审核	财务部门主任审核“坏账损失核销内部审批单”、审计报告、催收单等催收证据，并出具意见	公司	财务部门	主任	坏账损失核销内部审批单、审计报告、催收单等催收证据	业务部门主任	坏账损失核销内部审批单	线下
18	审核	审计部审核“坏账损失核销内部审批单”、审计报告、催收单等催收证据，并出具意见	公司	审计部		坏账损失核销内部审批单、审计报告、催收单等催收证据	财务部门主任	坏账损失核销内部审批单	线下
19	审核	监察部审核“坏账损失核销内部审批单”、审计报告、催收单等催收证据，并出具意见	公司	监察部		坏账损失核销内部审批单、审计报告、催收单等催收证据	审计部	坏账损失核销内部审批单	线下

续表

应收账款管理流程步骤									
步骤编号	标准流程步骤	步骤说明	涉及层级	责任部门	责任岗位	输入信息	输入信息提供者	输出信息	涉及系统
是否按期收到货款									
20	审核	法务部审核“坏账损失核销内部审批单”、审计报告、催收单等催收证据，并出具意见	公司	法务部		坏账损失核销内部审批单、审计报告、催收单等催收证据	监察部	坏账损失核销内部审批单	线下
21	审核	决策机构审核“坏账损失核销内部审批单”、审计报告、催收单等催收证据，并出具意见	公司	决策机构		坏账损失核销内部审批单、审计报告、催收单等催收证据	法务部	坏账损失核销内部审批单	线下
22	账务处理	责任会计在坏账损失核销审批通过后，在财务系统中进行坏账核销账务处理，并编制核销凭证	公司	财务部门	责任会计	坏账损失核销内部审批单	决策机构	核销凭证	财务系统
23	台账登记	业务部门专职与财务部门专责对已经财务核销，但尚未形成最终事实损失的应收款项，应设置财务及业务双备查台账作为账销案存资产管理。账销案存的应收款项，在经过催收收回后，应严格按照企业会计准则规定入账处理	公司	业务部门/财务部门	专职/责任会计	核销凭证	财务部门责任会计	台账	线下

（二）应付账款

1. 流程图

应付账款管理流程如图 4－4 所示。

2. 流程步骤说明

应付账款管理流程步骤说明如表 4－12 所示。

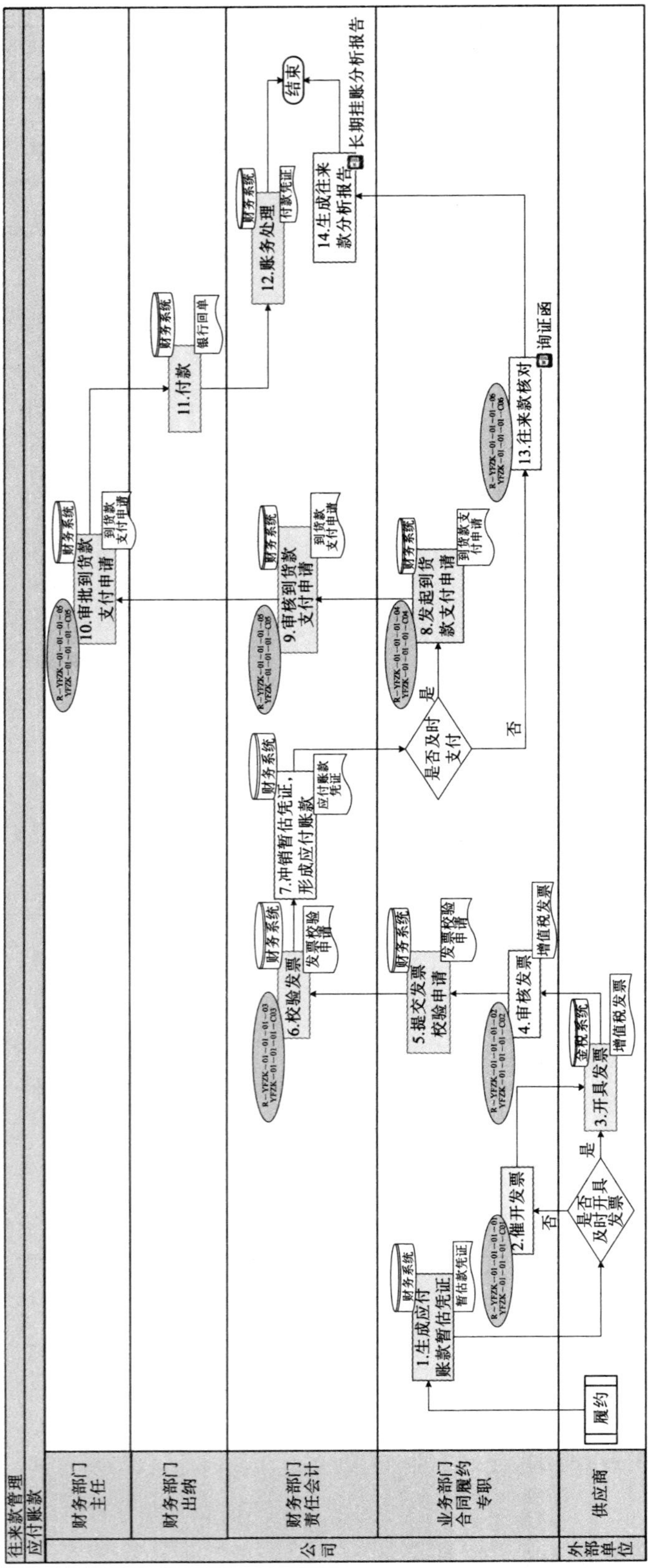

图 4－4 应付账款管理流程

表 4-12 应付账款管理流程步骤说明

应付账款管理流程步骤									
步骤编号	标准流程步骤	步骤说明	涉及层级	责任部门	责任岗位	输入信息	输入信息提供者	输出信息	涉及系统
履约									
1	生成应付账款暂估凭证	供应商履约后，业务部门合同履约专职根据收获情况自动生成应付暂估款凭证	公司	业务部门	合同履约专职	到货情况	业务部门	暂估款凭证	财务系统
2	催开发票	对于未及时开具增值税发票的，业务部门通知供应商尽快开具增值税发票	公司	业务部门	合同履约专职	到货情况	业务部门		线下
3	开具发票	供应商根据结算预约单开具同等金额的发票	外部单位	供应商				增值税发票	金税系统
4	审核发票	业务部门审核发票，并登记	公司	业务部门	合同履约专职	增值税发票	供应商	增值税发票	线下
5	提交发票校验申请	业务部门合同履约专职在财务系统平台提交发票校验申请	公司	业务部门	合同履约专职	增值税发票	业务部门合同履约专职	发票校验申请	财务系统
6	校验发票	财务部责任会计在财务系统中进行发票校验审核	公司	财务部门	责任会计	发票校验申请	业务部门合同结算专职	发票校验申请	财务系统
7	冲销暂估凭证，形成应付账款凭证	发票校验完成后，财务部门责任会计冲销暂估凭证，生成应付账款凭证	公司	财务部门	责任会计	发票校验申请	财务部门责任会计	应付账款凭证	财务系统
是否及时支付									
8	发起到货款支付申请	发起到货款支付申请	公司	业务部门	合同履约专职	发票校验申请	财务部门责任会计	到货款支付申请	财务系统
9	审核到货款支付申请	财务部责任会计在财务系统中对到货款支付申请进行审核	公司	财务部门	责任会计	到货款支付申请	业务部门合同履约专职	到货款支付申请	财务系统
10	审核到货款支付申请	财务部门主任在财务系统中对到货款支付申请进行审核	公司	财务部门	主任	到货款支付申请	财务部门责任会计	到货款支付申请	财务系统
11	发送付款指令	财务部门出纳根据财务部门主任审批完成后及时发起付款	公司	财务部门	出纳	到货款支付申请	财务部门主任	银行回单	财务系统

续表

应付账款管理流程步骤									
步骤编号	标准流程步骤	步骤说明	涉及层级	责任部门	责任岗位	输入信息	输入信息提供者	输出信息	涉及系统
是否及时支付									
12	账务处理	财务部门责任会计清账处理	公司	财务部门	责任会计	银行回单	财务部门出纳	付款凭证	财务系统
13	往来款核对	业务部门对各种应收、应付款项应采用书面函证等方法与有关债务、债权单位或者个人核对，其中与外部债权、债务单位或者个人之间的往来款项核对每年至少进行一次，对账结果应形成询证函、对账确认书等书面材料	公司	业务部门	合同履约专职			询证函	线下
14	往来款分析	财务部门责任会计核对长期挂账往来款并分析原因	公司	财务部门	责任会计	询证函	财务部门责任会计	长期挂账分析报告	线下

三、风险清单

往来款管理风险清单如表 4－13 所示。

表 4－13　往来款管理风险清单

序号	环节名称	风险点	风险点编号
1	对账	业务部门未以书面的形式如询证函进行对账，对于差异未及时找明原因，导致应收账款无法收回	R—YSZK—01—01—01
2	坏账计提	坏账计提金额不准确，未根据公司相关财务政策计提坏账准备，导致财务错报风险	R—YSZK—01—01—02
3	催账	业务部门催账未保留催收证据，导致法律诉讼风险	R—YSZK—01—01—03
4	账务核销	账务核销未履行审批程序，凭证附件不完整，导致销账程序不规范	R—YSZK—01—01—04
5	账销案存	销案存备查登记簿登记不全，存在私下交易、个人从中获利情况，给公司带来经济损失	R—YSZK—01—01—05
6	提交并校验发票	供应商未及时开具增值税发票，导致无法办理到货款支付流程	R—YFZK—01—01—01
7		未认真核对取得的发票，致使收到不符合规定的发票，导致后续发生合同纠纷，或增值税进项税无法抵扣、企业所得税无法税前扣除，给公司带来经济损失	R—YFZK—01—01—02
8		发票信息不准确、不完整，导致税务风险	R—YFZK—01—01—03

续表

序号	环节名称	风险点	风险点编号
9	支付流程	未及时发起到货款支付申请，超过货物交付之日起60天，违反《保障中小企业款项支付条例》，造成法律风险	R—YFZK—01—01—04
10		资金支付申请金额、时间安排不合理，与提交的付款依据不相符	R—YFZK—01—01—05
11		资金支付指令未经审核	R—YFZK—01—01—06
12	往来款核对	各种应收、应付款项应采用书面函证等方法与有关债务、债权单位或者个人核对，其中与外部债权、债务单位或者个人之间的往来款项核对每年至少进行一次，对账结果应形成询证函、对账确认书等书面材料	R—YFZK—01—01—07

四、内控矩阵

（1）应收账款管理内控矩阵如表4－14所示。

表4－14　　应收账款管理内控矩阵

应收账款管理内控矩阵						
步骤编号	风险点编号	风险点描述	控制点编号	控制点描述	手工/IT/手工依赖IT控制	控制频率
5	R—YSZK—01—01—01	业务部门未以书面的形式如发送询证函进行对账，对于差异未及时找明原因，导致应收账款无法收回	YSZK—01—01—C01	各种应收、应付款项应采用书面函证等方法与有关债务、债权单位或者个人核对，其中与外部债权、债务单位或者个人之间的往来款项核对每年至少进行一次，对账结果应形成询证函、对账确认书等书面材料，对于差异要及时找明原因，确保应收账款及时收回	手工控制	不定期
9	R—YSZK—01—01—02	坏账计提金额不准确，未根据公司相关财务政策计提坏账准备，导致财务错报风险	YSZK—01—01—C02	对采用账龄分析法计提坏账准备的应收款项，应保证账龄的准确性，保证坏账准备计提依据充分	手工控制	不定期
12	R—YSZK—01—01—03	业务部门催账未保留催收证据，导致法律诉讼风险	YSZK—01—01—C03	催收应保留催收证据，向人民法院请求保护民事权利的诉讼时效期间为三年	手工控制	不定期
16—21	R—YSZK—01—01—04	账务核销未履行审批程序，凭证附件不完整，导致销账程序不规范	YSZK—01—01—C04	应严格审批账务核销附件，包括：《坏账损失核销内部审批单》、审计报告、催收单等催收证据	手工控制	不定期

续表

应收账款管理内控矩阵						
步骤编号	风险点编号	风险点描述	控制点编号	控制点描述	手工/IT/手工依赖IT控制	控制频率
23	R—YSZK—01—01—05	销案存备查登记簿登记不全，存在私下交易、个人从中获利情况，给公司带来经济损失	YSZK—01—01—C05	业务部门专职与财务部门专责对已经财务核销，但尚未形成最终事实损失的应收款项，应设置财务及业务双备查台账作为账销案存资产管理。账销案存的应收款项，在经过催收收回后，应严格按照企业会计准则规定入账处理	手工控制	不定期

（2）应付账款管理内控矩阵如表4－15所示。

表4－15　　应付账款管理内控矩阵

应付账款管理内控矩阵						
步骤编号	风险点编号	风险点描述	控制点编号	控制点描述	手工/IT/手工依赖IT控制	控制频率
2	R—YFZK—01—01—01	供应商未及时开具增值税发票，导致无法办理到货款支付流程	YFZK—01—01—C01	对于未及时开具增值税发票的，供应商服务中心前台通知供应商尽快开具增值税发票	手工控制	不定期
4	R—YFZK—01—01—02	未认真核对取得的发票，致使收到不符合规定的发票，导致后续发生合同纠纷，或增值税进项税无法抵扣、企业所得税无法税前扣除，给公司带来经济损失	YFZK—01—01—C02	应对供应商提交的发票信息进行以下形式和实质审核： （一）审核取得发票类型是否符合规定； （二）登录全国增值税发票查验平台查验发票真伪； （三）审核发票要素完整性，包括发票监制章、购买方相关信息栏、货物或应税劳务服务名称栏、税率栏、备注栏、发票专用章、销货清单等是否完整、正确并符合业务实质； （四）审核发票的开票日期、开票金额等是否与合同或协议、结算单、审批单等资料一致	手工控制	不定期

续表

应付账款管理内控矩阵						
步骤编号	风险点编号	风险点描述	控制点编号	控制点描述	手工/IT/手工依赖IT控制	控制频率
6	R—YFZK—01—01—03	发票信息不准确、不完整，导致不得抵扣的税务风险	YFZK—01—01—C03	应结合入库单、采购订单和合同等对发票信息进行校验，主要关注发票金额、发票日期、发票数量、发票编号、供应商名称等发票信息是否完整，发票、入库单和采购订单上相关物资的金额和数量是否一致，价款、进项税额填写是否正确	手工依赖IT控制	不定期
8	R—YFZK—01—01—04	未及时发起到货款支付申请，超过货物交付之日起60天，违反《保障中小企业款项支付条例》，造成法律风险	YFZK—01—01—C04	及时发起到货款支付申请，不得超过货物交付之日起60天	IT控制	不定期
9/10	R—YFZK—01—01—05	资金支付申请金额、时间安排不合理，与提交的付款依据不相符	YFZK—01—01—C05	应对支付申请单及到货交接单等付款依据进行审核，主要关注付款依据是否齐全，是否满足预算需求，是否符合付款条件等	手工依赖IT控制	不定期
13	R—YFZK—01—01—06	各种应收、应付款项应采用书面函证等方法与有关债务、债权单位或者个人核对，其中与外部债权、债务单位或者个人之间的往来款项每年未进行一次核对，对账结果未形成询证函、对账确认书等书面材料	YFZK—01—01—C06	各种应收、应付款项应采用书面函证等方法与有关债务、债权单位或者个人核对，其中与外部债权、债务单位或者个人之间的往来款项核对每年至少进行一次，对账结果应形成询证函、对账确认书等书面材料	手工控制	每年

五、底线清单

往来款管理底线清单如表4－16所示。

表 4-16 往来款管理底线清单

底线清单编号	底线清单名称	底线清单标准	制度依据	正面清单/负面清单
DX—YFZK—01	及时发起到货款支付申请，支付时间不得超过货物交付之日起60天	机关、事业单位从中小企业采购货物、工程、服务，应当自货物、工程、服务交付之日起30日内支付款项；合同另有约定的，付款期限最长不得超过60日	《保障中小企业款项支付条例》第八条	负面清单
DX—YFZK—02	各种应收、应付款项应采用书面函证等方法与有关债务、债权单位或者个人核对，其中与外部债权、债务单位或者个人之间的往来款项核对每年至少进行一次，对账结果应形成询证函、对账确认书等书面材料	各单位应当定期将会计账簿记录与实物、款项及有关资料相互核对，保证会计账簿记录与实物及款项的实有数额相符、会计账簿记录与会计凭证的有关内容相符、会计账簿之间相对应的记录相符、会计账簿记录与会计报表的有关内容相符	《中华人民共和国会计法》第十七条	正面清单

六、主要表单格式

往来款管理主要表单包括往来款项询证函、坏账损失核销内部审批单、应付款项处置内部审批单、应付暂估款挂账3个月以上情况备案表等。

（一）往来款项询证函

往来单位名称：

根据我公司往来款项管理要求，需定期与客户、供应商核对往来款项挂账一致性，请贵公司配合我们工作。以下是我公司与贵公司往来挂账情况，如与贵公司记录相符，请在本函下端“信息证明无误”处签章证明；如有不符，请在“信息不符”处列明不符项目。如存在与我公司有关的未列入本函的其他项目，也请在“其他事项”处列出这些项目的金额及详细资料。

回函联系人： 电话：

回函地址： 邮编：

1. 我公司与贵单位往来账项列示如下：

金额单位：元

截止日期	我公司挂账科目	贵公司欠	欠贵公司	备注

2. 其他事项。

本函仅为复核账目用，并非催款结算。

结论：

1. 信息证明无误。 （负责对账部门盖章） 年　月　日 经办人：	2. 信息不符，请列明不符项目及具体内容。 （负责对账部门盖章） 年　月　日 经办人：

（二）坏账损失核销内部审批单

坏账损失核销内部审批单参考格式如表4－17所示。

表4－17　　　　坏账损失核销内部审批单

业务经办部门：　　　　　　　　　　　　　　　　经办人：

债务方单位名称	款项性质	账面余额	已提坏账准备金额	鉴证报告文号
核销依据（逐笔说明）		（相关依据材料另附）		
本单位审计部门审核意见			签字	
			日期	

续表

本单位监察部门审核意见			签字	
			日期	
本单位法律部门审核意见			签字	
			日期	
本单位财务部门处理意见			签字	
			日期	
本单位总经理办公会审批意见			签字	
			日期	

（三）应付款项处置内部审批单

应付款项处置内部审批单参考格式如表4－18所示。

表4－18　　　　应付款项处置内部审批单

业务经办部门：　　　　　　　　　　　　　　　　　　经办人：

债权方单位名称	款项性质	账龄	处置金额	处置原因简述
小计				
合计				
处置依据（逐笔或分类说明）	（相关依据材料另附）			

续表

本单位财务部门处理意见		签字	
		日期	
本单位总经理办公会审批意见		签字	
		日期	

（四）应付暂估款挂账3个月以上情况备案表

应付暂估款挂账3个月以上情况备案表参考格式如表4－19所示。

表4－19　　应付暂估款挂账3个月以上情况备案表

序号	维度	暂估款金额	挂账原因说明
一	物资暂估款		
1			
2			
二	商旅服务暂估款		
1			
2			
三	其他服务暂估款		
1			
2			
四	工程暂估款		
1			
2			
	合计		

七、评价手册

往来款管理内部控制评价手册如表4－20所示。

表 4-20 往来款管理内部控制评价手册

末级流程名称	控制点编号	控制点	控制描述	评价标准编号	评价标准	标准测试程序
应收账款管理	YSZK—01—01—C02	坏账准备计提准确且依据充分	会计负责人审核坏账计提表，确保计提的原因完整，金额准确；确保应收款项按个别计提法及账龄分析法进行适当的账龄分析，并根据公司相关财务政策计提坏账准备	YSZK—01—01—01—PJ 01	确保应收账款账龄准确，计提坏账准备金额准确、依据充分	1. 访谈了财务部××员工，了解实际业务操作是否符合控制标准的要求，是否能够有效应对本控制点所面临的风险； 2. 根据抽样规则，对采用账龄分析法计提坏账准备的应收款项，获取应收账款、其他应收款等债权发生的会计凭证，检查账龄的准确性，检查是否存在调节账龄的方式为人为调节坏账准备、利润的情况；对采用个别认定法计提坏账准备的应收款项，对比分析本年度与上年度坏账准备计提变动，检查坏账准备计提依据是否充分，债务方经营状况是否已经发生改变或公司是否已经与债务方达成债务重组协议等，是否履行审批程序；对不计提坏账准备的应收款项，检查依据是否充分，是否符合会计政策； 3. 检查是否完整记录坏账准确转回情况，检查转回的依据是否充分、合理，金额是否准确，是否履行审批程序
	YSZK—01—01—C04	核销账务依据充分	核销账务应确保附件依据充分，包括“坏账损失核销内部审批单”、审计报告、催收单等催收证据	YSZK—01—01—01—PJ 02	保证核销应收账款账务的准确性，依据充分	检查“坏账损失核销内部审批单”、审计报告、催收单等催收证据，检查核销依据是否充分，账务处理是否符合会计规定

续表

末级流程名称	控制点编号	控制点	控制描述	评价标准编号	评价标准	标准测试程序
应收账款管理	YSZK—01—01—C05	账销案存已登记、程序合规、有相关管理措施	（1）需处置的账销案存资产损失已进行认真剖析，对其清理和追索的工作安排要合理，工作情况报告要完整真实； （2）对账销案存资产的损失发生原因和清理追索工作的证据材料要充足； （3）不存在擅自对账销案存资产进行销案的行为； （4）不存在账销案存资产处理过程中进行私下交易、个人从中获利，将账销案存资产恶意低价出售或无偿被其他单位、个人占有，对账销案存资产的追索及变现收入不入账，私设“小金库”或私分、侵吞等行为	YSZK—01—01—01—PJ 03	确保账销案存备查登记簿真实、准确	（1）检查资产账销案存备查登记簿，查看账销案存的新增、处置、销案事项是否履行审批程序；检查已核销的各项损失，是否按规定作账销案存登记；对已核销后又收回的各项损失检查账务处理是否准确；检查是否存在擅自对账销案存资产进行销案的行为；询问相关人员账销案存资产的后续管理工作，确认是否已制定相应措施继续追缴； （2）检查是否存在账销案存资产处理过程中进行私下交易、个人从中获利，将账销案存资产恶意低价出售或无偿被其他单位、个人占有，对账销案存资产的追索及变现收入不入账，私设“小金库”或私分、侵吞等行为
应付账款管理	YFZK—01—01—C04～06	对账及时，到货款支付及时	（1）各种应收、应付款项应采用书面函证等方法与有关债务、债权单位或者个人核对，其中与外部债权、债务单位或者个人之间的往来款项核对每年至少进行一次，对账结果应形成询证函、对账确认书等书面材料； （2）及时发起到货款支付申请，不得超过货物交付之日起60天	YFZK—01—01—01—PJ 01	业务部门及时对账，及时支付	（1）检查各种应付款项是否采用书面函证等方法与有关债权单位或者个人核对，其中与外部债权或者个人之间的往来款项核对每年至少进行一次，对账结果应形成询证函、对账确认书等书面材料； （2）检查是否及时发起到货款支付申请，检查支付时间是否超过货物交付之日起60天或超期60天仍挂账行为，是否违反《保障中小企业款项支付条例》

八、制度清单

（1）《中华人民共和国民法典》；

（2）《中华人民共和国会计法》；

（3）《企业会计准则》；

（4）《保障中小企业款项支付条例》。

典型案例3：企业所得税汇算清缴

一、案例概述

（一）汇算清缴

企业所得税汇算清缴，是指纳税人自纳税年度终了之日起5个月内或实际经营终止之日起60日内，依照税收法律、法规、规章的规定，自行计算本纳税年度应纳税所得额和应纳所得税额，根据月度或季度预缴企业所得税的税额，确定该纳税年度应补或者应退税额，并填写企业所得税年度纳税申报表，向主管税务机关办理企业所得税年度纳税申报，应税务机关要求同时提供相关资料、结清全年企业所得税税款的行为。

（二）工作流程

1. 工作环节

企业所得税汇算清缴工作包括预缴、招投标、合同签订、预审、终审、汇审、备案、申报、退（补）税、资料留存备查、质量考评等环节。

2. 涉及部门职责

（1）流程维护部门：省公司财务资产部。

（2）主责部门：省公司、地市公司、县公司财务部，负责省公司、地市公司、县公司的税务报表及相关资料编制、审核及上报工作。

（3）参与部门：

①发展策划部门负责提供330千伏以上跨省及长度超过200千米的交流输变电新

建项目和500千伏以上直流输变电新建项目、农网新建输变电项目的批准文件（综合计划）、可研报告；

②建设部门负责提供上述①所述项目的完工验收报告、符合《公共基础设施项目企业所得税优惠目录》规定范围、条件和标准的情况说明及证据资料、项目权属变动情况及转让方已享受优惠情况的说明及证明资料（优惠期间项目权属发生变动的）；

③物资部门（招投标管理中心）负责提供购买并自身投入使用的环境保护、节能节水、安全生产专用设备清单及发票等资料；

④设备管理部门负责提供上述③专用设备属于《环境保护专用设备企业所得税优惠目录》《节能节水专用设备企业所得税优惠目录》或《安全生产专用设备企业所得税优惠目录》中的具体项目的说明；

⑤科技部门负责提供自主、委托、合作研究开发项目计划书，项目立项的决议文件，研发专门机构或项目组的编制情况和研发人员名单，经科技行政主管部门登记的委托、合作研究开发项目的合同等资料；

⑥人力资源部门（社保中心）负责提供残疾人员按月足额缴纳基本养老保险、基本医疗保险、失业保险、工伤保险和生育保险等社会保险记录等资料；招用自主就业退役士兵的，提供退役证、劳动合同、社保缴纳记录和工作时间表；

⑦党委组织部门（人事董事部门）负责提供依法与安置的每位残疾人签订了1年以上（含1年）的劳动合同、残疾职工名单、身份证复印件和“残疾人证”或“残疾军人证”复印件等资料。

二、流程图及说明

（一）预缴环节

1. 流程图

企业所得税预缴环节流程如图4－5所示。

2. 流程步骤说明

企业所得税预缴环节流程步骤说明如表4－21所示。

（二）汇算清缴环节

1. 流程图

企业所得税汇算清缴环节流程如图4－6所示。

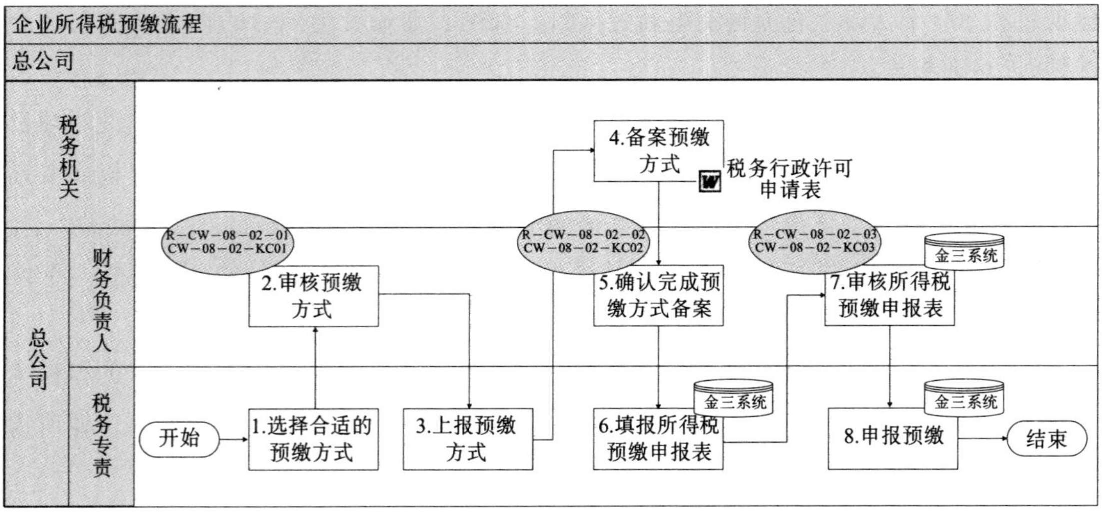

图 4-5 企业所得税预缴环节流程

表 4-21 企业所得税预缴环节流程步骤说明

步骤编号	标准流程步骤	步骤说明	涉及层级	责任部门	责任岗位	输入信息	输入信息提供者	输出信息	涉及系统
1	选择合适的预缴方式	税务专责在3月初选择合适的预缴方式	总公司	财务部	税务专责				线下
2	审核预缴方式	财务负责人3月中旬审核预缴方式	总公司	财务部	财务负责人				线下
3	上报预缴方式	税务专责在3月底前上报预缴方式	总公司	财务部	税务专责				线下
4	备案预缴方式	税务专责在3月底前到主管税务机关纸质报备预缴方式	总公司	财务部	税务专责	税务行政许可申请表	税务专责	税务行政许可申请表	线下
5	确认完成预缴方式备案	财务负责人确认税务专责在3月底前完成到主管税务机关纸质报备预缴方式	总公司	财务部	财务负责人				线下
6	填报所得税预缴申报表	税务专责每个季度第3个月申报期内在金三系统中填写企业所得税月（季）度预缴纳税申报表	总公司	财务部	税务专责	企业所得税季报申报表	税务专责	企业所得税季报申报表	金三
7	审核所得税预缴申报表	财务负责人在金三系统中审核企业所得税月（季）度预缴纳税申报表	总公司	财务部	财务负责人	企业所得税季报申报表	税务专责	企业所得税季报申报表	金三
8	申报预缴	税务专责每个季度第3个月申报期内在金三系统中填写企业所得税月（季）度预缴纳税申报表	总公司	财务部	税务专责	企业所得税季报申报表	税务专责	企业所得税季报申报表	金三

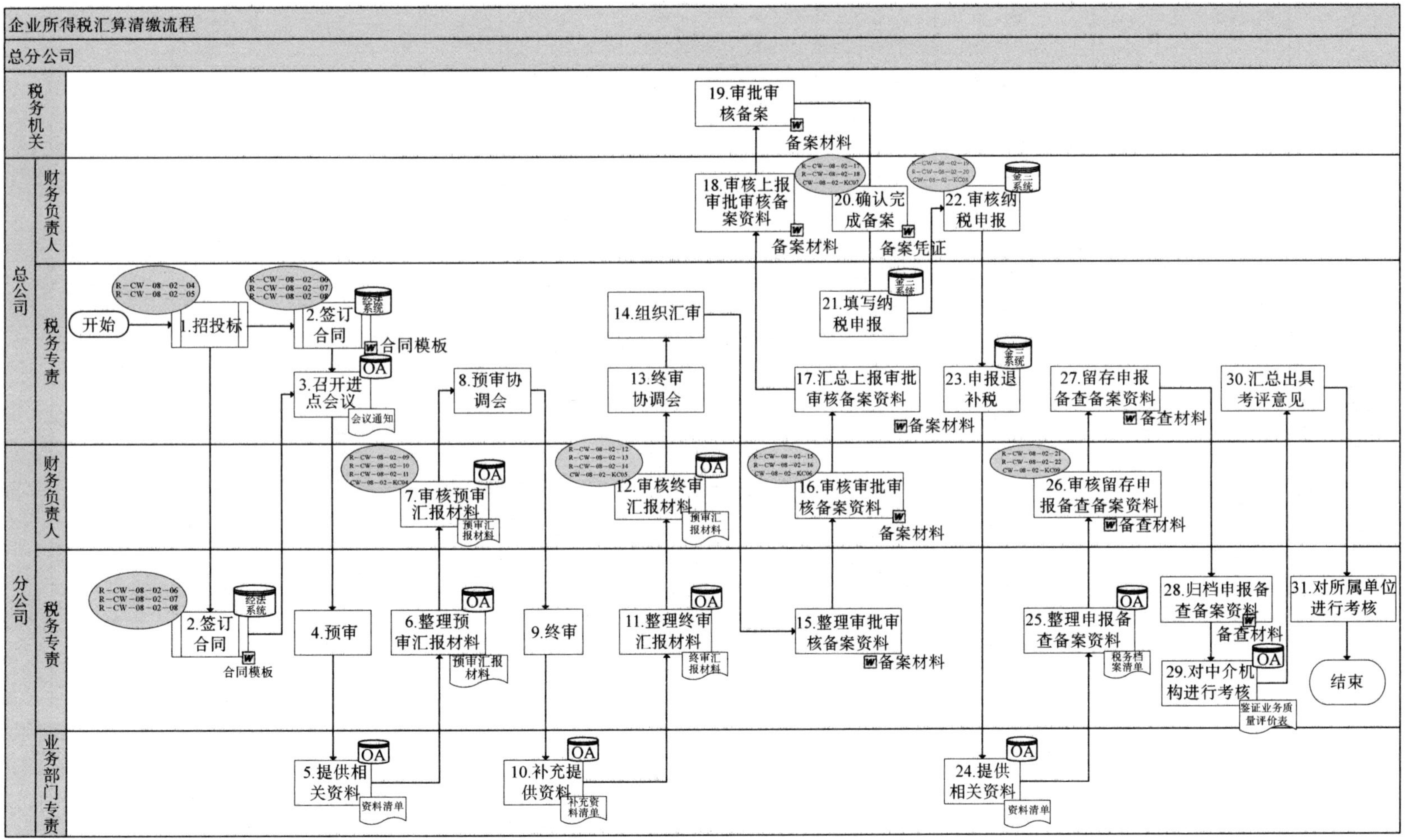

图 4－6 企业所得税汇算清缴环节流程

2. 流程步骤说明

企业所得税汇算清缴环节流程步骤如表4－22所示。

表4－22　企业所得税汇算清缴环节流程步骤

步骤编号	标准流程步骤	步骤说明	涉及层级	责任部门	责任岗位	输入信息	输入信息提供者	输出信息	涉及系统
1	招投标	税务专责启动招投标流程，根据招标部门的要求，提供相应的招投标资料	总公司	财务部	税务专责				线下
2	签订合同	税务专责根据中标结果，与中标中介机构签订《企业所得税汇算清缴委托服务合同》	总公司 分公司	财务部	税务专责	《企业所得税汇算清缴委托服务合同》	税务专责	《企业所得税汇算清缴委托服务合同》	经法
3	召开进点会议	税务专责向所有被审单位下发《进点会议通知》，并安排召开预审进点会议	总公司	财务部	税务专责	《进点会议通知》	税务专责	《进点会议通知》	OA
4	预审	税务专责根据进点会议的要求通知各中介机构进点开展预审工作	分公司	财务部	税务专责				线下
5	提供相关资料	业务部门专责根据预审要求和资料清单提供所需资料	分公司	业务部	业务部门专责	资料清单	税务专责	相关资料	OA 线下
6	整理预审汇报材料	税务专责将预审过程中发现的问题、难点、争议点进行归纳整理，形成汇报材料	分公司	财务部	税务专责	预审汇报材料	税务专责	预审汇报材料	OA
7	审核预审汇报材料	财务负责人对预审汇报材料进行审核	分公司	财务部	财务负责人	预审汇报材料	税务专责	预审汇报材料	OA
8	预审协调会	税务专责安排召开预审协调会，对预审过程发现的问题、难点、争议点的处理统一口径和方法	总公司	财务部	税务专责				线下
9	终审	税务专责通知各中介机构进点开展终审工作	分公司	财务部	税务专责				线下
10	补充提供资料	业务部门专责根据终审要求和补充资料清单提供所需资料	分公司	业务部	业务部门专责	补充资料清单	税务专责	相关资料	OA 线下

续表

步骤编号	标准流程步骤	步骤说明	涉及层级	责任部门	责任岗位	输入信息	输入信息提供者	输出信息	涉及系统
11	整理终审汇报材料	税务专责将终审过程中发现的问题、难点、争议点进行归纳整理，形成汇报材料	分公司	财务部	税务专责	终审汇报材料	税务专责	终审汇报材料	OA
12	审核终审汇报材料	财务负责人对终审汇报材料进行审核	分公司	财务部	财务负责人	终审汇报材料	税务专责	终审汇报材料	OA
13	终审协调会	税务专责安排召开终审协调会，对终审过程发现的问题、难点、争议点的处理统一口径和方法	总公司	财务部	税务专责				线下
14	组织汇审	税务专责开展组织汇审工作，所有被审单位在规定时间年内参加汇审	总公司	财务部	税务专责				线下
15	整理审批审核备案资料	税务专责根据税法规定，结合汇审情况，整理审批审核备案资料	分公司	财务部	税务专责				线下
16	审核审批审核备案资料	财务负责人对审批审核备案资料进行审核	分公司	财务部	财务负责人				线下
17	汇总上报审批审核备案资料	税务专责汇总各被审单位上报的审核备案资料	总公司	财务部	税务专责				线下
18	审核上报审批审核备案资料	财务负责人审核汇总后的审核备案资料	总公司	财务部	财务负责人				线下
19	审批审核备案	管理员对备案材料进行审批审核	税务机关	税管科	管理员				线下
20	确认完成备案	财务负责人确认完成备案	总公司	财务部	财务负责人				线下
21	填写纳税申报	税务专责在金三系统中填写企业所得税年度纳税申报表	总公司	财务部	税务专责				金三
22	审核纳税申报	财务负责人在金三系统中填写企业所得税年度纳税申报表	总公司	财务部	财务负责人				金三

续表

步骤编号	标准流程步骤	步骤说明	涉及层级	责任部门	责任岗位	输入信息	输入信息提供者	输出信息	涉及系统
23	申报退补税	税务专责申报企业所得税年度纳税申报表，进行退补税	总公司	财务部	税务专责				金三
24	提供相关资料	业务部门专责根据税法规定和资料清单，提供备查备案相关资料	分公司	业务部	业务部门专责	资料清单	税务专责	相关资料	OA 线下
25	整理申报备查备案资料	税务专责整理备查备案资料	分公司	财务部	税务专责				OA 线下
26	审核留存申报备查备案资料	财务负责人对留存申报备查备案资料进行审核	分公司	财务部	财务负责人				线下
27	留存申报备查备案资料	税务专责留存备查备案资料一份	总公司	财务部	税务专责				线下
28	归档申报备查备案资料	税务专责归档申报备查备案资料	分公司	财务部	税务专责				线下
29	对中介机构进行考核	税务专责对中介机构的企业所得税汇算清缴委托服务质量进行考核	分公司	财务部	税务专责				线下
30	汇总出具考评意见	税务专责汇总各被审单位上报的考核意见，出具整体考评意见	总公司	财务部	税务专责	考核意见	税务专责	考核意见	OA
31	对所属单位进行考核	税务专责对所属单位企业所得税汇算清缴工作进行考核	分公司	财务部	税务专责				线下

三、风险清单

企业所得税汇算清缴风险清单如表 4－23 所示。

表 4－23 企业所得税汇算清缴风险清单

序号	环节名称	风险点	风险点编号
1	预缴	（1）未统筹考虑各方面因素，致使预缴方式选择不当，导致对公司现金流带来不利影响	R—CW—08—02—01
		（2）未在当年第一季度向主管税务机关备案，致使公司无法享受合适的预缴方式，导致对公司现金流带来不利影响	R—CW—08—02—02
		（3）预缴时未应享尽享税收优惠政策，导致对公司现金流带来不利影响	R—CW—08—02—03
2	预审	（1）未按规定时间进场开展预审工作	R—CW—08—02—04
		（2）预审工作流于形式，未能发现存在的问题	R—CW—08—02—05
		（3）预审资料准备不全，无法按时顺利开展预审工作	R—CW—08—02—06
3	终审	（1）未按规定时间开展终审工作	R—CW—08—02—07
		（2）对预审存在的问题整改不到位，导致公司多缴税款	R—CW—08—02—08
		（3）未在终审前取得计提成本费用的合法票据，致使无法税前扣除，对公司现金流带来不利影响	R—CW—08—02—09
4	汇审	（1）纳税调整事项存在漏调、误调或调整错误的情形	R—CW—08—02—10
		（2）税收优惠及资产损失等税务备查备案资料缺失或错误，影响备案手续正常办理，导致税务检查存在风险	R—CW—08—02—11
5	备案	（1）未在 5 月 30 日前完成主管税务机关备案手续	R—CW—08—02—12
		（2）未取得备案凭证	R—CW—08—02—13
6	申报	（1）未在规定时间内申报，致使逾期申报，产生滞纳金，导致对公司现金流带来不利影响	R—CW—08—02—14
		（2）申报数据不准确，致使变更申报，产生补缴税金和滞纳金，导致对公司现金流带来不利影响	R—CW—08—02—15
7	资料留存备查	（1）不属于资料留存备查项目，导致税务检查存在风险	R—CW—08—02—16
		（2）留存备查资料缺失或错误，导致税务检查存在风险	R—CW—08—02—17

四、内控矩阵

企业所得税汇算清缴内控矩阵如表 4－24 所示。

表 4－24 企业所得税汇算清缴内控矩阵

步骤编号	风险点编号	风险点描述	控制点编号	控制点描述	控制方式	控制频率
2	R—CW—08—02—01	未统筹考虑各方面因素，致使预缴方式选择不当，导致对公司现金流带来不利影响	CW—08—02—KC01	财务负责人审核预缴方式	手工控制	每年

续表

步骤编号	风险点编号	风险点描述	控制点编号	控制点描述	控制方式	控制频率
4	R—CW—08—02—02	未在当年第一季度向主管税务机关备案，致使公司无法享受合适的预缴方式，导致对公司现金流带来不利影响	CW—08—02—KC02	财务负责人确认按时完成预缴方式备案	手工控制	每年
7	R—CW—08—02—03	预缴时未应享尽享税收优惠政策，导致给公司现金流带来不利影响	CW—08—02—KC03	财务负责人审查所得税预缴申报表	手工控制	每年
9	R—CW—08—02—04	设置招标条件不合规，导致招标结果无效			手工控制	每年
	R—CW—08—02—05	招标程序不合规，导致招标结果无效			手工控制	每年
10	R—CW—08—02—06	未在中标通知书发出后 30 天内签订合同			手工控制	每年
	R—CW—08—02—07	签订合同未经内部审核流程			手工控制	每年
	R—CW—08—02—08	合同条款未约定或约定不明，给公司利益带来不利影响			手工控制	每年
15	R—CW—08—02—09	未按规定时间进场开展预审工作	CW—08—02—KC04	财务负责人监督预审工作、审核预审汇报材料	手工控制	每年
	R—CW—08—02—10	预审工作流于形式，未能发现存在的问题			手工控制	每年
	R—CW—08—02—11	预审资料准备不全，无法按时顺利开展预审工作			手工控制	每年
20	R—CW—08—02—12	未按规定时间开展终审工作	CW—08—02—KC05	财务负责人监督终审工作、审核终审汇报材料	手工控制	每年
	R—CW—08—02—13	对预审存在的问题整改不到位，导致公司多缴税款			手工控制	每年
	R—CW—08—02—14	未在终审前取得计提成本费用的合法票据，致使无法税前扣除，给公司现金流带来不利影响			手工控制	每年

续表

步骤编号	风险点编号	风险点描述	控制点编号	控制点描述	控制方式	控制频率
24	R—CW—08—02—15	纳税调整事项存在漏调、误调或调整错误的情形	CW—08—02—KC06	财务负责人审核纳税调整事项、审批审核备案材料	手工控制	每年
	R—CW—08—02—16	税收优惠及资产损失等税务备查备案资料缺失或错误，影响备案手续正常办理，导致后期税务检查存在风险			手工控制	每年
28	R—CW—08—02—17	未在5月30日前完成主管税务机关备案手续	CW—08—02—KC07	财务负责人确认按时完成备案	手工控制	每年
	R—CW—08—02—18	未取得备案凭证			手工控制	每年
30	R—CW—08—02—19	申报数据不准确，致使变更申报，产生补缴税金和滞纳金，导致对公司现金流带来不利影响	CW—08—02—KC08	财务负责人审核所得税申报表，确认按时申报	手工控制	每年
	R—CW—08—02—20	未在规定时间内申报，致使逾期申报，产生滞纳金，导致对公司现金流带来不利影响			手工控制	每年
34	R—CW—08—02—21	不属于资料留存备查项目，导致后期税务检查存在风险	CW—08—02—KC09	财务负责人审核留存备查材料	手工控制	每年
	R—CW—08—02—22	留存备查资料缺失或错误，导致后期税务检查存在风险			手工控制	每年

五、底线清单

1. 按《税收征收管理法》的有关规定，对未按规定期限进行纳税申报的，由税务机关责令限期改正，可以处2000元以下的罚款；情节严重的，可以处2000元以上10000元以下的罚款。

2. 按《税收征收管理法》的有关规定，对于汇算清缴期后税务机关检查出的查补税款，应由税务机关追缴，加收滞纳金，属于偷税的要对其处以少缴税款50%以上5倍以下的罚款；构成犯罪的，依法追究刑事责任。

3. 税法所指亏损的概念，不是企业财务报表中反映的亏损额，而是企业财务报表中的亏损额按税法规定核对调整后的金额。如果纳税人不按税法规定进行纳税调整，虚报亏损，税务机关应对其进行纳税调整、补征税款，形成偷税的，根据《税收征收管理法》的有关规定进行处罚。

4. 按《税收征收管理法》的有关规定，纳税人未按照规定期限缴纳税款的，从滞纳税款之日起，按日加收滞纳税款万分之五的滞纳金。

六、主要表单格式

1.《中华人民共和国企业所得税年度纳税申报表（A 类，2017 年版)》（2021 年修订)；

2.《中华人民共和国企业所得税月（季）度预缴纳税申报表（A 类，2018 年版)》(2021 年修订)。

七、评价手册

企业所得税汇算清缴内部控制评价手册如表 4－25 所示。

表 4－25　　企业所得税汇算清缴内部控制评价手册

末级流程名称	控制点编号	控制点	控制描述	评价标准编号	评价标准	标准测试程序
选择合适的预缴方式	CW—08—02—KC01	审核预缴方式	财务负责人审核预缴方式	PJ—08—02—01	选择有利于公司现金流的预缴方式	1. 访谈××员工，了解实际业务操作是否符合控制标准的要求，是否能够有效应对本控制点所面临的风险； 2. 根据抽样规则，获取预缴方式备案记录，比对是否选择合适的方式按时办理备案手续； 3. 根据抽样规则，获取所得税预缴申报表，比对是否按备案的预缴方式正确填写所得税预缴申报表
确认备案预缴方式	CW—08—02—KC02	确认按时完成预缴方式备案	财务负责人确认 3 月底完成预缴方式备案	PJ—08—02—02	每年第一季度完成预缴方式备案手续	
填报所得税预缴申报表	CW—08—02—KC03	审核所得税预缴申报表	财务负责人审核所得税预缴申报表	PJ—08—02—03	按备案的预缴方式正确填写所得税预缴申报表	
整理预审汇报材料	CW—08—02—KC04	审核预审汇报材料	财务负责人监督预审工作、审核预审汇报材料	PJ—08—02—04	按预审要求整理汇报材料，材料完整无误	1. 访谈××员工，了解实际业务操作是否符合控制标准的要求，是否能够有效应对本控制点所面临的风险； 2. 根据抽样规则，获取预审材料，比对是否按按预审要求整理汇报材料，材料完整无误

续表

末级流程名称	控制点编号	控制点	控制描述	评价标准编号	评价标准	标准测试程序
整理终审汇报材料	CW—08—02—KC05	审核终审汇报材料	财务负责人监督终审工作、审核终审汇报材料	PJ—08—02—05	按终审要求整理汇报材料，材料完整无误	1. 访谈××员工，了解实际业务操作是否符合控制标准的要求，是否能够有效应对本控制点所面临的风险； 2. 根据抽样规则，获取终审材料，比对是否按按预审要求整理汇报材料，材料完整无误
整理审批审核备案资料	CW—08—02—KC06	审核备案资料	财务负责人审核纳税调整事项、审批审核备案材料	PJ—08—02—06	按税法规定纳税调整准确无误，备案材料完整无误	1. 访谈××员工，了解实际业务操作是否符合控制标准的要求，是否能够有效应对本控制点所面临的风险； 2. 根据抽样规则，获取纳税调整事项，比对是否按税法规定纳税调整准确无误； 3. 根据抽样规则，获取备案材料，比对是否按税法规定整理备案材料完整无误
确认按时完成备案	CW—08—02—KC07	确认按时完成备案	财务负责人确认按时完成备案	PJ—08—02—07	按税法规定的时间完成备案	1. 访谈××员工，了解实际业务操作是否符合控制标准的要求，是否能够有效应对本控制点所面临的风险； 2. 根据抽样规则，获取备案记录，比对是否按税法规定的时间完成备案
填写纳税申报	CW—08—02—KC08	审核所得税申报表	财务负责人审核所得税申报表，确认按时申报	PJ—08—02—08	按税法规定填写所得税申报完整无误，在规定的时间内完成申报	1. 访谈××员工，了解实际业务操作是否符合控制标准的要求，是否能够有效应对本控制点所面临的风险； 2. 根据抽样规则，获取所得税申报表，比对是否按税法规定填写所得税申报完整无误； 3. 根据抽样规则，获取申报记录，比对是否按税法规定的时间完成申报

续表

末级流程名称	控制点编号	控制点	控制描述	评价标准编号	评价标准	标准测试程序
整理申报备查备案资料	CW—08—02—KC09	审核留存备查材料	财务负责人审核留存备查材料	PJ—08—02—09	按税法规定留存备查材料完整无误	1. 访谈××员工，了解实际业务操作是否符合控制标准的要求，是否能够有效应对本控制点所面临的风险； 2. 根据抽样规则，获取留存备查材料，比对是否按税法规定留存备查材料完整无误

八、制度清单

（1）《中华人民共和国税收征收管理法》；

（2）《中华人民共和国企业所得税法》及其实施条例；

（3）《国家税务总局关于发布〈企业所得税税前扣除凭证管理办法〉的公告》（国家税务总局公告2018年第28号）；

（4）《国家税务总局关于发布〈中华人民共和国企业所得税月（季）度预缴纳税申报表（A类）〉的公告》（国家税务总局公告2021年第3号）。

典型案例4：合同订立

一、案例概述

（一）合同订立

合同订立是指由合同承办部门确定合同对方当事人，起草合同后，发起合同会签审核，由合同管理部门、财务管理部门以及法律审核人员在其职责范围内对合同进行审核会签后，再由法定代表人（负责人）或被授权人签署的一系列活动。

（二）工作流程

1. 工作环节

合同订立工作包括合同谈判、合同起草、合同审核、合同签署等环节步骤。

2. 涉及部门职责

（1）流程维护部门：合同归口管理部门。

（2）主责部门：合同承办部门，负责确认合同事项经相关程序批准并提供依据；指定合同承办人；确定合同对方当事人，并审查其主体资格和资信情况；组织合同的谈判、起草、签订、履行、变更工作；对与承办部门业务相关事项进行合法合规性审查；发起并跟踪合同审核会签流转，负责完成合同签订流程等。

（3）参与部门：

①财务管理部门：负责审核合同中的财务收支事项是否符合国家财经法规和公司财务管理制度；审核合同的经济可行性。

②招标采购部门：负责确定采购合同事项是否符合国家招投标法律法规及公司采购管理规定。

③其他业务部门：负责本部门业务范围内合同事项的专业管理；审核合同是否符合相关业务管理规定。

二、流程图及说明

（一）流程图

合同订立流程如图 4－7 所示。

（二）流程步骤说明

合同订立流程步骤说明如表 4－26 所示。

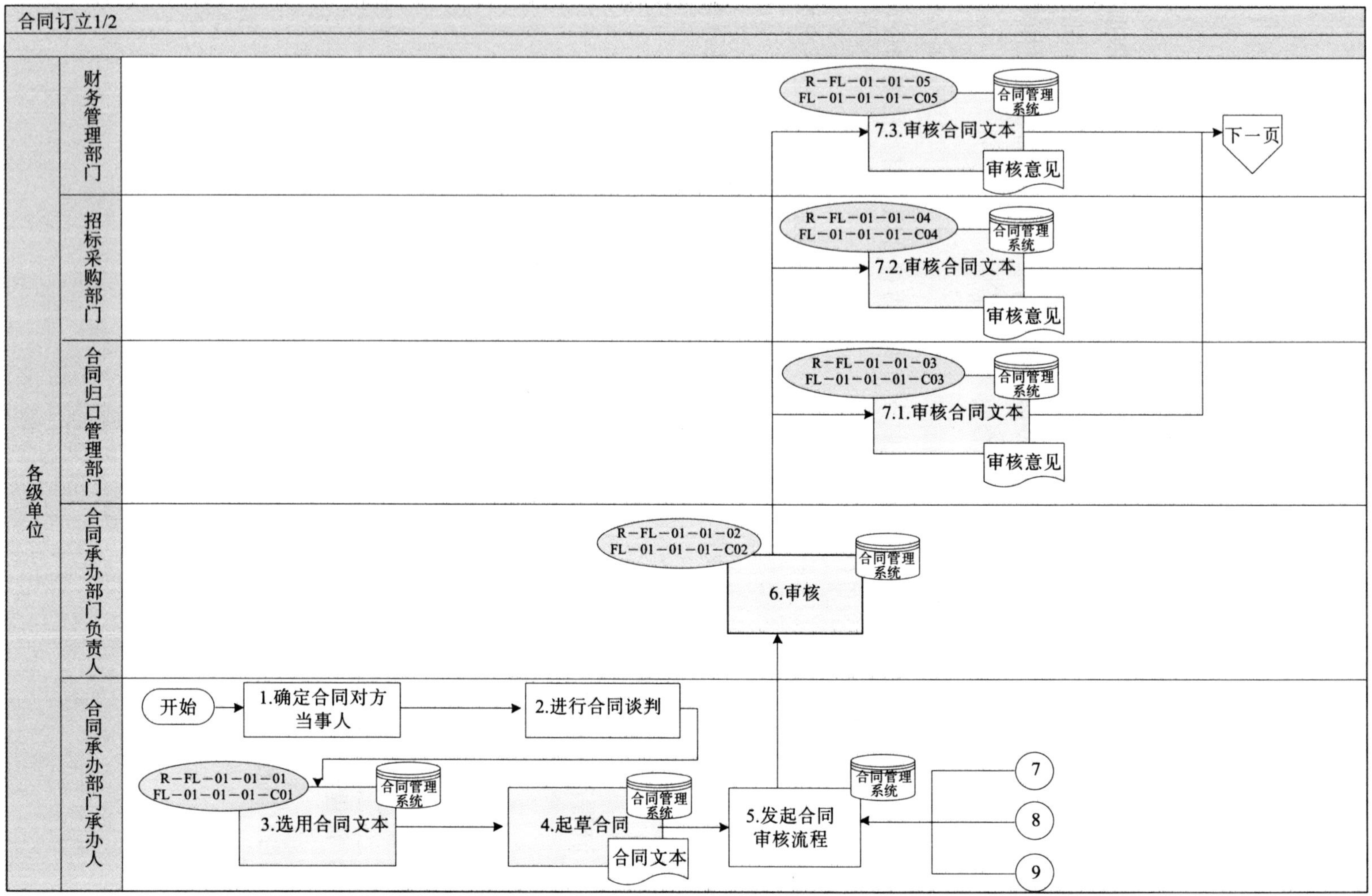
合同订立1/2
各级单位
财务管理部门
招标采购部门
合同归口管理部门
合同承办部门负责人
合同承办部门承办人
开始
1.确定合同对方当事人
2.进行合同谈判
R－FL－01－01－01
FL－01－01－01－C01
3.选用合同文本
合同管理系统
4.起草合同
合同文本
5.发起合同审核流程
7
8
9
R－FL－01－01－02
FL－01－01－01－C02
6.审核
R－FL－01－01－03
FL－01－01－01－C03
7.1.审核合同文本
审核意见
R－FL－01－01－04
FL－01－01－01－C04
7.2.审核合同文本
R－FL－01－01－05
FL－01－01－01－C05
7.3.审核合同文本
下一页

图4－7　合同订立流程（一）

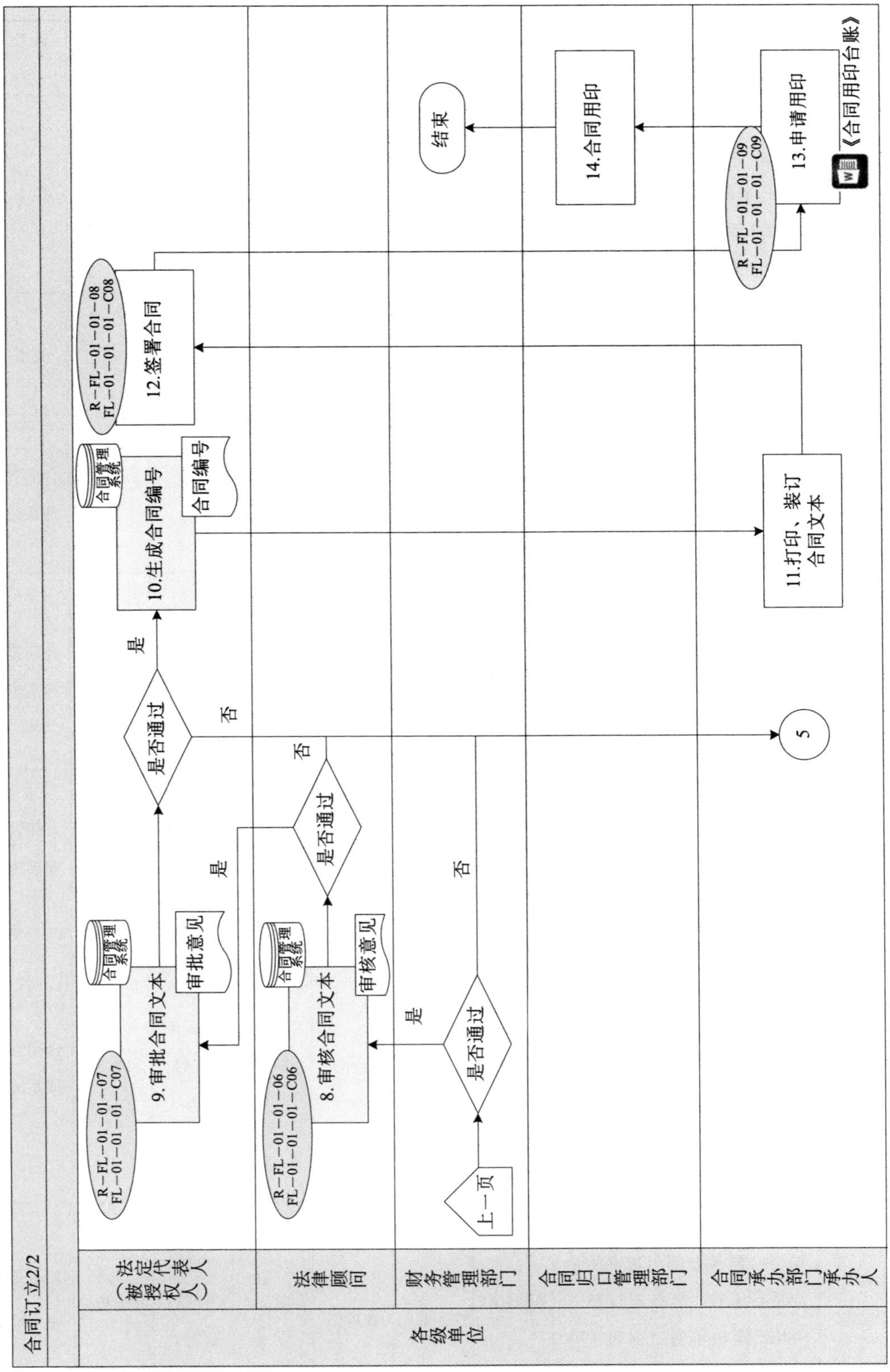
合同订立2/2
各级单位
（被授权人）法定代表人
法律顾问
财务管理部门
合同归口管理部门
合同承办部门承办人
上一页
是否通过
是
否
R－FL－01－01－06
FL－01－01－01－C06
8.审核合同文本
合同管理系统
审核意见
是否通过
是
否
R－FL－01－01－07
FL－01－01－01－C07
9.审批合同文本
合同管理系统
审批意见
是否通过
是
否
5
10.生成合同编号
合同管理系统
合同编号
11.打印、装订合同文本
R－FL－01－01－08
FL－01－01－01－C08
12.签署合同
R－FL－01－01－09
FL－01－01－01－C09
13.申请用印
《合同用印台账》
14.合同用印
结束
图 4－7　合同订立流程（二）

表 4-26 合同订立流程步骤说明

步骤编号	标准流程步骤	步骤说明	涉及层级	责任部门	责任岗位	输入信息	输入信息提供者	输出信息	涉及系统
1	确定合同对方当事人	合同承办部门承办人根据招投标、竞争性谈判、询价、单一来源采购、直接采购、拍卖及其他方式确定合同对方当事人	各级单位	合同承办部门	承办人				线下
2	进行合同谈判	合同承办部门承办人与合同对方当事人进行谈判，确定合同条款	各级单位	合同承办部门	承办人				线下
3	选用合同文本	合同承办部门承办人判断适用公司标准合同文本的，在公司统一文本库内选择相应的模板合同	各级单位	合同承办部门	承办人				合同管理系统
4	起草合同	合同承办部门承办人在中标通知书发出之日起30日内，根据所选择的标准合同文本在合同管理系统中编制合同内容	各级单位	合同承办部门	承办人			合同文本	合同管理系统
5	发起合同审核流程	合同承办部门承办人完成合同起草后发起审批流程，将起草合同文本、签约依据等资料提交审核	各级单位	合同承办部门	承办人	合同文本	合同承办部门承办人	合同文本	合同管理系统
6	审核	合同承办部门负责人对承办人提交的合同文本进行审核，主要审核合同是否在中标通知书发出之日起30日内订立、合同内容是否具有真实性、是否存在未按照招标和投标文件拟定的情况	各级单位	合同承办部门	负责人	合同文本	合同承办部门承办人	合同文本	合同管理系统
7.1	审核合同文本	合同归口管理部门合同管理岗对合同承办部门送审的合同进行审核，审核通过转下一岗，审核不通过退回承办人修改后重新提交	各级单位	合同归口管理部门	合同管理岗	合同文本	合同承办部门负责人	审核意见	合同管理系统

续表

步骤编号	标准流程步骤	步骤说明	涉及层级	责任部门	责任岗位	输入信息	输入信息提供者	输出信息	涉及系统
7.2	审核合同文本	招标采购部门合同管理岗对合同承办部门送审的合同进行审核，审核通过转下一岗，审核不通过退回承办人修改后重新提交	各级单位	招标采购部门	合同管理岗	合同文本	合同承办部门负责人	审核意见	合同管理系统
7.3	审核合同文本	财务管理部门合同管理岗对合同承办部门送审的合同进行审核，审核通过转下一岗，审核不通过退回承办人修改后重新提交	各级单位	财务管理部门	合同管理岗	合同归口管理部门合同管理岗	合同承办部门负责人	审核意见	合同管理系统
8	审核合同文本	法律顾问对合同承办部门送审的合同进行法律审核，审核通过转下一岗，审核不通过退回承办人修改后重新提交	各级单位	法律顾问		审核意见	合同归口管理部门、审计部门、物资部门、财务管理部门	审核意见	合同管理系统
9	审批合同文本	法定代表人或授权分管代表对合同进行审批，审批通过转下一流程，审批不通过退回承办人修改后重新提交	各级单位	法定代表人（授权分管代表）		审核意见	法律顾问	审批意见	合同管理系统
10	生成合同编号	审批完成后系统生成合同编号	各级单位	法定代表人（授权分管代表）		合同文本	合同承办部门负责人	合同编号	合同管理系统
11	打印、装订合同文本	合同承办部门承办人将审核通过的合同文本下载并打印、装订，待提交法定代表人/被授权人签署	各级单位	合同承办部门	承办人	合同文本	合同承办部门承办人	待签署合同	线下
12	签署合同	根据是否授权委托，由法定代表人或被授权人在装订好的合同文本上签字或盖章	各级单位	法定代表人（被授权人）		待签署合同	合同承办部门承办人	已签署合同	线下
13	申请用印	合同承办部门承办人持经审核并由法定代表人或被授权人签署的合同文本到合同专用章保管部门申请用印	各级单位	合同承办部门	承办人			合同用印台账	线下

续表

步骤编号	标准流程步骤	步骤说明	涉及层级	责任部门	责任岗位	输入信息	输入信息提供者	输出信息	涉及系统
14	合同用印	合同归口管理部门合同管理岗接收到合同承办部门合同承办人的合同和用印申请等相关资料并登记用印台账后，对合同文本用印，并加盖骑缝章	各级单位	合同归口管理部门	合同管理岗	合同用印台账	合同承办部门承办人	盖章后合同	线下

三、风险清单

合同订立风险清单如表4－27所示。

表4－27　合同订立风险清单

序号	环节名称	风险点	风险点编号
1	起草合同	选择了不恰当的模板合同	R—FL—01—01—01
2	合同审核	（1）合同承办部门负责人因专业素质或工作态度原因未能及时发现并提出合同签订日期、合同内容真实性等存在不合理之处的审核意见	R—FL—01—01—02
		（2）合同归口部门合同会签审核人员因专业素质或工作态度原因未能及时发现并提出合同订立依据、对方当事人资格资质、合同文本、合同实质性条款不完整或存在瑕疵等审核意见	R—FL—01—01—03
		（3）招标采购部门合同会签审核人员因专业素质或工作态度原因未能及时发现并提出合同标的与中标通知书匹配性存在不合理之处的审核意见	R—FL—01—01—04
		（4）财务管理部门合同会签审核人员因专业素质或工作态度原因未能及时发现并提出投融资与财务收支事项、合同项目纳入预算、合同价款、结算支付条款、收付款信息、发票及税率等存在不合理之处的审核意见	R—FL—01—01—05
		（5）法律顾问因专业素质或工作态度原因未能及时发现并提出合同在签订依据、合同内容、形式方面不符合相关法律规定的审核意见	R—FL—01—01—06
		（6）合同未经过公司法定代表人或授权分管代表审批	R—FL—01—01—07
3	签署用印	（1）被授权人超出授权范围签署合同	R—FL—01—01—08
		（2）合同承办人未在合同文本上加盖公司合同专用章或冒用合同专用章，导致合同无效或后续发生合同纠纷	R—FL—01—01—09

四、内控矩阵

合同订立内控矩阵如表4－28所示。

表4－28　　合同订立内控矩阵

步骤编号	风险点编号	风险点描述	控制点编号	控制点描述	控制方式	控制频率
3	R—FL—01—01—01	选择了不恰当的模板合同	FL—01—01—01—C01	合同承办部门应优先使用公司统一文本库内模板合同，并根据合同内容、性质选择适当的模板合同	手工控制	不定期
6	R—FL—01—01—02	合同承办部门负责人因专业素质或工作态度原因未能及时发现并提出合同签订日期、合同内容真实性等存在不合理之处的审核意见	FL—01—01—01—C02	合同承办部门负责人应审核以下内容：合同签订日期是否在中标通知书发出之日起30日内；合同内容是否真实，是否与企业经营相关	手工依赖IT控制	不定期
7.1	R—FL—01—01—03	合同归口部门合同会签审核人员因专业素质或工作态度原因未能及时发现并提出合同订立依据、对方当事人资格资质、合同文本、合同实质性条款不完整或存在瑕疵等审核意见	FL—01—01—01—C03	合同归口部门合同会签审核人员应审核以下内容：合同项目是否经过规定程序批准并取得相关依据；涉及当年度投融资与财务收支的合同项目是否列入投融资计划与预算安排；合同当事人确定方式税法符合规定；合同实质性条款与招投标文件、中标结果是否一致；是否按规定正确使用合同文本，条款是否齐备、规范；合同审核流程是否正确；合同对方当事人的主体资格、业务范围、资质、证明文件等是否符合规定或要求	手工依赖IT控制	不定期
7.2	R—FL—01—01—04	招标采购部门合同会签审核人员因专业素质或工作态度原因未能及时发现并提出合同标的与中标通知书匹配性存在不合理之处的审核意见	FL—01—01—01—C04	招标采购部门合同会签审核人员应审核以下内容：合同标的是否与中标通知书内容相互匹配	手工依赖IT控制	不定期

续表

步骤编号	风险点编号	风险点描述	控制点编号	控制点描述	控制方式	控制频率
7.3	R—FL—01—01—05	财务管理部门合同会签审核人员因专业素质或工作态度原因未能及时发现并提出投融资与财务收支事项、合同项目纳入预算、合同价款、结算支付条款存在不合理之处的审核意见	FL—01—01—01—C05	财务管理部门合同会签审核人员应审核以下内容：投融资与财务收支事项是否符合国家法律法规和公司相关规定；合同项目和资金是否纳入预算管理；合同价款是否合理、准确；合同结算支付条款是否具有合理性、可行性；合同支付账户、开票信息、税项税率是否与合同类型相匹配	手工依赖IT控制	不定期
8	R—FL—01—01—06	法律顾问因专业素质或工作态度原因未能及时发现并提出合同在签订依据、合同内容、形式方面不符合相关法律规定的审核意见	FL—01—01—01—C06	法律顾问应审核以下内容：合同项目或合同文本是否违反国家法律法规禁止性规定；是否缺乏必要的合同订立依据；合同内容是否符合有关管理要求	手工依赖IT控制	不定期
9	R—FL—01—01—07	合同未经过公司法定代表人或授权分管代表审批	FL—01—01—01—C07	法定代表人或授权分管代表应对完成会签审核和法律审核后的合同进行审批，重点关注审核会签等相关程序是否符合合同管理规定、签署授权是否符合公司授权管理规定	手工依赖IT控制	不定期
11	R—FL—01—01—08	被授权人超出授权范围签署合同	FL—01—01—01—C08	应通过书面授权委托书明确授权事项、授权范围和授权期限，根据授权委托书所载授权事项签署合同	手工控制	不定期
12	R—FL—01—01—09	合同承办人未在合同文本上加盖公司合同专用章或冒用合同专用章，导致合同无效或后续发生合同纠纷	FL—01—01—01—C09	应制作合同用印台账，由合同承办部门按要求登记后予以用印	手工控制	不定期

五、底线清单

1.《招投标法》第四十六条规定：“招标人和中标人应当自中标通知书发出之日起三十日内，按照招标文件和中标人的投标文件订立书面合同。招标人和中标人不得再行订立背离合同实质性内容的其他协议。”

2.《招投标法》第五十九条规定："招标人与中标人不按照招标文件和中标人的投标文件订立合同的，或者招标人、中标人订立背离合同实质性内容的协议的，责令改正；可以处中标项目金额千分之五以上千分之十以下的罚款。"

3.《民法典》第五百条规定："当事人在订立合同过程中有下列情形之一，造成对方损失的，应当承担赔偿责任：（一）假借订立合同，恶意进行磋商；（二）故意隐瞒与订立合同有关的重要事实或者提供虚假情况；（三）有其他违背诚信原则的行为。"

六、主要表单格式

合同用印台账（见附件）。

七、评价手册

合同订立内部控制评价手册如表 4－29 所示。

表 4－29　　合同订立内部控制评价手册

末级流程名称	控制点编号	控制点	控制描述	评价标准编号	评价标准	标准测试程序
合同订立	FL—01—01—01—C02～C07	合同签署审核控制	及时开展合同审核，履行合同审批程序，避免签署的合同存在重大瑕疵，影响公司合规经营，增加公司法律纠纷的风险	FL—01—01—01—PJ 01	完成合同财务审核，形成合同财务审核意见，由财务部门审核，确保合同文本符合财务相关规定	1. 访谈财务管理部门员工，了解实际业务操作是否符合控制标准的要求，是否能够有效应对本控制点所面临的风险； 2. 获取合同签订文本，检查合同中投融资与财务收支事项是否符合国家法律法规和公司相关规定，项目和资金是否纳入预算管理，是否对合同价款合理性和准确性进行复核，合同结算支付条款是否合理、可行，合同支付账户、开票信息、税项税率与合同类型是否匹配
				FL—01—01—01—PJ 02	完成合同法律审核，形成合同法律审核意见，由法律顾问审核，确保合同文本依法合规	1. 访谈合同归口管理部门员工，了解实际业务操作是否符合控制标准的要求，是否能够有效应对本控制点所面临的风险； 2. 获取合同签订文本，检查合同是否经过法律顾问审核，对合同文本合法性进行检查； 3. 检查合同内容、形式是否符合法律法规与公司规定，是否使用统一合同文本，合同条款是否完备、严密、准确

续表

末级流程名称	控制点编号	控制点	控制描述	评价标准编号	评价标准	标准测试程序
合同订立	FL—01—01—01—C02～C07	合同签署审核控制	及时开展合同审核，履行合同审批程序，避免签署的合同存在重大瑕疵，影响公司合规经营，增加公司法律纠纷的风险	FL—01—01—01—PJ 03	依照授权签报制作授权委托书，应主要包括原因、依据、事项、金额、被授权人的姓名、职务和权限范围、授权委托期限、是否需要转授权等内容，报本层级合同归口管理部门审核后，经本单位法定代表人审批，确保授权委托书依法合规，符合公司合法利益	1. 访谈合同承办部门员工，了解实际业务操作是否符合控制标准的要求，是否能够有效应对本控制点所面临的风险； 2. 获取授权委托书，检查相关授权委托书，与相关授权签报比对，查看两者是否对应； 3. 检查授权委托书记载内容中列明授权的原因、依据、事项、金额限额（如有）、范围、被授权人权利义务、是否可转授权、期限； 4. 检查授权委托书审核审批流程是否符合流程要求

八、制度清单

（1）《企业内部控制应用指引第 16 号——合同管理》（财会〔2010〕11 号）；

（2）《中华人民共和国招标投标法》；

（3）《中华人民共和国民法典》。

附件：

合同用印台账

序号	合同编号	合同名称	合同金额	份数	申请用印时间及经办人	用印时间及印章保管人

典型案例 5：科技项目管理

一、案例概述

（一）科技项目管理

科技项目是指服务于公司而组织实施的研究开发项目，主要包括新产品、新技术、新材料、新工艺、新标准、决策支持技术的研究以及试验能力提升和新技术应用等项目。企业在开展科技项目管理过程中应注意有效控制研发风险，提升企业自主创新能力，充分发挥科技的支撑引领作用，促进实现企业发展战略。

（二）工作流程

1. 工作环节

科技项目管理工作包括项目立项、可行性研究、预算下达、项目执行、决算、验收、归档等环节步骤。

2. 涉及部门职责

(1) 流程维护部门：科技管理部门。

(2) 主责部门：科技管理部门是科技项目归口管理部门，负责组织公司科技项目的申请、论证和储备；制订公司年度研究开发费专项计划和预算建议；根据下达的项目规模，提出本单位管理项目明细，履行本单位决策程序后，会同本单位计划和财务管理部门下达实施；组织科技项目的合同签订、实施、验收和后评估；监督、指导本单位科技项目管理工作；负责向国家有关部门申请研究开发项目并组织实施。

(3) 参与部门：

①科技项目实施部门：负责编报科技项目立项、实施、验收相关材料；提供项目实施的必要条件，严格履行合同，保证项目进度和质量；按规定合理安排经费支出，专款专用，确保资金安全；按规定报送项目执行情况，及时报告项目执行中出现的重大问题；组织项目决算、审计和自验收；按出资单位要求提供研究开发费加计扣除的有关资料和相关技术材料，并对其真实性、合法性、完整性负责；及时对项目成果和知识产权进行申请、登记和保护；按出资单位要求提供完整的项目验收资料并按期归档。

②财务管理部门：负责确定各单位年度研究开发费预算；下达公司批准的研究开发费专项预算指标、项目明细、项目规模；对研究开发费的预算、使用和会计核算与纳税等财务管理工作进行监督、指导；对研究开发费形成的固定资产和无形资产进行价值管理。

③审计管理部门：负责参与科技项目过程管理，实施科技项目审计。

④计划管理部门：负责对公司年度研究开发费专项计划进行综合平衡。

二、流程图及说明

（一）流程图

科技项目管理流程如图 4 -8 所示。

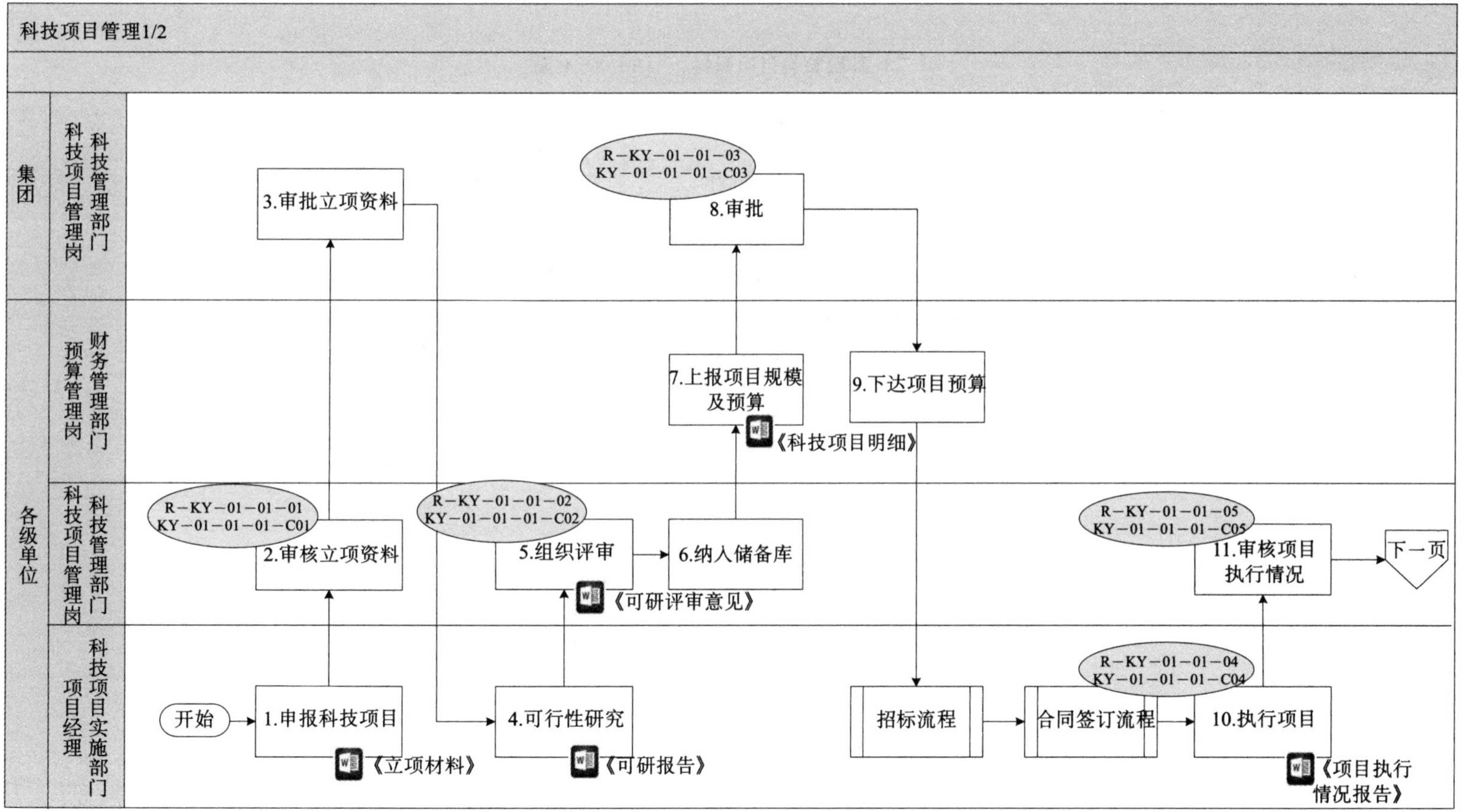

图4-8（a） 科技项目管理流程（一）

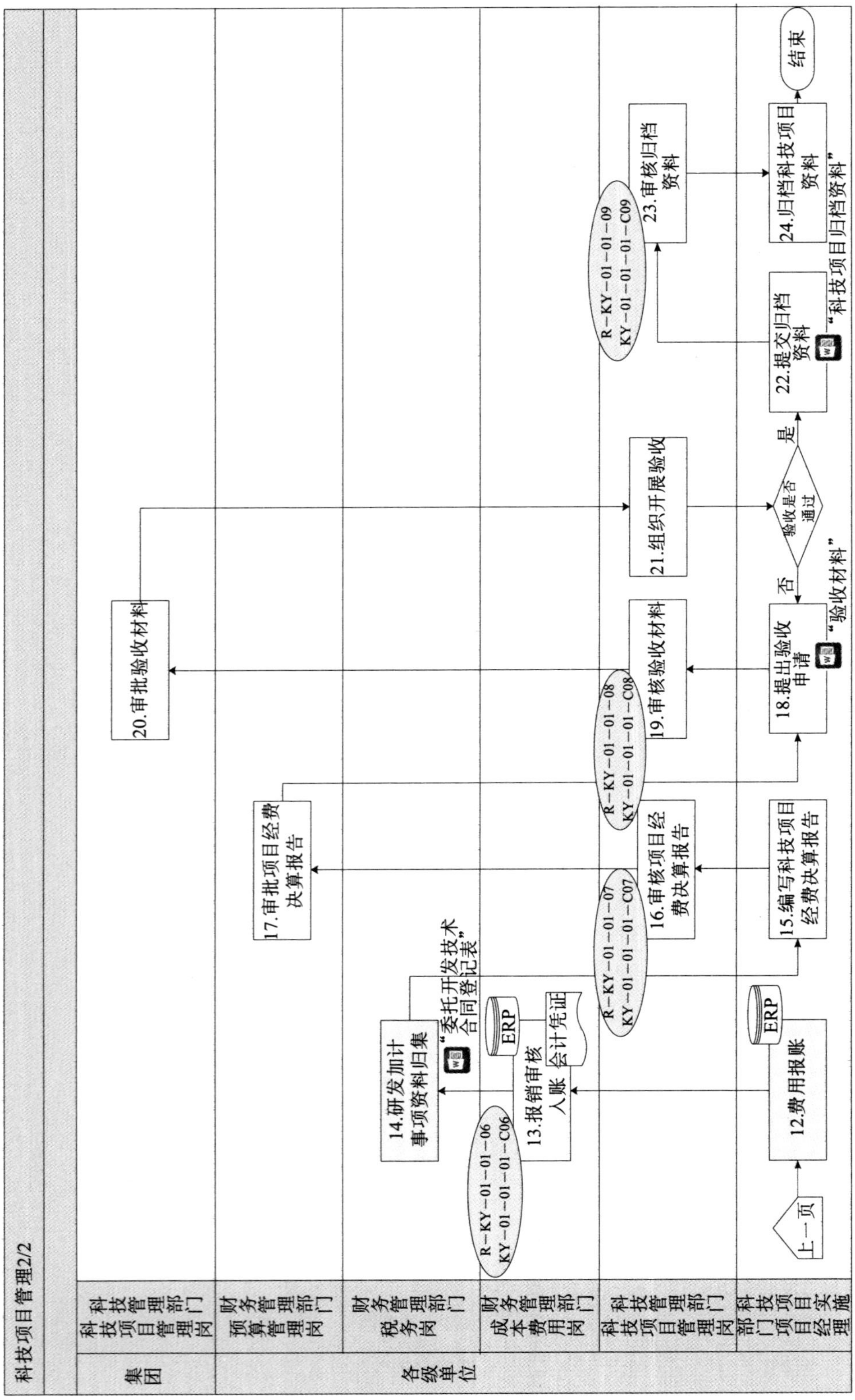

图4-8（b） 科技项目管理流程（二）

（二）流程步骤说明

科技项目管理流程步骤说明如表4－30所示。

表4－30　　科技项目管理流程步骤说明

步骤编号	标准流程步骤	步骤说明	涉及层级	责任部门	责任岗位	输入信息	输入信息提供者	输出信息	涉及系统
1	申报科技项目	科技项目实施部门项目经理填写立项申请	各级单位	科技项目实施部门	项目经理			立项材料	线下
2	审核立项资料	科技管理部门科技项目管理岗对项目经理提交的立项材料，从其形式是否符合科技项目申报要求，内容是否合理、可行、严谨等方面展开审核	各级单位	科技管理部门	科技项目管理岗	立项材料	各单位科技项目实施部门项目经理	立项材料	线下
3	审批立项资料	集团科技管理部门科技项目管理岗对各单位科技管理部门科技项目管理岗递交的立项材料，从申报项目的必要性、可行性是否符合公司发展需求等方面进行审批	集团	科技管理部门	科技项目管理岗	立项材料	各单位科技管理部门科技项目管理岗	立项材料	线下
4	可行性研究	科技项目实施部门项目经理对科技项目开展可行性研究，出具可研报告，报告内容主要包括：研发目的和意义、国内外研究水平综述、项目研究内容和实施方案、项目经费预算等	各级单位	科技项目实施部门	项目经理			可研报告	线下
5	组织评审	科技管理部门科技项目管理岗组织各专业部门对编制完成的可研报告进行评审并出具评审意见	集团	科技管理部门	科技项目管理岗	可研报告	各单位科技项目实施部门项目经理	可研评审意见	线下
6	纳入储备库	科技管理部门科技项目管理岗将可研评审通过后的项目纳入公司科技项目储备库	各级单位	科技管理部门	科技项目管理岗	可研评审意见	评审专家	储备信息	线下

续表

步骤编号	标准流程步骤	步骤说明	涉及层级	责任部门	责任岗位	输入信息	输入信息提供者	输出信息	涉及系统
7	上报项目规模及预算	各级单位财务管理部门预算管理岗组织各科技项目实施部门从项目储备库中选取科技项目，将科技项目明细及预算上报集团审批	各级单位	财务管理部门	预算管理岗	储备信息	科技管理部门科技项目管理岗	科技项目明细	线下
8	审批	集团科技管理部门科技项目管理岗对科技项目履行审批程序	集团	财务管理部门	预算管理岗	科技项目明细	各单位财务部门预算管理岗	科技项目清单	线下
9	下达项目预算	各级单位财务管理部门预算管理岗向科技项目实施部门下达公司科技项目预算	各级单位	财务管理部门	预算管理岗	科技项目清单	集团科技管理部门科技项目管理岗	科技项目预算	线下
	（招标流程）	科技项目实施部门履行相应的招标流程							
	（合同签订流程）	科技项目实施部门履行相应的合同签订流程							
10	执行项目	科技项目实施部门项目经理按项目方案开展项目并定期报送项目执行情况报告	各级单位	科技项目实施部门	项目经理			项目执行情况报告	线下
11	审核项目执行情况	科技管理部门科技项目管理岗将项目执行情况报告与科技项目任务书对比，审核项目是否按照预计情况实施	各级单位	科技管理部门	科技项目管理岗	项目执行情况报告	各单位科技项目实施部门项目经理	项目执行情况报告	线下
12	费用报账	科技项目实施部门项目经理对科技项目实施过程中发生的成本费用进行报账并在合同与报销单中明确区分是否属于新技术、新产品、新工艺	各级单位	科技项目实施部门	项目经理			科技项目成本报账单据	ERP

续表

步骤编号	标准流程步骤	步骤说明	涉及层级	责任部门	责任岗位	输入信息	输入信息提供者	输出信息	涉及系统
13	报销审核入账	财务管理部门成本费用岗根据科技项目实施部门提交的科技项目成本报账单据等完成成本入账，并对科技项目是否属于新技术、新产品、新工艺，委外研发是否取得科技局备案等涉税事项进行审核，并将科技部门备案表提交税务岗位，对属于“三新”的合同如未取得科技部门备案应予以退回，要求业务部门督促乙方及时取得并补充完整报销附件	各级单位	财务管理部门	成本费用岗	科技项目成本报账单据	各单位科技项目实施部门项目经理	会计凭证	ERP
14	研发加计事项资料归集	财务管理部门税务岗归集委托开发技术合同登记表等资料备查并至少保管十年以上	各级单位	财务管理部门	税务岗			委托开发技术合同登记表	线下
15	编写科技项目经费决算报告	科技项目实施部门项目经理根据合同中阶段性规定要求，编写科技项目经费决算报告，并提交审核	各级单位	科技项目实施部门	项目经理			科技项目经费决算报告	线下
16	审核项目经费决算报告	科技管理部门科技项目管理岗接受项目经费决算报告后，对其合理性进行审核并签字确认	各级单位	科技管理部门	科技项目管理岗	科技项目经费决算报告	各单位科技项目实施部门项目经理	科技项目经费决算报告	线下
17	审批项目经费决算报告	财务管理部门财务决算岗对科技项目经费决算报告进行审批，检查决算是否合理，项目决算是否在预算范围内，并最终审批确认	各级单位	财务管理部门	财务决算岗	科技项目经费决算报告	各单位科技管理部门科技项目管理岗	科技项目经费决算报告	线下
18	提出验收申请	科技项目实施部门项目经理根据科技项目验收计划，编制科技项目验收申请和验收材料，内容包括：项目技术报告、工作报告，并收集项目决算报告、审计报告等材料，递交至科技项目管理岗	各级单位	科技项目实施部门	项目经理			验收材料	线下

续表

步骤编号	标准流程步骤	步骤说明	涉及层级	责任部门	责任岗位	输入信息	输入信息提供者	输出信息	涉及系统
19	审核验收材料	科技管理部门科技项目管理岗对科技项目实施部门项目经理递交的科技项目验收申请和验收材料，从形式完整性、合规性及内容合理性方面展开审核	各级单位	科技管理部门	科技项目管理岗	验收材料	各单位科技项目实施部门项目经理	验收材料	线下
20	审批验收材料	集团科技管理部门科技项目管理岗对科技管理部门科技项目管理岗递交的科技项目验收申请和验收材料，从整体性方面展开审批	集团	科技管理部门	科技项目管理岗	验收材料	各单位科技管理部门科技项目管理岗	验收材料	线下
21	组织开展验收	科技管理部门科技项目管理岗组织各部门开展科技项目验收，审核验收材料，形成验收意见	各级单位	科技管理部门	科技项目管理岗				线下
验收是否通过，是，转步骤 22；否，转步骤 18									
22	提交归档资料	科技项目实施部门项目经理根据项目验收情况，准备科技项目进行归档材料，包括：项目任务书、项目合同、项目验收报告等，并编制科技项目文档清单，将纸质版文档清单及科技项目归档材料，递交至科技管理部门科技项目管理岗	各级单位	科技项目实施部门	项目经理			科技项目归档资料	线下
23	审核归档资料	科技管理部门科技项目管理岗对照科技项目文档清单从内容完整性，准确性进行审核	各级单位	科技管理部门	科技项目管理岗	科技项目归档资料	科技项目实施部门项目经理	科技项目归档资料	线下
24	归档科技项目资料	科技项目实施部门项目经理将纸质版文档清单及归档材料，递交至项目承担单位档案室	各级单位	科技项目实施部门	项目经理	科技项目归档资料	科技管理部门科技项目管理岗	科技项目归档资料	线下

三、风险清单

科技项目管理风险清单如表 4－31 所示。

表 4－31　　科技项目管理风险清单

序号	环节名称	风险点	风险点编号
1	项目立项	立项材料未经审核	R—KY—01—01—01
2	可行性研究	未严格履行可研评审，导致无法满足预估的经济技术指标	R—KY—01—01—02
3	预算下达	科技项目明细及预算未经恰当审批	R—KY—01—01—03
4	项目执行	1. 项目实施过程中未归集开发新技术、新产品、新工艺等研发加计扣除所需的合同登记、人员清单、物资领用等资料	R—KY—01—01—04
		2. 未按照任务书中的实施方案及实施计划监控项目质量和实施情况，科研经费的使用未得到有效监控	R—KY—01—01—05
		3. 研发项目未符合新技术、新产品、新工艺要求，或委托研发技术合同未经过科技局备案登记，导致不得适用研发加计扣除政策，给企业带来经济损失	R—KY—01—01—06
5	决算	项目决算不及时、未经审批，资金计划外的付款申请未按规定审批流程	R—KY—01—01—07
6	验收	科技项目整体验收不及时，未及时提交项目验收材料，项目验收资料未经审核	R—KY—01—01—08
7	归档	未有效执行项目文档管理要求，未及时对已通过验收的项目文档进行归档	R—KY—01—01—09

四、内控矩阵

科技项目管理内控矩阵如表 4－32 所示。

表 4－32　　科技项目管理内控矩阵

步骤编号	风险点编号	风险点描述	控制点编号	控制点描述	控制方式	控制频率
2	R—KY—01—01—01	立项材料未经审核	KY—01—01—01—C01	科技管理部门科技项目管理岗对项目经理提交的立项材料，从其形式是否符合科技项目申报要求，内容是否合理、可行、严谨等方面展开审核	手工控制	不定期

续表

步骤编号	风险点编号	风险点描述	控制点编号	控制点描述	控制方式	控制频率
5	R—KY—01—01—02	未严格履行可研评审，导致无法满足预估的经济技术指标	KY—01—01—01—C02	对可行性研究报告进行论证，并形成专家评审意见，其中财务部门对可研报告的合规性和经济性进行审核，业务部门对可研报告的相关性、严谨性、可行性、完整性进行审核	手工控制	不定期
8	R—KY—01—01—03	科技项目明细及预算未经恰当审批	KY—01—01—01—C03	对科技项目的可研经济性与财务合理性进行审批	手工控制	不定期
10	R—KY—01—01—04	项目实施过程中未归集开发新技术、新产品、新工艺等研发加计扣除所需的合同登记、人员清单、物资领用等资料	KY—01—01—01—C04	项目经理对需要享受研发加计扣除的项目及时收集整理相关备查资料	手工控制	不定期
11	R—KY—01—01—05	未按照任务书中的实施方案及实施计划监控项目质量和实施情况，科研经费的使用未得到有效监控	KY—01—01—01—C05	将项目执行情况报告与科技项目任务书对比，审核项目是否按照预计情况实施	手工控制	不定期
13	R—KY—01—01—06	研发项目未符合新技术、新产品、新工艺要求，或委托研发技术合同未经过科技局备案登记，导致不得适用研发加计扣除政策，给企业带来经济损失	KY—01—01—01—C06	对企业研发项目是否符合税法规定的研发活动定义进行审核，要求科技管理部门提供经科技局登记的委托研发技术合同	手工控制	不定期
16	R—KY—01—01—07	项目决算不及时、未经审批，资金计划外的付款申请未按规定审批流程	KY—01—01—01—C07	对科技项目经费决算报告进行审批，检查决算是否合理，项目决算是否在预算范围内，并最终审批确认	手工控制	不定期
19	R—KY—01—01—08	科技项目整体验收不及时，未及时提交项目验收材料，项目验收资料未经审核	KY—01—01—01—C08	根据科技项目验收计划，对递交的科技项目验收申请和验收材料的形式完整性、合规性及内容合理性展开审核	手工控制	不定期
23	R—KY—01—01—09	未有效执行项目文档管理要求，未及时对已通过验收的项目文档进行归档	KY—01—01—01—C09	对递交的科技项目归档材料，对照科技项目文档清单从内容完整性、准确性方面进行审核，在科技项目文档清单上签字确认	手工控制	不定期

五、底线清单

1.《科学技术活动违规行为处理暂行规定》第七条规定："科学技术人员的违规行为包括以下情形：（一）在科学技术活动的申报、评审、实施、验收、监督检查和评估评价等活动中提供虚假材料，实施'打招呼''走关系'等请托行为；（二）故意夸大研究基础、学术价值或科技成果的技术价值、社会经济效益，隐瞒技术风险，造成负面影响或财政资金损失；（三）人才计划入选者、重大科研项目负责人在聘期内或项目执行期内擅自变更工作单位，造成负面影响或财政资金损失；（四）故意拖延或拒不履行科学技术活动管理合同约定的主要义务；（五）随意降低目标任务和约定要求，以项目实施周期外或不相关成果充抵交差；（六）抄袭、剽窃、侵占、篡改他人科学技术成果，编造科学技术成果，侵犯他人知识产权等；（七）虚报、冒领、挪用、套取财政科研资金；（八）不配合监督检查或评估评价工作，不整改、虚假整改或整改未达到要求；（九）违反科技伦理规范；（十）开展危害国家安全、损害社会公共利益、危害人体健康的科学技术活动；（十一）违反国家科学技术活动保密相关规定；（十二）法律、行政法规、部门规章或规范性文件规定的其他相关违规行为。"

2.《科学技术活动违规行为处理暂行规定》第九条规定："科学技术活动咨询评审专家的违规行为包括以下情形：（一）采取弄虚作假等不正当手段获取咨询、评审、评估、评价、监督检查资格；（二）违反回避制度要求；（三）接受'打招呼''走关系'等请托；（四）引导、游说其他专家或工作人员，影响咨询、评审、评估、评价、监督检查过程和结果；（五）索取、收受利益相关方财物或其他不正当利益；（六）出具明显不当的咨询、评审、评估、评价、监督检查意见；（七）泄漏咨询评审过程中需保密的申请人、专家名单、专家意见、评审结论等相关信息；（八）抄袭、剽窃咨询评审对象的科学技术成果；（九）违反国家科学技术活动保密相关规定；（十）法律、行政法规、部门规章或规范性文件规定的其他相关违规行为。"

3.《科学技术活动违规行为处理暂行规定》第十一条规定："对科学技术活动违规行为，视违规主体和行为性质，可单独或合并采取以下处理措施：（一）警告；（二）责令限期整改；（三）约谈；（四）一定范围内或公开通报批评；（五）终止、撤销有关财政性资金支持的科学技术活动；（六）追回结余资金，追回已拨财政资金以及违规所得；（七）撤销奖励或荣誉称号，追回奖金；（八）取消一定期限内财政性资金支持的科学技术活动管理资格；（九）禁止在一定期限内承担或参与财政性资金支持的科学技术活动；（十）记入科研诚信严重失信行为数据库。”

4.《科学技术活动违规行为处理暂行规定》第十六条规定：“采取禁止在一定期限内承担或参与财政性资金支持的科学技术活动处理措施的，违规行为未涉及科学技术活动核心关键任务、约束性目标或指标，但造成较大负面影响或财政资金损失，对违规单位取消 2 年以内（含 2 年）相关资格，对违规个人取消 3 年以内（含 3 年）相关资格。上述违规行为涉及科学技术活动的核心关键任务、约束性目标或指标，并导致相关科学技术活动偏离约定目标，或造成严重负面影响或财政资金损失，对违规单位取消 2 至 5 年相关资格，对违规个人取消 3 至 5 年相关资格。上述违规行为涉及科学技术活动的核心关键任务、约束性目标或指标，并导致相关科学技术活动停滞、严重偏离约定目标，或造成特别严重负面影响或财政资金损失，对违规单位和个人取消 5 年以上直至永久相关资格。”

5.《企业所得税优惠政策事项办理办法》（国家税务总局公告 2018 年第 23 号）所附《企业所得税优惠事项管理目录》（2017 年版）规定：“开发新技术、新产品、新工艺发生的研究开发费用加计扣除需要留存备查的资料包括：（1）自主、委托、合作研究开发项目计划书和企业有权部门关于自主、委托、合作研究开发项目立项的决议文件；（2）自主、委托、合作研究开发专门机构或项目组的编制情况和研发人员名单；（3）经科技行政主管部门登记的委托、合作研究开发项目的合同；（4）从事研发活动的人员（包括外聘人员）和用于研发活动的仪器、设备、无形资产的费用分配说明（包括工作使用情况记录及费用分配计算证据材料）；（5）集中研发项目研发费决算表、集中研发项目费用分摊明细情况表和实际分享收益比例等资料；（6）‘研发支出’辅助账及汇总表；（7）企业如果已取得地市级（含）以上科技行政主管部门出具的鉴定意见，应作为资料留存备查。”

六、主要表单格式

科技项目执行情况表（见附件）。

七、评价手册

科技项目管理内部控制评价手册如表 4－33 所示。

表 4－33 科技项目管理内部控制评价手册

末级流程名称	控制点编号	控制点	控制描述	评价标准编号	评价标准	标准测试程序
科技项目管理	KY—01—01—01—C02	可研报告评审控制	对项目可行性进行充分论证及评审，科技项目立项应与实际业务相符，不得偏离规划目标，以免造成科技资金浪费	KY—01—01—01—PJ 01	对公司科技项目申报材料进行审核，从其形式是否符合公司科技项目申报要求，内容是否合理、可行、严谨等方面展开审核，包括：项目的资金使用、人员安排、研究方法、技术路线、预期成果等，并提交审批	1. 访谈科技管理部门员工，了解实际业务操作是否符合控制标准的要求，是否能够有效应对本控制点所面临的风险； 2. 抽取公司科技项目申报材料，检查其形式是否符合公司科技项目申报要求，检查申报内容是否合理、可行、严谨，包括：项目的资金使用、人员安排、研究方法、技术路线、预期成果等； 3. 检查科技项目申报材料等相关文件是否含有审查人员的签字审查痕迹
	KY—01—01—01—C05	项目实施过程控制	研发人员配备、科技经费管理和研发过程管控应当合理，合同权属应当清晰，以免科技项目不能按计划完成或研发失败	KY—01—01—01—PJ 02	由项目承担单位完整编制《项目执行情况报告》，报经科技项目管理岗审核，确保项目实施情况规范，内容合理，形式合规	1. 访谈科技管理部门员工，了解实际业务操作是否符合控制标准的要求，是否能够有效应对本控制点所面临的风险； 2. 抽取测试期间内科研项目阶段监督检查汇报材料及相关文件，审查项目进度及项目资金使用情况是否与项目计划一致，是否存在重大调整，调整是否经项目承担单位汇总、审核
	KY—01—01—01—C08	项目验收控制	应当安排具备相关水平或经验的科技项目验收人员参与验收，验收程序和验收材料应当规范，以免科技项目验收结论与事实不符，造成科技项目投入无法达到预期目标	KY—01—01—01—PJ 03	项目承担单位科技管理岗根据公司科技项目督导计划，对科技项目承担部门项目实施主体提交的科技项目阶段性成果材料或进展情况进行审核，审查其合规性、真实性，通过纸质版或电子邮件方式递交待审，确保项目过程管理符合要求	1. 访谈科技管理部门员工，了解实际业务操作是否符合控制标准的要求，是否能够有效应对本控制点所面临的风险； 2. 抽取科技项目督导材料，检查督导准备材料是否规范、属实； 3. 抽取科技项目验收材料，检查是否按照验收计划要求提交验收材料，检查验收材料是否齐全，包括：项目任务书/合同、项目技术报告、项目经费决算报告等

八、制度清单

（1）《企业内部控制应用指引第 10 号——研究与开发》（财会〔2010〕11 号）；

（2）《科学技术活动违规行为处理暂行规定》（科学技术部令第 19 号）；

（3）《企业所得税优惠政策事项办理办法》（国家税务总局公告 2018 年第 23 号）。

附件：

科技项目执行情况表

<table>
<tr><td>项目名称</td><td colspan="3"></td></tr>
<tr><td>项目编号</td><td></td><td>承担单位</td><td></td></tr>
<tr><td>项目负责人</td><td></td><td>联系电话</td><td></td></tr>
<tr><td>填报人</td><td></td><td>联系电话</td><td></td></tr>
<tr><td colspan="4">项目研究进度及取得的成果：</td></tr>
<tr><td colspan="4">经费使用情况（预算和实际发生）：</td></tr>
<tr><td colspan="4">存在问题及解决措施：
项目负责人：
年　月　日</td></tr>
<tr><td colspan="4">单位意见：
（公章）
年　月　日</td></tr>
</table>

典型案例 6：培训管理一体机

一、案例概述

（一）培训管理一体机

培训中心在培训班管理的报到、结算和开票环节使用一站式财务结算智能系统，该系统运用大数据、云计算、移动互联网、智能机器人等新兴技术，以缴费报到一体机和开票一体机为关键载体，采用系统直联、机器人流程自动化（RPA）等方式，应用内外网隔离装置，融通财务智能核算、资金线上收付、金税自助开票等业务场景，实现培训缴费、报到、开票、记账、对账的智能化一站式管理。

（二）工作流程

1. 工作环节

培训管理工作涉及开班前管理、报到收费、开票、培训评价等环节。

2. 涉及部门职责

（1）流程维护部门：财务部。

（2）主责部门：

培训管理部：负责联系外聘师资，确认教师行程信息；发布培训课表；准备报到资料，包括报到指南、培训课表等；对各送培单位的报名情况进行审核、汇总；组织学员完成一级评估，对培训时间较长或重点项目的培训班，组织学员座谈会听取学员意见；根据学员反馈的意见，将有关教学方面的意见反馈给教学部门，如出现较大的失误或不足，下限期整改任务通知书；通过“授课质量监测码”对授课师资进行评价；根据学员反馈的意见，将有关后勤服务方面的意见反馈给后勤服务部门，如出现较大的失误或不足，下限期整改任务通知书。

教学实施部：负责根据培训实施方案对师资、课程内容进行确认；根据办班通知和培训课表进行培训教学准备，收集培训课件；准备教材资料；编制后勤服务联系单，联系后勤部门；开班前对教学场地准备情况进行检查；组织培训考核工作；对考核结果进行评定；完成成绩统计工作；对学员的学习情况进行二级评估；在培训项目完成后，进行项目总结；整理培训项目的所有资料，并进行归档。

后勤服务部门：负责落实食宿安排工作；准备教学场地；将于1天后前往发票机统一收取上一天发票机中的发票（记账联），核对取得的发票数量和内容是否与上一天开票数量和内容一致，核对好后的发票递交给财务部的核算会计。

财务部：负责编制收款凭证；核对收款金额。

二、流程图及说明

（一）开班前期管理

1. 流程图

开班前期管理流程如图4-9所示。

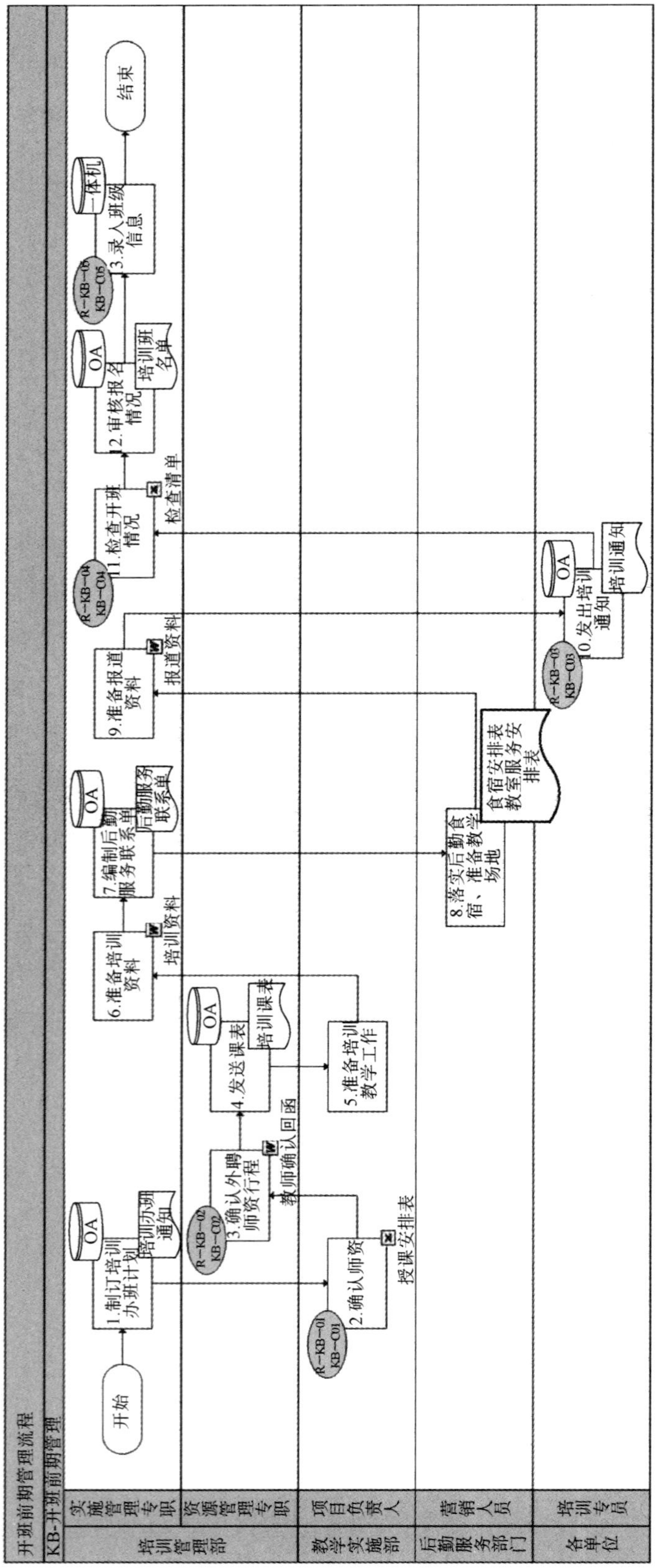

图4－9 开班前期管理流程

2. 流程步骤说明

开班前期管理流程步骤说明如表 4－34 所示。

表 4－34　开班前期管理流程步骤说明

步骤编号	标准流程步骤	步骤说明	涉及层级	责任部门	责任岗位	输入信息	输入信息提供者	输出信息	涉及系统
1	制订培训办班计划	实施管理专职根据月度计划制订培训办班计划	培训中心	培训管理部	实施管理专职	月度计划	实施管理专职	培训办班通知	OA
2	确认师资	项目负责人根据培训实施方案对师资、课程内容进行确认	培训中心	教学实施部	项目负责人	培训办班通知、师资库	项目负责人	授课安排表	线下
3	确认外聘师资行程	资源管理专职联系外聘师资，确认教师行程信息；沟通交通及费用的承担方式、订票对接人等信息	培训中心	培训管理部	资源管理专职	授课安排表	资源管理专职	教师确认回函	线下
4	发送课表	资源管理专职发送培训课表	培训中心	培训管理部	资源管理专职	教师确认回函	资源管理专职	培训课表	OA
5	准备培训教学工作	项目负责人根据办班通知和培训课表准备培训教学场地，进行设备调试，收集培训课件	培训中心	教学实施部	项目负责人	培训课表	项目负责人	培训课件、教材清单	线下
6	准备培训资料	实施管理专职在接到培训通知后，开始培训资料准备	培训中心	培训管理部	实施管理专职	教材采购清单	实施管理专职	培训教材	线下
7	编制后勤服务联系单	实施管理专职编制后勤服务联系单，联系后勤部门	培训中心	培训管理部	实施管理专职	培训课表	实施管理专职	后勤服务联系单	OA
8	落实后勤食宿、准备教学场地	营销专职落实食宿安排工作、准备教学场地	培训中心	后勤服务部门	营销专职	后勤服务联系单	营销专职	食宿安排表、教室服务安排表	OA

续表

步骤编号	标准流程步骤	步骤说明	涉及层级	责任部门	责任岗位	输入信息	输入信息提供者	输出信息	涉及系统
9	准备报到资料	实施管理专职准备报到资料，包括报到指南、培训课表等	培训中心	培训管理部	实施管理专职	培训班信息	实施管理专职	报到资料	线下
10	发出培训通知	通知上生成班级二维码	各单位	人力资源部	培训专职				OA
11	检查开班准备情况	实施管理专职开班前对教学场地准备情况进行检查	培训中心	培训管理部	实施管理专职		实施管理专职	检查清单	线下
12	审核报名情况	实施管理专职根据各送培单位的报名情况审核报名人数是否超标、学员资格是否达到培训要求，并汇总培训名单	培训中心	培训管理部	实施管理专职	各单位报名名单	实施管理专职	培训班名单	OA
13	录入班级信息	实施管理专职将培训班级信息、学员名单录入一体机系统	培训中心	培训管理部	实施管理专职	培训班名单初稿	实施管理专职	培训中心收费系统	一体机

（二）报到收费流程

1. 流程图

报到收费流程如图 4－10 所示。

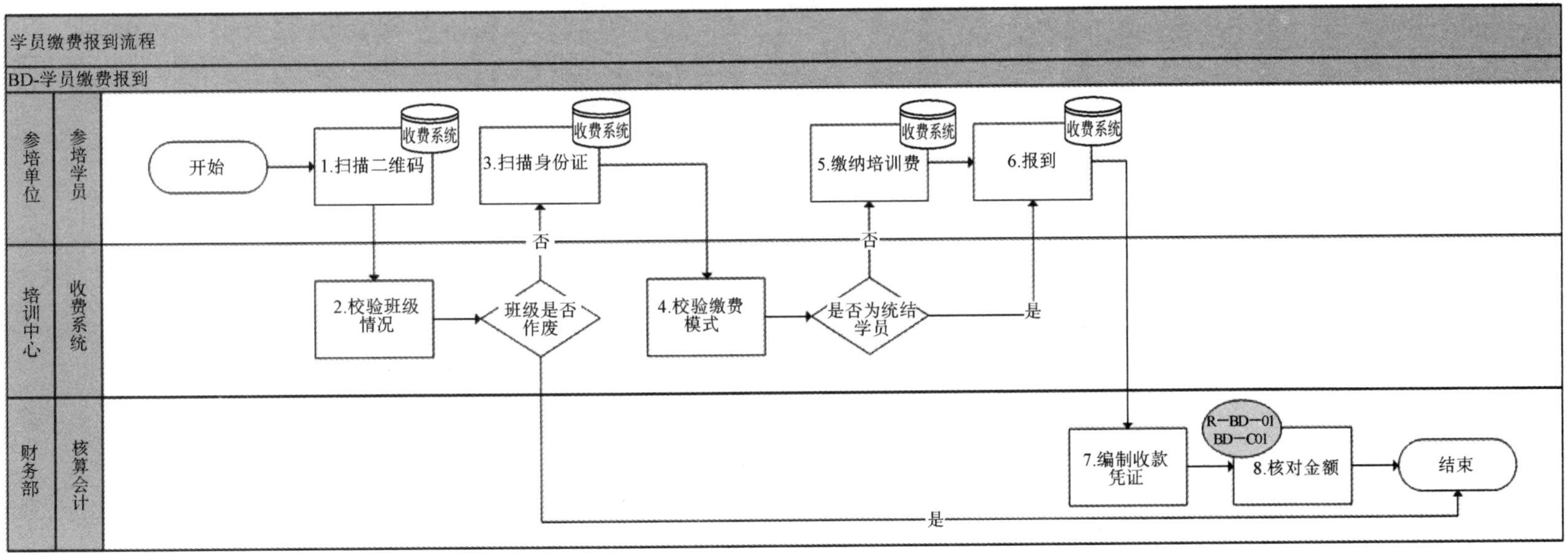

图 4－10 报到收费流程

2. 流程步骤说明

报到收费流程步骤说明如表 4－35 所示。

表 4－35　报到收费流程步骤说明

步骤编号	标准流程步骤	步骤说明	涉及层级	责任部门	责任岗位	输入信息	输入信息提供者	输出信息	涉及系统
1	扫描二维码	由参培学员在收费系统扫描报到通知书二维码	各层级	参培公司	学员	报到通知书二维码	参培学员	二维码对应班级情况	收费系统
2	校验班级情况	收费系统校验二维码对应班级情况	培训中心	培训中心	收费系统				收费系统
3	扫描身份证报到	收费系统显示相关班级信息	各层级	参培公司	学员	身份证信息	参培学员	学员对应缴费模式情况	收费系统
4	校验缴费模式	收费系统校验学员缴费模式情况	培训中心	培训中心	收费系统				收费系统
5	缴纳培训费	参培学员在收费系统缴费页面进行缴费	各层级	参培公司	学员				收费系统
6	报到	参培学员点击收费系统页面上的报到选项	各层级	参培公司	学员				收费系统
7	编制收款凭证	核算会计根据缴费情况编制收款凭证	培训中心	财务资产部	核算会计	收款凭证信息	核算会计	收款凭证	SAP
8	核对金额	核算会计确认收款凭证的金额是否与开票金额一致	培训中心	财务资产部	核算会计	收款金额明细与开票金额明细	核算会计	收款金额与开票金额	线下

（三）培训开票管理

1. 流程图

培训开票管理流程如图 4－11 所示。

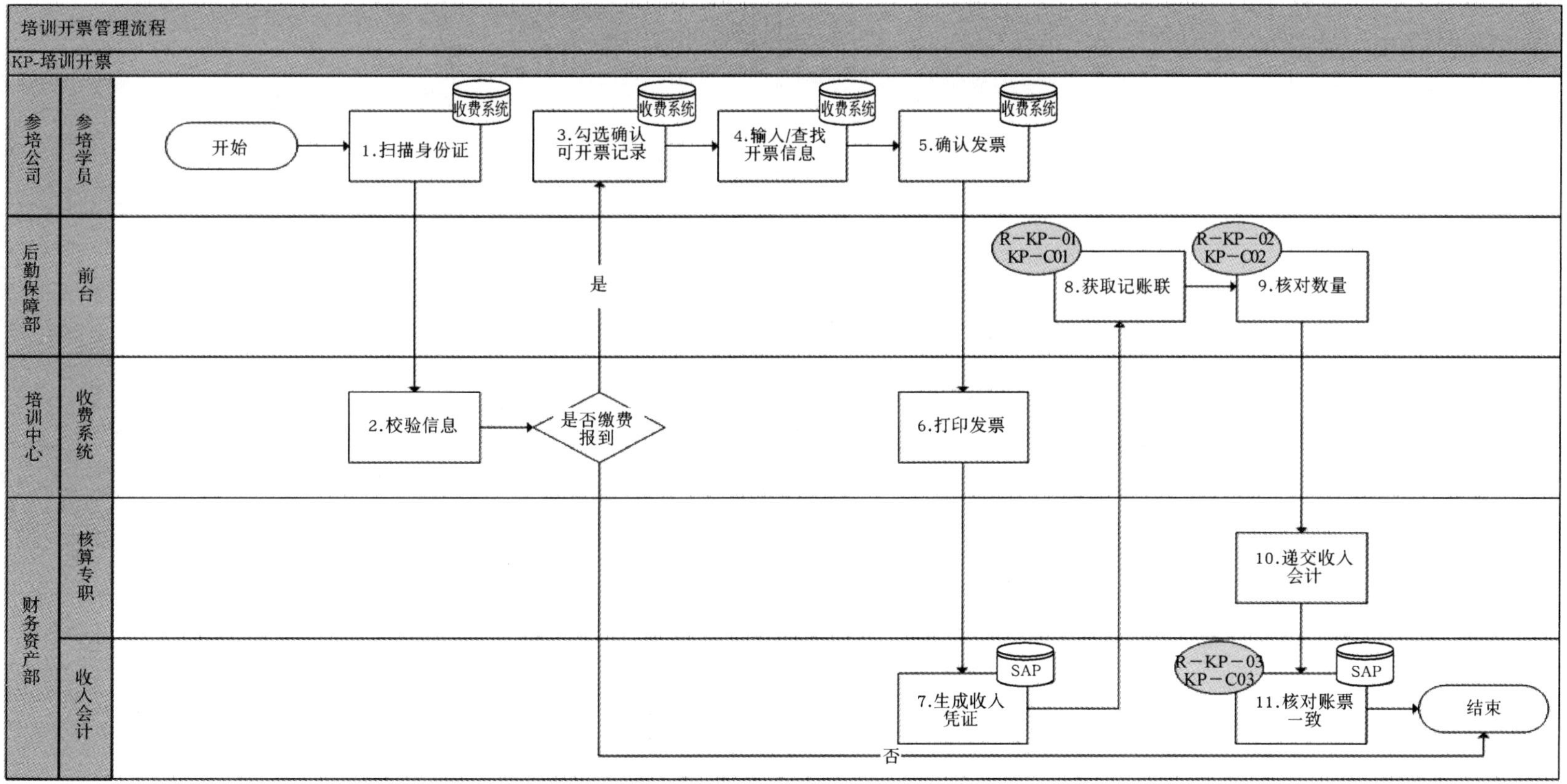

图 4－11　培训开票管理流程

2. 流程步骤说明

培训开票管理流程步骤说明如表4－36所示。

表4－36　　培训开票管理流程步骤说明

步骤编号	标准流程步骤	步骤说明	涉及层级	责任部门	责任岗位	输入信息	输入信息提供者	输出信息	涉及系统
1	扫描身份证	学员在开票机前出示并扫描身份证	各层级	参培公司	学员	身份证	学员		收费系统
2	校验信息	开票机将自动校验学员是否缴费报到	培训中心	财务资产部	税务专职	身份证	学员	校验结果	收费系统
3	勾选确认可开票记录	学员在开票机前勾选并确认可开票记录	各层级	参培公司	学员	开票界面	收费系统	发票抬头界面	收费系统
4	输入/查找开票信息	学员在开票机前输入/查找开票信息	各层级	参培公司	学员	开票信息	学员	开票信息	收费系统
5	确认发票	学员在开票机前检查无误后点击确认按钮	各层级	参培公司	学员	发票	收费系统	发票	收费系统
6	打印发票	开票机在学员确认后自动打印发票	培训中心	参培公司	学员	发票	收费系统	发票	收费系统
7	生成收入凭证	SAP系统在收到发票信息后自动生成收入凭证	培训中心	财务资产部	资金管理专职	发票	收费系统	电子凭证	SAP
8	获取记账联	前台将于1天后前往发票机统一收取上一天发票机中的发票（记账联）	培训中心	后勤服务部	前台	授权信息	前台	发票	线下
9	核对数量	前台将核对取得的发票数量和内容是否与上一天开票数量和内容一致	培训中心	后勤服务部	前台	发票	前台	发票	线下
10	递交收入会计	前台将核对好后的发票递交给财务部的核算专职	培训中心	财务资产部	核算专职	发票	前台	发票	线下
11	核对账票一致	收入会计在SAP系统中核对账票是否一致	培训中心	财务资产部	收入会计				SAP

（四）培训评价管理

1. 流程图

培训评价管理流程如图 4－12 所示。

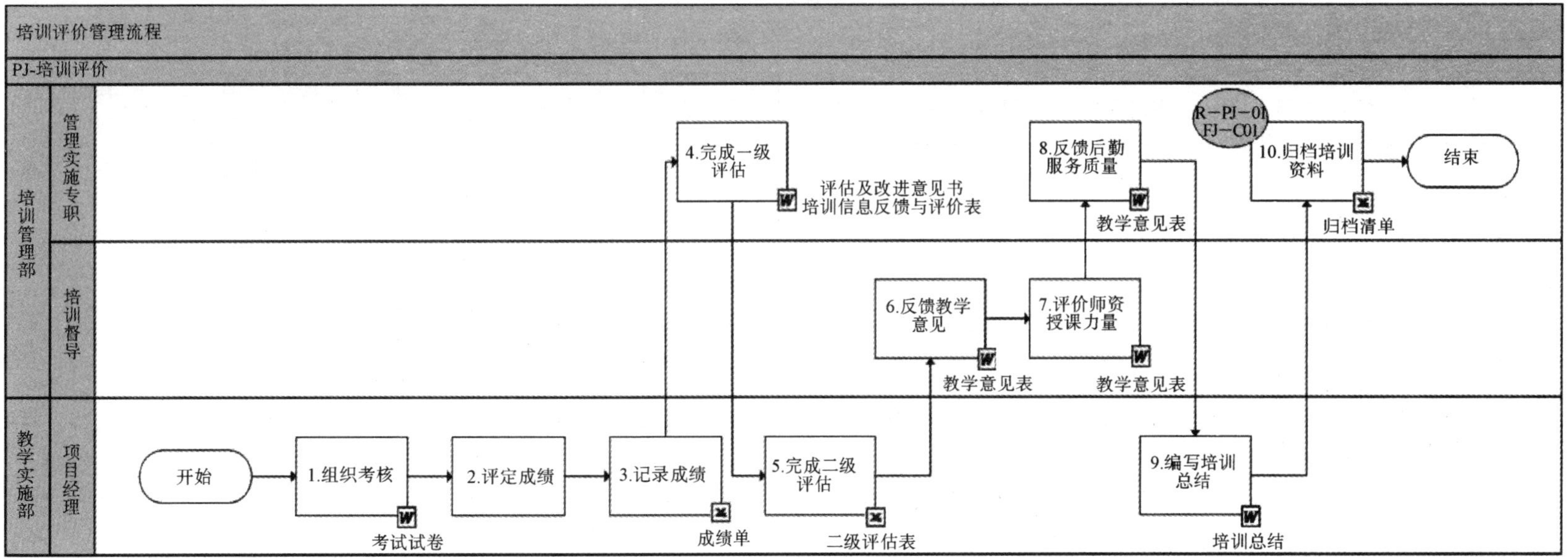

图 4－12 培训评价管理流程

2. 流程步骤说明

培训评价管理流程步骤说明如表4－37所示。

表4－37　　培训评价管理流程步骤说明

步骤编号	标准流程步骤	步骤说明	涉及层级	责任部门	责任岗位	输入信息	输入信息提供者	输出信息	涉及系统
1	组织考核	项目负责人组织培训考核工作	培训中心	教学实施部	项目负责人	考核内容	项目负责人	考核试卷	线下
2	评定成绩	项目负责人对考核结果进行评定	培训中心	教学实施部	项目负责人	考核试卷、考勤情况	项目负责人	考核结果	线下
3	记录成绩	项目负责人完成成绩统计工作	培训中心	教学实施部	项目负责人	考核结果	项目负责人	成绩表	线下
4	完成一级评估	实施管理专职组织学员完成一级评估，对培训时间较长或重点项目的培训班，组织学员座谈会听取学员意见	培训中心	教学实施部	实施管理专职	培训反馈意见	实施管理专职	培训项目反映评估及改进意见书、培训信息反馈与评价表	线下
5	完成二级评估	培训中心教学实施部项目负责人对学员的学习情况进行二级评估	培训中心	教学实施部	项目负责人	考核结果	项目负责人	二级评估表	线下
6	反馈教学意见	培训督导根据学员反馈的意见，将有关教学方面的意见反馈给教学部门，如出现较大的失误或不足，下限期整改任务通知书	培训中心	教学实施部	培训督导	培训评价记录	培训督导	教学意见表	线下
7	评价师资授课质量	培训督导通过“授课质量监测码”对授课师资进行评价	培训中心	教学实施部	培训督导	培训评价记录	培训督导	教学意见表	线下
8	反馈后勤服务质量	实施管理专职根据学员反馈的意见，将有关后勤服务方面的意见反馈给后勤服务部门，如出现较大的失误或不足，下限期整改任务通知书	培训中心	教学实施部	实施管理专职	培训评价记录	实施管理专职	后勤意见表	线下
9	撰写培训总结	项目负责人在培训项目完成后，进行项目总结	培训中心	教学实施部	项目负责人	培训总结	项目负责人	培训总结	线下
10	归档培训资料	实施管理专职整理培训项目的所有资料，并进行归档	培训中心	教学实施部	实施管理专职	培训资料	实施管理专职	培训资料归档清单	线下

三、风险清单

（一）开班前期管理

开班前期管理风险清单如表4－38所示。

表4－38　开班前期管理风险清单

序号	环节名称	风险点	风险点编号
1	确认师资	培训中心教学实施部未根据统一的标准及选用机制确认师资，无法精准匹配最合适的培训师	R—KB—01
2	确认外聘师资行程	外聘师资无法按时参加授课	R—KB—02
3	发出培训通知	班级收费标准是否正确	R—KB—03
4	检查开班准备情况	教学设施损坏未及时发现并解决	R—KB—04
5	录入班级信息	未及时推送最新培训班名单	R—KB—05

（二）报到收费管理

报到收费管理风险清单如表4－39所示。

表4－39　报到收费管理风险清单

序号	环节名称	风险点	风险点编号
1	核对金额	收款金额与开票金额不符，对账产生差异	R—BD—01

（三）培训开票管理

培训开票管理风险清单如表4－40所示。

表4－40　培训开票管理风险清单

序号	环节名称	风险点	风险点编号
1	获取记账联	发票记账联漏拿或遗失	R—KP—01
2	核对数量	发票数量、信息与开票记录不相符	R—KP—02
3	核对账票一致	发票数量与一体机自动做账的收入记录不相符	R—KP—03

（四）培训评价管理

培训评价管理风险清单如表4－41所示。

表 4－41　　培训评价管理风险清单

序号	环节名称	风险点	风险点编号
1	归档培训资料	归档培训资料不完整	R—PJ—01

四、内控矩阵

（一）开班前期管理

开班前期管理内控矩阵如表 4－42 所示。

表 4－42　　开班前期管理内控矩阵

步骤编号	风险点编号	风险点描述	控制点编号	控制点描述	手工/IT/手工依赖 IT 控制	控制频率
2	R—KB—01	培训中心教学实施部未根据统一的标准及选用机制确认师资，无法精准匹配最合适的培训师	KB—C01	培训中心教学实施部师资聘用师资符合统一的标准及选用机制	手工	不定期
3	R—KB—02	外聘师资无法按时参加授课	KB—C02	资源管理专职在师资库中挑选合适的师资并联系确认	手工	不定期
10	R—KB—03	班级收费标准是否正确	KB—C03	发出培训通知前再次确认班级收费标准	手工	不定期
11	R—KB—04	教学设施损坏未及时发现并解决	KB—C04	实施管理专职对教学场地及教学设施进行检查确认，发现问题及时与后勤服务部门联系	手工	不定期
13	R—KB—05	未及时推送最新培训班名单	KB—C05	未及时推送培训班名单至培训中心收费系统，无法与收费系统数据核对	手工	不定期

（二）报到收费管理

报到收费管理内控矩阵如表 4－43 所示。

表 4－43　　报到收费管理内控矩阵

步骤编号	风险点编号	风险点描述	控制点编号	控制点描述	手工/IT/手工依赖 IT 控制	控制频率
10	R—BD—01	收款金额与开票金额不符，对账产生差异	BD—C01	导出开票明细，根据对方单位整理往来明细，定期查看往来挂账情况，与对方单位进行对账并催收款项	手工依赖 IT 控制	定期

（三）培训开票管理

培训开票管理内控矩阵如表4－44所示。

表4－44　　培训开票管理内控矩阵

步骤编号	风险点编号	风险点描述	控制点编号	控制点描述	手工/IT/手工依赖IT控制	控制频率
11	R—KP—01	发票记账联漏拿或遗失	KP—C01	应当及时在学员开票后一天拿出发票记账联，防止出现发票漏拿或遗失	手工	不定期
12	R—KP—02	发票数量、信息与开票记录不相符	KP—C02	应加强审核力度，防止出现发票漏开、错开	手工依赖IT控制	不定期
14	R—KP—03	发票数量与一体机自动做账的收入记录不相符		确保收入记录与发票凭证账票相符	手工依赖IT控制	不定期

（四）培训评价管理

培训评价管理内控矩阵如表4－45所示。

表4－45　　培训评价管理内控矩阵

步骤编号	风险点编号	风险点描述	控制点编号	控制点描述	手工/IT/手工依赖IT控制	控制频率
10	R—PJ—01	归档培训资料不完整	PJ—C01	班主任（班级助理）整理培训项目的所有资料，包括培训计划通知、培训日志、培训课表、培训班级名单、考勤表、考试成绩、“培训信息反馈与评价表”（培训管理部门、教学实施部门、后勤服务部门三方负责人签字）、《培训项目反应评估及改进意见书》（一级评估）、《评估建议书》（二级评估）等，并进行归档	手工	不定期

五、底线清单

无底线清单。

六、表单管理

无表单管理。

七、评价手册

培训管理一体机内部控制评价手册如表4－46所示。

表4－46　　培训管理一体机内部控制评价手册

末级流程名称	控制点编号	控制点	控制描述	评价标准编号	评价标准	标准测试程序
确认师资	KB—C01	确认师资符合要求	培训中心教学实施部师资聘用师资符合统一的标准及选用机制	PJ—KB—01	师资聘用根据统一的标准及选用机制	1. 访谈××员工，了解实际业务操作是否符合控制标准的要求，是否能够有效应对本控制点所面临的风险； 2. 根据抽样规则，获取师资相关信息与相关标准进行比对核实
确认外聘师资行程	KB—C02	确认在库师资	资源管理专职在师资库中挑选合适的师资并联系确认	PJ—KB—02	资源管理专职在师资库中挑选合适的师资并联系确认	1. 访谈××员工，了解实际业务操作是否符合控制标准的要求，是否能够有效应对本控制点所面临的风险； 2. 根据抽样规则，获取联系记录，查看是否及时从师资库中选择合适师资参与授课
发出培训通知	KB—C03	确认班级收费标准	发出培训通知前再次确认班级收费标准	PJ—KB—03	发出培训通知前再次确认班级收费标准	1. 访谈××员工，了解实际业务操作是否符合控制标准的要求，是否能够有效应对本控制点所面临的风险； 2. 根据抽样规则，查看培训通知与收费标准，确认班级收费是否符合标准
检查开班准备情况	KB—C04	确认开班前检查工作完成	实施管理专职对教学场地及教学设施进行检查确认，发现问题及时与后勤服务部门联系	PJ—KB—04	及时发现并解决教学设施损坏	1. 访谈××员工，了解实际业务操作是否符合控制标准的要求，是否能够有效应对本控制点所面临的风险； 2. 根据抽样规则，查看对于经过复核发现教学设施确实损坏是否及时进行了处理； 3. 根据抽样规则，检查异常处理记录、流程是否规范

续表

末级流程名称	控制点编号	控制点	控制描述	评价标准编号	评价标准	标准测试程序
录入班级信息	KB—C05	核对班级信息	及时推送培训班名单至培训中心收费系统，与收费系统数据核对	PJ—KB—05	及时推送最新培训班名单	1. 访谈××员工，了解实际业务操作是否符合控制标准的要求，是否能够有效应对本控制点所面临的风险； 2. 根据抽样规则，获取推送记录，查看推送的名单与实际名单是否一致
核对金额	BD—C01	核对开票金额	导出开票明细，根据对方单位整理往来明细，定期查看往来挂账情况，与对方单位进行对账并催收款项	PJ—BD—01	收款金额与开票金额保持一致	1. 访谈××员工，了解实际业务操作是否符合控制标准的要求，是否能够有效应对本控制点所面临的风险； 2. 根据抽样规则，获取收款凭证和开票记录，通过比对核实是否一致
取得发票	KP—C01	及时取得发票记账联	应当及时在学员开票后一天拿出发票记账联，防止出现发票漏拿或遗失	PJ—KP—01	发票数量、信息与开票记录保持一致	1. 访谈××员工，了解实际业务操作是否符合控制标准的要求，是否能够有效应对本控制点所面临的风险； 2. 根据抽样规则，获取发票数量、信息与开票记录，比对核实是否一致
核对数量	KP—C02	核对开票数量	应加强审核力度，防止出现发票漏开、错开	PJ—KP—02	发票数量、信息与开票记录保持一致	1. 访谈××员工，了解实际业务操作是否符合控制标准的要求，是否能够有效应对本控制点所面临的风险； 2. 根据抽样规则，获取发票数量、信息与开票记录，比对核实是否一致
核对账票一致	KP—C03	核对账票数据一致	确保收入记录与发票凭证账票相符	PJ—KP—03	发票数量与一体机自动做账的收入记录保持一致	1. 访谈××员工，了解实际业务操作是否符合控制标准的要求，是否能够有效应对本控制点所面临的风险； 2. 根据抽样规则，获取发票数量与一体机自动做账的收入记录，比对核实是否一致

续表

末级流程名称	控制点编号	控制点	控制描述	评价标准编号	评价标准	标准测试程序
归档培训资料	PJ—C01	确认培训资料归档完整无误	班主任（班级助理）整理培训项目的所有资料，包括培训计划通知、培训日志、培训课表、培训班级名单、考勤表、考试成绩、培训信息反馈与评价表（培训管理部门、教学实施部门、后勤服务部门三方负责人签字）、《培训项目反应评估及改进意见书》（一级评估）、评估建议书（二级评估）等，并进行归档	PI—PJ—01	归档培训资料完整无误	1. 访谈××员工，了解实际业务操作是否符合控制标准的要求，是否能够有效应对本控制点所面临的风险； 2. 根据抽样规则，获取归档培训资料台账，抽查培训资料是否按照归档材料整理完整无误

典型案例7：物资集中采购

一、案例概述

（一）物资集采

物资集中采购（简称“物资集采”），是指企业为降低采购成本或提高采购质量，设立物资采购部或物资公司，对某一类或某几种物资实行统一招标集中采购，并按照采购需求或计划转拨或转售给所属分子公司的采购模式。物资集中采购应实行“集中集约”的管理要求，充分发挥集中采购的优势，建立公开透明的采购机制，有效降低公司采购成本。

（二）工作流程

1. 工作环节

物资集采包括提出需求、招标、合同管理、履约、抽检、销售转存、结算等环节。

2. 涉及部门职责

（1）流程维护部门：物资管理部门。

（2）主责部门：物资管理部门是物资集采归口管理部门，负责汇总审核各需求单位提报的采购需求；负责结合历年实际物资需求，进行科学预测，编制形成全年的物资总需求；负责根据最终采购需求表创建采购申请；负责委托招投标代理机构进行招标工作，并及时审阅招标方案及招标文件的整体规范性等是否符合招标需求；负责对抽检计划已审批的需求创建采购申请；负责实物收货并签署到货交接单工作；负责对货物进行抽检工作；负责匹配领用需求出具配送单并同时校验配送单数量与领用匹配数量是否一致，及时进行出库配送工作。

（3）参与部门：

①需求单位：负责预估年度需求，传递给物资管理部门；负责对下一阶段领用需求进行提报工作，收到物资进行收货确认。

②合同管理部门：负责在招标结束后进行合同审核、签订等相关工作，如需合同变更则及时开展合同变更相关工作；负责对采购订单进行分配，并维护买方信息，核对采购供货单并督促供应商及时确认；对生效采购供货单进行供应计划维护，形成详细的供应计划；负责创建结算预约号，并发送给供应商；结算环节负责进行发票校验审核，并及时发起支付申请。

③财务管理部门：负责在结算环节中进行发票校验审核工作，对到货款支付申请进行审核；负责对付款指令进行审批，审核通过后支付货款工作。

二、流程图及说明

（一）流程图

物资集采业务流程如图 4 – 13 所示。

（二）流程步骤说明

物资集采业务流程步骤说明如表 4 – 47 所示。

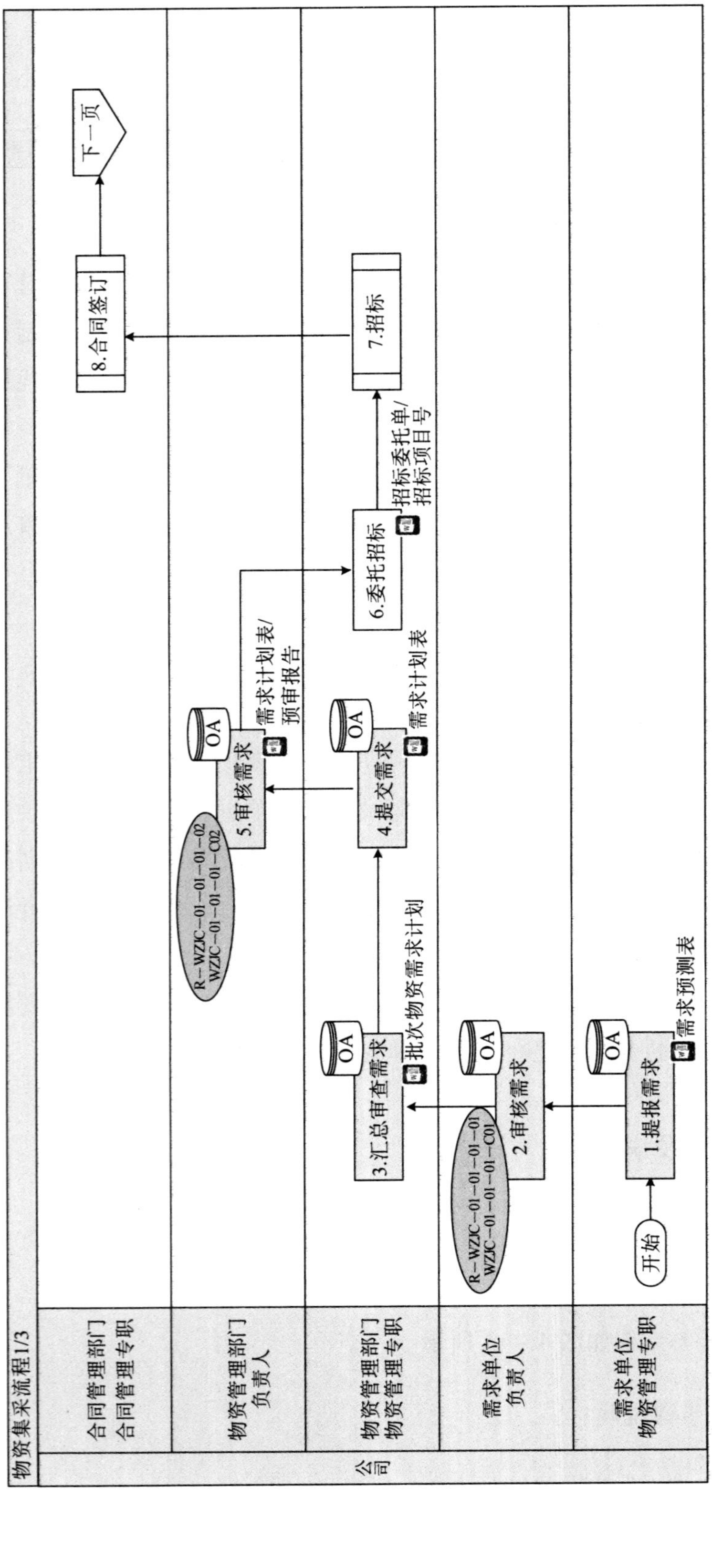

图4-13（a） 物资集采业务流程（一）

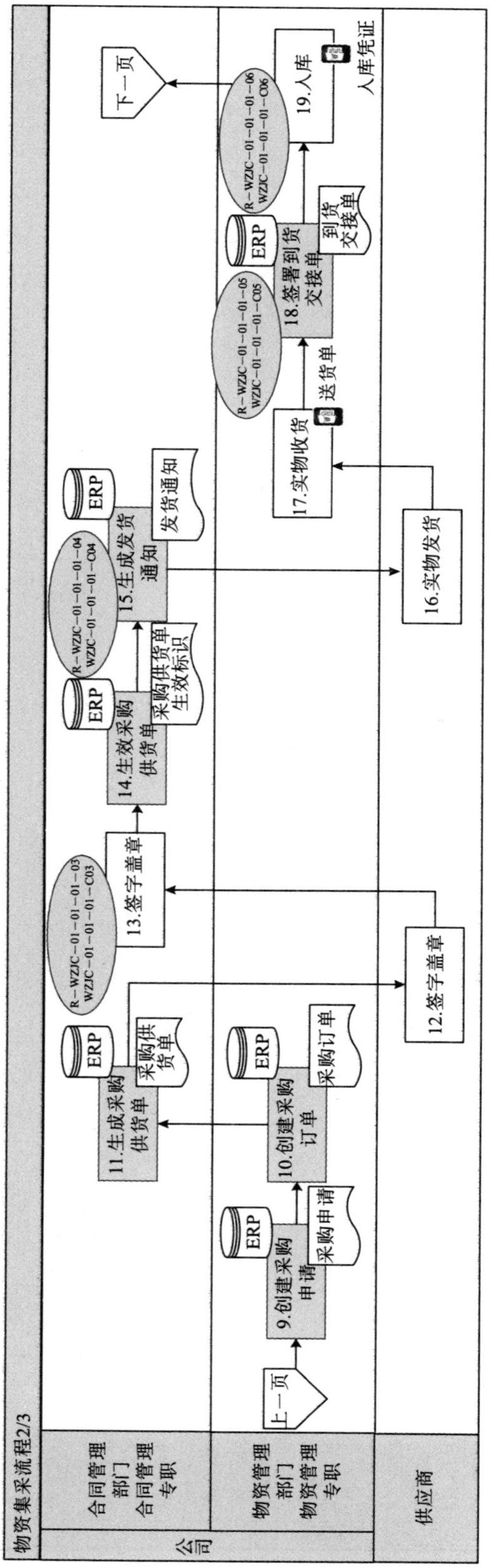

图4-13（b） 物资集采业务流程（二）

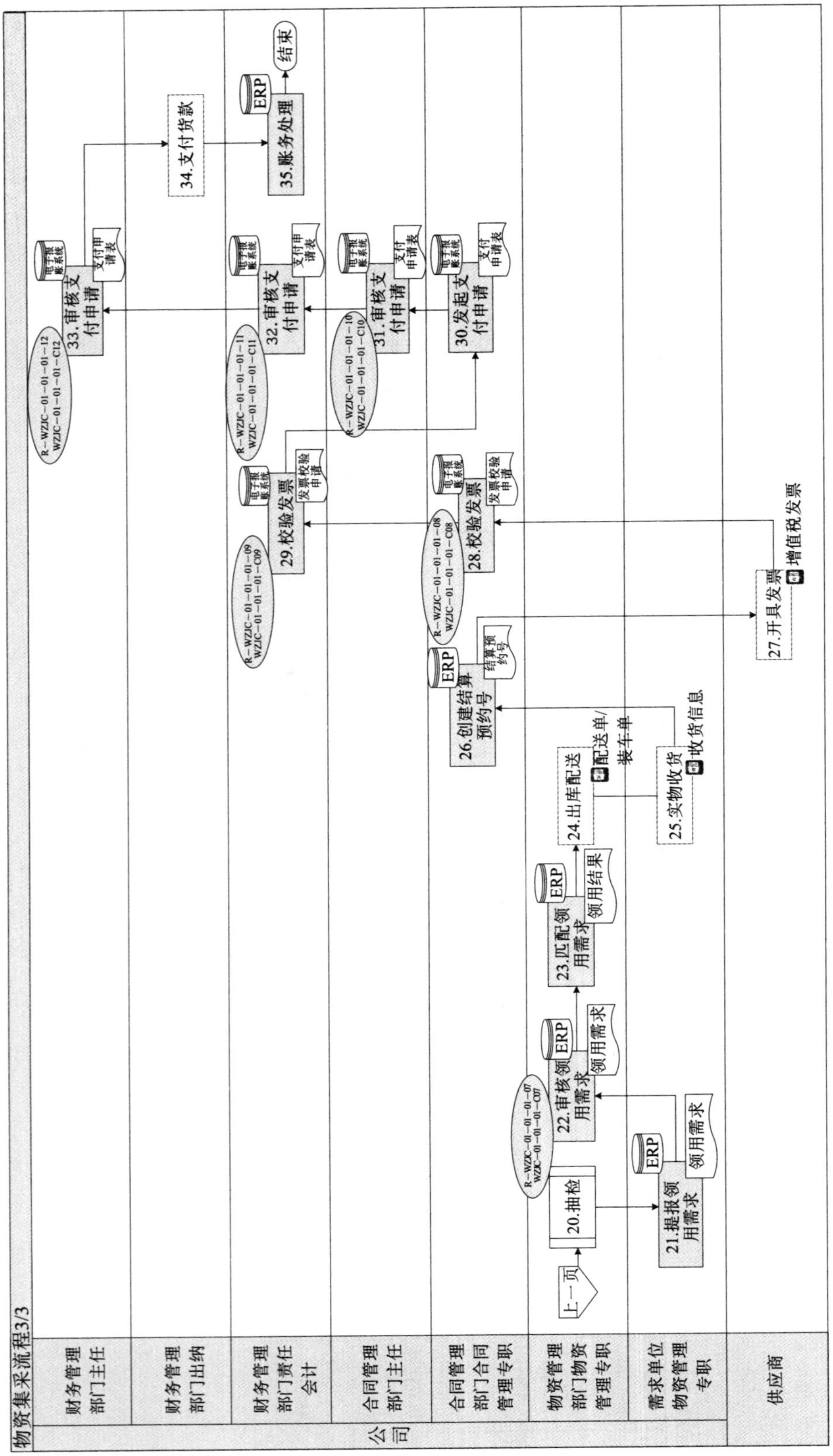

图4-13（c） 物资集采业务流程（三）

表 4－47　物资集采业务流程步骤说明

物资集采流程步骤									
步骤编号	标准流程步骤	步骤说明	涉及层级	责任部门	责任岗位	输入信息	输入信息提供者	输出信息	涉及系统
1	提报需求	需求单位专职提报需求，应当依据年度综合计划、预算和项目进度，依托信息化系统，利用需求计划储备库及大数据预测管理模式对需求进行审核	公司	需求单位	物资管理专职			需求预测表	OA
2	审核需求	需求单位负责人对提报的需求进行审核后传递给物资部门，应当依据年度综合计划、预算和项目进度，依托信息化系统，利用需求计划储备库及大数据预测管理模式对需求进行审核	公司	需求单位	负责人	需求预测表	需求单位物资管理专职	需求预测表	OA
3	汇总审查需求	物资管理部门物资管理专职汇总审查需求	公司	物资管理部门	物资管理专职	需求预测表	需求单位负责人	批次物资需求计划	OA
4	提交需求	物资管理部门汇总审查后把需求提交到物资部门负责人进行审核	公司	物资管理部门	物资管理专职	批次物资需求计划	物资管理部门物资管理专职	需求计划表	OA
5	审核需求	物资管理部门负责人对需求进行审核，应对物资分公司提交的需求一览表进行审核，主要审核物料编码、需求数量等内容	公司	物资管理部门	负责人	需求计划表	物资管理部门物资管理专职	需求计划表、预审报告	OA
6	委托招标	物资管理部门物资管理专职委托招标代理机构进行招标流程	公司	物资管理部门	物资管理专职	需求计划表/预审报告	物资管理部门负责人	招标委托单、招标项目号	线下
7	招标	物资管理部门物资管理专职委托招标代理机构进行招标工作	公司	物资管理部门	物资管理专职	招标委托单、招标项目号	物资管理部门计划管理专职	中标结果	线下
8	合同签订	合同管理部门合同管理专职与中标单位线下签订合同	公司	合同管理部门	合同管理专职	中标结果	物资管理部门计划管理专职	合同签订结果	线下
9	创建采购申请	物资管理部门对抽检计划已审批的需求创建采购申请，采购申请创建成功后，后台对采购申请审批	公司	物资管理部门	物资管理专职	合同签订结果	合同管理部门合同管理专职	采购申请	ERP

续表

物资集采流程步骤									
步骤编号	标准流程步骤	步骤说明	涉及层级	责任部门	责任岗位	输入信息	输入信息提供者	输出信息	涉及系统
10	创建采购订单	物资管理部门创建采购订单，采购订单创建成功后，后台对采购订单进行审批	公司	物资管理部门	物资管理专职	采购申请	物资管理部门 物资管理专职	采购订单	ERP
11	生成采购供货单	合同管理部门对采购订单进行分配，并维护买方信息，创建采购供货单，创建采购供货单编号连续且唯一	公司	合同管理部门	合同管理专职	采购订单	物资管理部门 物资管理专职	采购供货单	ERP
12	签字盖章	供应商确认采购供货单并签字盖章	外部单位	供应商		采购供货单	合同管理部门 合同管理专职	采购供货单	线下
13	签字盖章	合同管理部门进行签字盖章，应在协议库存匹配结果回传之日起 10 日内完成采购供货单签订	公司	合同管理部门	合同管理专职	采购供货单	供应商	采购供货单	线下
14	生效采购供货单	合同管理部门合同管理专职生效采购供货单	公司	合同管理部门	合同管理专职	采购供货单	合同管理部门 合同管理专职	采购供货单生效标识	ERP
15	生成发货通知	合同管理部门根据一条或多条供应计划创建发货通知，应根据物资供应计划编制发货通知，明确收货信息后组织供应商发货	公司	合同管理部门	合同管理专职	采购供货单生效标识	合同管理部门 合同管理专职	发货通知	ERP
16	实物发货	供应商线下将发货通知所列货物送达指定地点	外部单位	供应商					线下
17	实物收货	到货后物资管理部门物资管理专职收货入库，并在送货单上签字确认	公司	物资管理部门	物资管理专职			送货单	线下
18	签署到货交接单	物资管理部门物资管理专职签署到货交接单（三方签署），到货交接单签署应在物资到货后 15 日内完成，到货交接单物资规格、数量应与现场实际到货一致	公司	物资管理部门	物资管理专职	送货单	物资管理部门 物资管理专职	到货交接单	ERP
19	入库	物资管理部门对签署完成的订单进行收货，生成入库凭证，签署到货交接单和入库手续办理应在物资到货后 15 日内完成	公司	物资管理部门	物资管理专职	到货交接单	物资管理部门 物资管理专职	入库凭证	线下

续表

物资集采流程步骤									
步骤编号	标准流程步骤	步骤说明	涉及层级	责任部门	责任岗位	输入信息	输入信息提供者	输出信息	涉及系统
20	抽检	物资管理部门对物资进行抽封样，并委托检测机构出具检测报告	公司	物资管理部门	物资管理专职	入库凭证	物资管理部门 物资管理专职		线下
21	提报领用需求	需求单位物资管理专职每周进行下周领用需求提报	公司	需求单位	物资管理专职			领用需求	ERP
22	审核领用需求	物资管理部门对需求单位提出的需求进行审核，应审核提报领用需求与实际月度需求相一致	公司	物资管理部门	物资管理专职	领用需求	需求单位物资管理专职	领用需求	ERP
23	匹配领用需求	物资管理部门物资管理专职对质检合格物资进行领用需求匹配	公司	物资管理部门	物资管理专职	领用需求	物资管理部门 物资管理专职	领用结果	ERP
24	出库配送	物资管理部门物资管理专职根据配送单进行拣选出库，创建配送单和装车单	公司	物资管理部门	物资管理专职	领用结果	物资管理部门 物资管理专职	配送单、装车单	线下
25	实物收货	送达后，需求单位物资管理专职进行收货	公司	需求单位	物资管理专职	配送单、装车单	物资管理部门 物资管理专职	收货信息	线下
26	创建结算预约号	合同管理部门合同管理专职创建结算预约号	公司	合同管理部门	合同管理专职	收货信息	需求单位物资管理专职	结算预约号	ERP
27	开具发票	供应商根据结算预约单开具同等金额的发票	外部单位	供应商		结算预约号	合同管理部门 合同管理专职	增值税发票	线下
28	校验发票	合同管理部门合同管理专职进行发票校验审核，应结合入库单、采购订单和合同等对发票信息进行校验，主要关注发票金额、发票日期、发票数量、发票编号、供应商名称等发票信息是否完整	公司	合同管理部门	合同管理专职	增值税发票	供应商	发票校验申请	电子报账系统

续表

物资集采流程步骤									
步骤编号	标准流程步骤	步骤说明	涉及层级	责任部门	责任岗位	输入信息	输入信息提供者	输出信息	涉及系统
29	校验发票	财务管理部门进行发票校验审核，应结合入库单、采购订单和合同等对发票信息进行校验，主要关注发票金额、发票日期、发票数量、发票编号、供应商名称等发票信息是否完整，发票、入库单和采购订单上相关物资的金额和数量一致，价款、进项税额填写正确	公司	财务管理部门	责任会计	发票校验申请	合同管理部门合同管理专职	发票校验申请	电子报账系统
30	发起支付申请	合同管理部门合同管理专职发起支付申请	公司	合同管理部门	合同管理专职	发票校验申请	财务管理部门任会计	支付申请表	电子报账系统
31	审核支付申请	合同管理部门主任对支付申请进行审核，应对支付申请单及到货交接单等付款依据进行审核，主要关注付款依据是否齐全，是否满足预算需求，是否符合付款条件等	公司	合同管理部门	主任	支付申请表	合同管理部门合同管理专职	支付申请表	电子报账系统
32	审核支付申请	财务管理部门责任会计对支付申请进行审核，应对支付申请单及到货交接单等付款依据进行审核，主要关注付款依据是否齐全，是否满足预算需求，是否符合付款条件等	公司	财务管理部门	责任会计	支付申请表	合同管理部门主任	支付申请表	电子报账系统
33	审核支付申请	财务管理部门主任对支付申请进行审核，应对支付申请单及到货交接单等付款依据进行审核，主要关注付款依据是否齐全，是否满足预算需求，是否符合付款条件等	公司	财务管理部门	主任	支付申请表	财务管理部门责任会计	支付申请表	电子报账系统
34	支付货款	支付申请经合理审核后，财务管理部门出纳支付货款	公司	财务管理部门	出纳				线下
35	账务处理	财务管理部门责任会计在 ERP 系统上进行账务处理	公司	财务管理部门	责任会计				ERP

三、风险清单

物资集采业务风险清单如表 4－48 所示。

表 4－48 物资集采业务风险清单

序号	环节名称	风险点	风险点编号
1	提出需求	（1）提报需求不准确，造成物资数量购买不准确，少买会影响日常经营需求，多买会造成资金过度占用	R—WZJC—01—01—01—01
		（2）需求与公司年度综合计划、固定资产投资计划、财务预算等存在矛盾	R—WZJC—01—01—01—02
2	履约	（1）采购供货单在协议库存匹配结果回传之日起超过 10 日完成签订	R—WZJC—01—01—01—03
		（2）发货通知未明确收货信息，未注明需到货物资实际时间，影响日常经营需求	R—WZJC—01—01—01—04
		（3）未在规定期限内完成到货交接单签署，签署到货交接单前未对物资规格、数量与现场实际到货情况进行比对，存在实物是否准确签收的风险	R—WZJC—01—01—01—05
		（4）同一采购订单下的系统入库单的总数量与采购订单不一致风险，存在实物是否准确签收的风险	R—WZJC—01—01—01—06
3	销售转储	提报的领用需求与实际月度需求不一致	R—WZJC—01—01—01—07
4	结算环节	（1）发票信息不准确、不完整	R—WZJC—01—01—01—08
		（2）资金支付申请金额、时间安排不合理，与提交的付款依据不相符，是否在 60 天期限内结算	R—WZJC—01—01—01—10

四、内控矩阵

物资集采业务内控矩阵如表 4－49 所示。

表 4－49 物资集采业务内控矩阵

步骤编号	风险点编号	风险点描述	控制点编号	控制点描述	控制方式	控制频率
2	R—WZJC—01—01—01—01	提报需求不准确，造成物资数量购买不准确，少买会影响日常经营需求，多买会造成资金过度占用	WZJC—01—01—01—C01	应当依据年度综合计划、预算和项目进度，依托信息化系统，利用需求计划储备库及大数据预测管理模式对需求进行审核	手工依赖 IT 控制	不定期

续表

步骤编号	风险点编号	风险点描述	控制点编号	控制点描述	控制方式	控制频率
5	R—WZJC—01—01—02	需求与公司年度综合计划、固定资产投资计划、财务预算等存在矛盾	WZJC—01—01—C02	应对提交的需求一览表进行审核，主要审核物料编码、需求数量等内容	手工依赖IT控制	不定期
13	R—WZJC—01—01—03	采购供货单在协议库存匹配结果回传之日起超过10日完成签订	WZJC—01—01—C03	应在协议库存匹配结果回传之日起10日内完成采购供货单签订	手工依赖IT控制	不定期
15	R—WZJC—01—01—04	发货通知未明确收货信息，未注明需提前到货物资时间	WZJC—01—01—C04	应根据物资供应计划编制发货通知，明确收货信息后组织供应商发货，发货通知中应注明提前到货时间	手工依赖IT控制	不定期
18	R—WZJC—01—01—05	未在规定期限内完成到货交接单签署，签署到货交接单前未对物资规格、数量与现场实际到货情况进行比对	WZJC—01—01—C05	到货交接单签署应在物资到货后15日内完成，到货交接单物资规格、数量应与现场实际到货一致	手工依赖IT控制	不定期
19	R—WZJC—01—01—06	同一采购订单下的入库单的总数量超过采购订单总量，影响日常经营需求	WZJC—01—01—C06	（1）签署到货交接单和入库手续办理应在物资到货后15日内完成 （2）选择对应的采购订单号或计划框架协议号，录入到货验收入库的数量，在进行过账并生成系统入库单时，同一采购订单下的系统入库单的总数量受采购订单总量的限制，如果超出，系统无法生成入库单，需人工检查是否为过账错误或需执行创建新的采购订单的审批程序	IT控制	不定期
22	R—WZJC—01—01—07	提报的领用需求与实际月度需求不一致	WZJC—01—01—C07	应审核提报领用需求与实际月度需求相一致	手工依赖IT控制	不定期

续表

步骤编号	风险点编号	风险点描述	控制点编号	控制点描述	控制方式	控制频率
28	R—WZJC—01—01—08	发票信息不准确、不完整	WZJC—01—01—C08	应结合入库单、采购订单和合同等对发票信息进行校验，主要关注发票金额、发票日期、发票数量、发票编号、供应商名称等发票信息是否完整，发票、入库单和采购订单上相关物资的金额和数量一致，价款、进项税额填写正确	手工依赖IT控制	不定期
29	R—WZJC—01—01—09	发票信息不准确、不完整	WZJC—01—01—C09	应结合入库单、采购订单和合同等对发票信息进行校验，主要关注发票金额、发票日期、发票数量、发票编号、供应商名称等发票信息是否完整，发票、入库单和采购订单上相关物资的金额和数量是否一致，价款、进项税额填写是否正确	手工依赖IT控制	不定期
31	R—WZJC—01—01—10	资金支付申请金额、时间安排不合理，与提交的付款依据不相符	WZJC—01—01—C10	应对支付申请单及到货交接单等付款依据进行审核，主要关注付款依据是否齐全，是否满足预算需求，是否符合付款条件等	手工依赖IT控制	不定期
32	R—WZJC—01—01—11	资金支付申请金额、时间安排不合理，与提交的付款依据不相符	WZJC—01—01—C11	应对支付申请单及到货交接单等付款依据进行审核，主要关注付款依据是否齐全，是否满足预算需求，是否符合付款条件等	手工依赖IT控制	不定期
33	R—WZJC—01—01—12	资金支付申请金额、时间安排不合理，与提交的付款依据不相符	WZJC—01—01—C12	应对支付申请单及到货交接单等付款依据进行审核，主要关注付款依据是否齐全，是否满足预算需求，是否符合付款条件等	手工依赖IT控制	不定期

五、底线清单

物资集采业务底线清单如表 4 – 50 所示。

表 4－50 物资集采业务底线清单

底线清单编号	底线清单名称	底线清单标准	制度依据	正面清单/负面清单
DX—WZ—01	依法必须招标的项目未经过招标签订的合同无效，招标人对合同无效存在过错的，将承担相应的赔偿责任	依法必须进行招标的项目的招标人以任何方式规避招标，由有关行政监督部门责令改正，可以处中标项目金额10‰以下的罚款；给他人造成损失的，依法承担赔偿责任；对单位直接负责的主管人员和其他直接责任人员依法给予处分	(1)《中华人民共和国招标投标法实施条例》第七十三条； (2)《中华人民共和国招标投标法》第四条	负面清单
DX—WZ—02	依法必须进行招标的项目而不招标的，将依法必须进行招标的项目化整为零或者以其他任何方式规避招标的	采购行为无效，将被责令限期改正，可以处项目合同金额5‰以上10‰以下的罚款；对全部或者部分使用国有资金的项目，可以暂停项目执行或者暂停资金拨付；对单位直接负责的主管人员和其他直接责任人员依法给予处分	(1)《中华人民共和国招标投标法》第三条、第四条、第四十九条； (2)《中华人民共和国招标投标法实施条例》第六十三条、第六十四条、第七十三条	负面清单
DX—WZ—03	招标人依法应当公开招标，不得采用邀请招标	依法应当公开招标而采用邀请招标，由有关行政监督部门责令改正，可以处10万元以下的罚款；对单位直接负责的主管人员和其他直接责任人员依法给予处分	《中华人民共和国招标投标法实施条例》第六十四条	负面清单
DX—WZ—04	不得违反招标投标法律法规和公司招投标制度规定，不得规避招标	违反招标投标法律法规和公司招投标制度规定，根据给企业造成的经济损失或影响的程度，对直接责任人给予警告至解除劳动合同的处分，对相关责任人给予通报批评至留用察看的处分	《中华人民共和国招标投标法实施条例》第四十九条、第六十三条	负面清单
DX—WZ—05	招标人和中标人不按照招标文件和中标人的投标文件订立合同，合同的主要条款与招标文件、中标人的投标文件的内容不一致，或者招标人、中标人订立背离合同实质性内容的协议	招标人和中标人应当按照招标文件和中标人的投标文件订立合同，合同的主要条款与招标文件、中标人的投标文件的内容一致，招标人、中标人应当依据合同实质性内容签订协议。如违反上述规定，由有关行政监督部门责令改正，可以处中标项目金额5‰以上10‰以下的罚款	《中华人民共和国招标投标法实施条例》第七十五条	负面清单

续表

底线清单编号	底线清单名称	底线清单标准	制度依据	正面清单/负面清单
DX—WZ—06	应当按规定定期或每年至少一次实地盘点物资	企业未按规定定期盘点物资，可能导致企业严重账实不符、信息失真，追究相关责任人责任	《中华人民共和国会计法》第十七条	正面清单

六、主要表单格式

物资集采业务主要表单包括货物投运验收单、到货交接单等。参考格式分别如表4－51、表4－52所示。

（一）货物投运验收单（见表4－51）

表4－51　　货物投运验收单　　投运验收单号：

序号	合同编号	采购订单号	订单行项目号	项目名称	单项工程名称	供应商	物料编码	物料描述	合同数量	单位	投运数量	投运日期/安装、调试情况（是否具备投运条件）	备注

（二）到货交接单（见表4－52）

表4－52　　到货交接单

到货交接单号：　　采购订单号：

项目名称		供应商	
单项工程名称		合同编号	
项目单位/建设管理单位		供应商联系人/电话	

续表

<table>
<tr><td colspan="2">收货联系人/电话</td><td></td><td colspan="3">承运人/电话</td><td colspan="4"></td></tr>
<tr><td>序号</td><td>物料编码</td><td>物料描述</td><td>合同数量</td><td>单位</td><td>发货数量</td><td>到货数量</td><td>到货时间</td><td>交接时间</td><td>开箱检验情况（设备外观是否完好，合格证、说明书、试验报告等是否齐全）</td></tr>
<tr><td></td><td></td><td></td><td></td><td></td><td></td><td></td><td></td><td></td><td></td></tr>
<tr><td colspan="2">备 注</td><td colspan="8"></td></tr>
<tr><td colspan="2">物资供应管理单位：
（签字/盖章/时间）</td><td colspan="4"></td><td colspan="3">项目管理部门/
建设管理单位：
（签字/盖章/时间）</td><td></td></tr>
<tr><td colspan="2">供应商：
（签字/盖章/时间）</td><td colspan="8"></td></tr>
</table>

注：到货交接应说明本单物资的外观、开箱交接情况，以及到货数量，重量，附件，文件资料等情况。

七、评价手册

物资集采业务内部控制手册如表 4 – 53 所示。

表 4－53 物资集采业务内部控制手册

末级流程名称	控制编号	控制点	控制描述	评价标准编号	评价标准	标准测试程序
物资集中采购	WZJC—01—01—C01 ~ C02	物资需求计划准确性	应当依据年度综合计划、预算和项目进度，依托信息化系统，利用需求计划储备库及大数据预测管理模式对需求进行审核	WZJC—01—01—01—PJ01	年度物资需求计划合理性控制 物资管理部门负责人复审年度物资需求计划，主要审核需求计划是否符合本单位物资规划、是否满足经营管理及生产建设等内容	1. 访谈了物资管理部门 × × 员工，了解实际业务操作是否符合控制标准的要求，是否能够有效应对本控制点所面临的风险； 2. 根据抽样规则，获取物资（服务）需求计划分析报告、需求计划、财务预算等资料，检查采购计划编制程序是否符合公司制度规定，审批程序是否完备，是否严格执行制度关于招标采购范围的相关规定，是否按公司总部批次要求按时申报需求计划；检查物资采购计划是否与投资计划、财务预算、实际需求相匹配
	WZJC—01—01—C05 ~ C06	物资到货验收	到货交接单物资规格、数量应与现场实际到货一致	WZJC—01—01—01—PJ02	采购货物合理性控制 公司物资管理部门专职根据货物交接单进行物资到货验收，组织需求部门物资管理岗以及项目单位和供应商根据交接验收单进行物资到货验收。共同检查装箱单、合格证和出厂报告三证是否齐全，核对数量、型号等是否符合合同有关要求，验收完成后物资实施部门合同履约岗、项目单位业主、供应商业务经理等现场验收人员在到货验收单上签字确认	1. 访谈了 × × 部门 × × 员工，了解实际业务操作是否符合控制标准的要求，是否能够有效应对本控制点所面临的风险； 2. 获取订货单、货物交接单、到货验收单、入库单等资料，检查到货验收单记录信息是否齐全，审批手续是否完备，是否有项目单位、供应商及物资管理人员的签字确认，检查订货单信息与到货验收单信息是否一致、货物外观初检是否合格

续表

末级流程名称	控制编号	控制点	控制描述	评价标准编号	评价标准	标准测试程序
物资集中采购	WZJC—01—01—C07	物资领用需求	应审核提报领用需求与实际月度需求相一致	WZJC—01—01—01—PJ03	领用需求合规性控制 需求部门在办理项目物资领用手续时，在项目内按原物资需求，打印领料单，经部门领导审核同意后与物资管理部门办理领料手续	1. 访谈了××部门××员工，了解实际业务操作是否符合控制标准的要求，是否能够有效应对本控制点所面临的风险； 2. 获取出库单据等资料，检查出库单据是否按规定履行审批手续，是否开展库存盘点及专项检查，相关记录文件是否完整； 3. 检查物资管理系统出库信息是否及时更新，检查系统信息与出库信息、实物库存信息是否一致

八、制度清单

(1)《重大装备自主化依托工程设备招标采购活动的有关规定》;
(2)《中华人民共和国招标投标法实施条例》;
(3)《中华人民共和国产品质量法》;
(4)《中华人民共和国民法典》。

典型案例 8:“三公”经费预算管理

一、案例概述

(一)“三公”经费预算管理

“三公”经费是指因公出国(境)费、公务用车购置和运行费、公务接待费。其中,因公出国(境)费指单位公务出国(境)的国际旅费、国外城市间交通费、住宿费、伙食费、培训费、公杂费等支出;公务用车购置及运行费指单位公务用车购置支出(含车辆购置税、牌照费)及单位按规定保留的公务用车燃料费、维修费、过路过桥费、保险费、安全奖励费等支出;公务接待费指单位按规定开支的各类公务接待(含外宾接待)支出。国有企业应当将因公出国(境)费、公务用车购置和运行费、公务接待费纳入预算管理,严格控制因公出国(境)费、公务用车购置和运行费、公务接待费在预算总额中的规模和比例,同时加强内部控制,规范“三公”经费的审批、使用、报销等程序,确保国有企业持续良性发展。

(二)工作流程

1. 工作环节

“三公”经费预算工作包括确定预算总目标、编制预算草案建议及审议、编制预算执行控制方案及审议、预算下达、预算执行等环节步骤。

2. 涉及部门职责

(1)流程维护部门:财务管理部门。

（2）主责部门：财务管理部门是“三公”经费预算的归口管理部门，负责将公司“三公”经费纳入预算统一管理；负责公司因公出国（境）费、公务用车购置和运行费、公务接待费有关费用预算审核、调整、下达，以及预算与综合计划的衔接。

（3）参与部门：

①财务管理部门：负责制（修）订预算管理配套的规章制度和标准成本体系等；组织开展预算的编制、分解、下达、调整及跟踪分析；负责组织开展预算执行分析和监督检查，协调解决预算管理过程中的重要事项；负责组织实施预算考评与奖惩工作；负责完善预算管理相关的报告体系。

②后勤管理部门：负责组织编制、审核公司公务用车购置储备项目、编制年度计划和预算建议，参与公务用车租赁费用及运营费用的预算编制工作；负责严格按照预算执行授权审批制度对公务用车购置和运行费进行管理；负责在财务监控系统中对公务用车购置和运行费进行监控、分析和通报，形成月报表，并定期分析支出情况。

③办公室（综合管理部门）：负责编制公司接待年度计划和预算建议，参与公司接待的预算编制工作；负责严格按照预算执行授权审批制度对公务接待费进行管理；负责在财务监控系统中对公务接待费进行监控、分析和通报，形成月报表，并定期分析支出情况。

④外事主管部门：负责编制因公出国（境）经费年度计划和预算建议，参与因公出国（境）经费的预算编制工作；负责严格按照预算执行授权审批制度对因公出国（境）经费进行管理；负责在财务监控系统中对因公出国（境）经费进行监控、分析和通报，形成月报表，并定期分析支出情况。

二、流程图及说明

（一）流程图

“三公”经费预算管理流程如图 4－14 所示。

（二）流程步骤说明

“三公”经费预算管理流程步骤说明如表 4－54 所示。

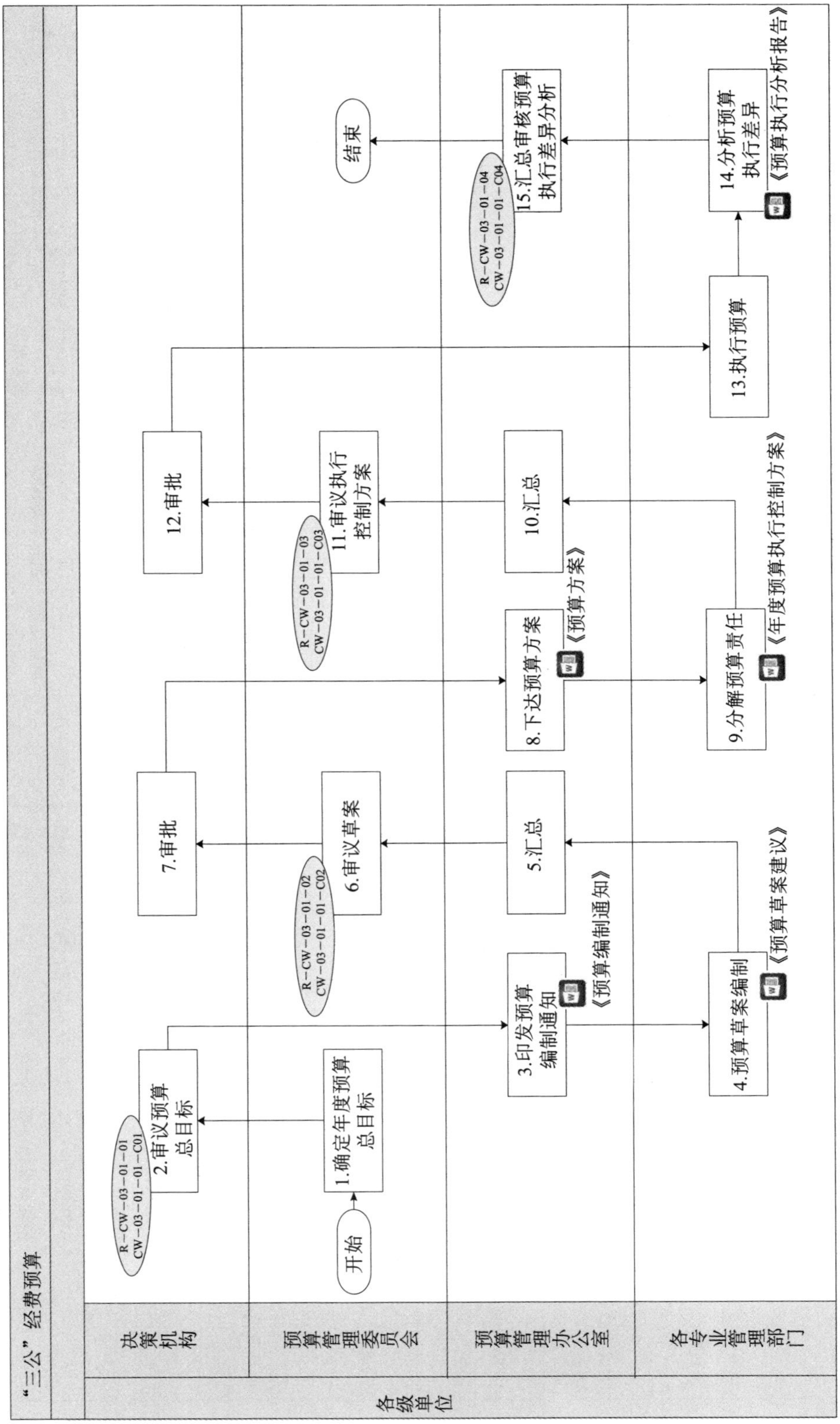

图 4－14　“三公”经费预算管理流程

表 4－54 “三公”经费预算管理流程步骤说明

“三公”经费预算管理流程步骤									
步骤编号	标准流程步骤	步骤说明	涉及层级	责任部门	责任岗位	输入信息	输入信息提供者	输出信息	涉及系统
1	确定年度预算总目标	预算管理委员会根据公司发展战略目标、内外部环境因素，应用全面预算统筹平衡机制，提出下一年度预算编制原则建议，制定预算编制原则和总控目标	各级单位	预算管理委员会					线下
2	审议预算总目标	决策机构对预算编制原则和总控目标进行审议	各级单位	决策机构					线下
3	印发预算编制通知	预算管理办公室预算专职根据审定的总控目标和编制原则，形成预算编制通知，正式启动下一年度预算编制工作	各级单位	预算管理办公室	预算专职			预算编制通知	线下
4	预算草案编制	财务部门和各专业管理部门按照预算编报通知要求，组织开展本部门预算草案编制工作，形成本部门预算草案建议，其中后勤管理部门参与公务用车租赁费用及运营费用的预算编制工作，办公室（综合管理部门）参与公司接待的预算编制工作，外事主管部门参与因公出国（境）经费的预算编制工作	各级单位	专业管理部门	预算专职	预算编制通知	预算管理办公室预算专职	预算草案建议	线下
5	汇总	预算管理办公室预算专职对各部门提交的预算草案建议进行汇总	各级单位	预算管理办公室	预算专职	预算草案建议	专业管理部门预算专职	预算草案建议	线下

续表

步骤编号	标准流程步骤	步骤说明	涉及层级	责任部门	责任岗位	输入信息	输入信息提供者	输出信息	涉及系统
6	审议草案	预算管理委员会组织对汇总后的预算草案建议进行审议、统筹优化、综合平衡	各级单位	预算管理委员会	预算草案建议	预算管理办公室预算专职	预算草案建议	线下	
7	审批	决策机构对汇总后的预算草案建议进行审批，形成预算方案	各级单位	决策机构	预算草案建议	预算管理委员会	预算方案	线下	
8	下达预算方案	预算管理办公室预算专职将公司预算方案下达各部门	各级单位	预算管理办公室	预算专职	预算方案	决策机构	预算方案	线下
9	分解预算责任	各部门预算专职根据预算管理办公室下达的预算方案，将预算责任层层分解，形成年度预算执行控制方案	各级单位	专业管理部门	预算专职	预算方案	预算管理办公室预算专职	年度预算执行控制方案	线下
10	汇总	预算管理办公室预算专职汇总各部门上报的年度预算执行控制方案	各级单位	预算管理办公室	预算专职	年度预算执行控制方案	专业管理部门预算专职	年度预算执行控制方案	线下
11	审议执行控制方案	预算管理委员会组织对汇总后的年度预算执行控制方案进行审议	各级单位	预算管理委员会		年度预算执行控制方案	预算管理办公室预算专职	年度预算执行控制方案	线下
12	审批	决策机构对汇总后的年度预算执行控制方案进行审批	各级单位	决策机构		年度预算执行控制方案	预算管理委员会	年度预算执行控制方案	线下
13	执行预算	各部门按分解后的预算指标执行，强化控制和导向作用，确保预算目标得以实现	各级单位	专业管理部门	预算专职				线下
14	分析预算执行差异	各专业管理部门定期开展预算执行跟踪分析和评价，形成差异分析报告	各级单位	专业管理部门	预算专职			预算执行分析报告	线下
15	汇总审核预算执行差异分析	预算管理办公室预算专职汇总各部门反馈的差异分析报告，审核是否按预算目标控制资金及成本支出	各级单位	预算管理办公室	预算专职	预算执行分析报告	专业管理部门预算专职	预算执行分析报告	线下

三、风险清单

“三公”经费预算管理风险清单如表4－55所示。

表4－55 “三公”经费预算管理风险清单

序号	环节名称	风险点	风险点编号
1	确定总目标	预算总目标及预算编制要求方案未经审核	R—CW—03—01—01
2	编制预算草案	汇总的预算草案未经预算管理委员会有效审核	R—CW—03—01—02
3	编制预算执行控制方案	年度预算执行控制方案未经预算管理委员会审核	R—CW—03—01—03
4	预算执行	预算执行情况未能及时反馈和沟通，执行中是否超过标准，执行中存在的问题未能有效跟踪，预算监控难以发挥作用，超预算使用资金	R—CW—03—01—04

四、内控矩阵

“三公”经费预算管理内控矩阵如表4－56所示。

表4－56 “三公”经费预算管理内控矩阵

步骤编号	风险点编号	风险点描述	控制点编号	控制点描述	控制方式	控制频率
2	R—CW—03—01—01	预算总目标及预算编制要求方案未经审核	CW—03—01—01—C01	决策机构对公司预算总目标及预算编制要求方案进行审批，审批的主要内容包括：方案的完整性、目标、要求准确清晰	手工控制	不定期
6	R—CW—03—01—02	汇总的预算草案未经预算管理委员会有效审核	CW—03—01—01—C02	审核人员应对上报的预算草案建议进行审核，主要审核预算报表、表单内容是否完整，计算是否准确；各项预算指标是否符合上级单位下达的预控目标要求；是否符合本单位预定的预算目标	手工控制	不定期
11	R—CW—03—01—03	年度预算执行控制方案未经预算管理委员会审核	CW—03—01—01—C03	审核人员应对上报的年度预算执行控制方案进行审核，主要审核控制方案是否可行、各层面目标任务是否明确、分解的指标是否符合实际	手工控制	不定期

续表

步骤编号	风险点编号	风险点描述	控制点编号	控制点描述	控制方式	控制频率
15	R—CW—03—01—04	预算执行情况未能及时反馈和沟通，执行中是否超过标准，执行中存在的问题未能有效跟踪，预算监控难以发挥作用，超预算使用资金	CW—03—01—01—C04	编制预算执行分析报告，确保各项考核指标完成情况、预算执行情况等重要事项分析充分，数据准确，能够及时发现影响预算执行的重大事项和预算执行中存在的问题，确定改进措施	手工依赖 IT 控制	不定期

五、底线清单

1.《中国共产党纪律处分条例》第一百〇五条规定：“有下列行为之一，对直接责任者和领导责任者，情节较轻的，给予警告或者严重警告处分；情节较重的，给予撤销党内职务或者留党察看处分；情节严重的，给予开除党籍处分：（一）公款旅游或者以学习培训、考察调研、职工疗养等为名变相公款旅游的；（二）改变公务行程，借机旅游的；（三）参加所管理企业、下属单位组织的考察活动，借机旅游的。

以考察、学习、培训、研讨、招商、参展等名义变相用公款出国（境）旅游的，依照前款规定处理。”

2.《中国共产党纪律处分条例》第一百〇六条规定：“违反公务接待管理规定，超标准、超范围接待或者借机大吃大喝，对直接责任者和领导责任者，情节较重的，给予警告或者严重警告处分；情节严重的，给予撤销党内职务处分。”

3.《中国共产党纪律处分条例》第一百〇七条规定：“违反有关规定配备、购买、更换、装饰、使用公务交通工具或者有其他违反公务交通工具管理规定的行为，对直接责任者和领导责任者，情节较重的，给予警告或者严重警告处分；情节严重的，给予撤销党内职务或者留党察看处分。”

六、主要表单格式

因公出国（境）费用计划申请表（见附件）。

七、评价手册

“三公”经费预算管理内部控制评价手册如表4－57所示。

表4－57 “三公”经费预算管理内部控制评价手册

末级流程名称	控制点编号	控制点	控制描述	评价标准编号	评价标准	标准测试程序
“三公”经费预算管理	CW—03—01—01—C01～C03	“三公”经费预算编制与执行控制	预算目标应当与企业实际情况相符，预算编制及调整程序应当合规并有相应依据，严格开展预算执行控制，及时发现和报告重大预算事项，进行准确的预算分析和预测，以免发生预算难以落实，影响公司战略及经营目标的实现	CW—03—01—01—PJ 01	以标准成本定额为基础，编制“三公”经费预算，预算管理岗审核“三公”经费预算后纳入年度预算，确保“三公”经费预算编制合理，确保各项费用实际数据与财务报告数据一致	1. 访谈财务部预算编制岗员工，了解实际业务操作是否符合控制标准的要求，是否能够有效应对本控制点所面临的风险； 2. 根据抽样规则，获取“三公”经费预算，检查各部门各项费用是否与标准成本定额存在较大偏差，申请增加的依据是否充分；各部门各项费用是否与上年同期存在较大差异；各部门各项费用实际数据是否与财务报告数据一致
				CW—03—01—01—PJ 02	完整编制《公司预算总控目标及预算编制要求方案》，确保方案中经营目标、预算编制方法及时间安排等内容完整，总控目标符合公司战略规划，编制要求准确清晰	1. 访谈财务部预算编制岗员工，了解实际业务操作是否符合控制标准的要求，是否能够有效应对本控制点所面临的风险； 2. 根据抽样规则，获取《公司预算总控目标及编制要求方案》，检查方案中经营目标、预算编制方法及时间安排等内容是否完整。检查预算总控目标是否与综合计划、业务预算保持一致
				CW—03—01—01—PJ 03	各专业部门执行预算方案时，应完整编制《正式年度预算报表》，确保预算表单及报表内容完整、数据准确；确保预算指标满足本单位经营目标、各项预算指标符合考核目标、各项业务子预算与确定目标一致	1. 访谈财务部员工，了解实际业务操作是否符合控制标准的要求，是否能够有效应对本控制点所面临的风险； 2. 根据抽样规则，获取“正式年度预算报表”、预算指标，检查报表数据与各业务部门提报的相关文件数据是否保持一致。检查各项主要预算指标是否符合考核目标；各项业务子预算与确定的目标、综合计划是否一致； 3. 检查“正式年度预算报表”是否履行审批程序

八、制度清单

（1）《中华人民共和国预算法》；

（2）《企业内部控制应用指引第 15 号——全面预算》（财会〔2010〕11 号）；

（3）《中国共产党纪律处分条例》。

附件：

因公出国（境）费用计划申请表

申请部门：　　　　　　　　　　经办人：　　　　　　　　　　年　　月　　日

事　由								
申请经费项　目	国际旅费	住宿费	伙食费	公杂费	零用费	城市间交通费	备用金	其他
合计								

经办部门负责人：　　　　外事主管部门经办人：　　　　财务部门经办人：

外事主管部门负责人：　　　　财务部门负责人：

典型案例 9：工程自动竣工决算

一、案例概述

（一）工程自动竣工决算

工程竣工决算是工程建设成果的最终反映，决算编制所需数据和资料来源于工程建设各个环节。工程自动竣工决算是企业充分运用财务集约化管理成果，采用现代信息技术手段，通过统一标准、业财协同和信息集成，针对项目立项、项目建设、投运验收及预转资、工程结算、竣工决算和正式转资的工程全过程业务环节，明确相关部门的职责分工，规范统一业务流程及系统实现方式，达成信息自动化集成、报表智能化生成、过程智慧化管控的一项重要举措。

（二）工作流程

1. 工作环节

工程自动竣工决算工作包括项目立项、项目建设、投运验收及预转资、工程结算、竣工决算和正式转资等环节步骤。

2. 涉及部门职责

（1）流程维护部门：财务管理部门。

（2）主责部门：财务管理部门是竣工决算归口管理部门，负责按结算审定结果进行项目成本分摊和决算转资工作；负责组织、协调发展策划、工程管理、物资管理、实物资产管理等部门按照职责分工共同配合完成工程竣工决算编制工作；负责出具工程竣工决算报表，会同有关部门撰写竣工决算报告情况说明书，编制竣工决算报告；负责或委托中介机构进行竣工决算报告的审核；负责根据竣工财务决算审核报告，于30日内完成相应账务调整工作；负责根据竣工决算结果确认正式转资的资产价值，调整预转资资产卡片金额，完成转资操作；负责在竣工决算完成并报审入库，经业务部门确认并完成技术关闭后在ERP系统中将项目状态修改为“关闭”。

（3）参与部门：

①计划管理部门：负责根据投资能力测算结果，合理安排投资规划和投资计划，创建项目，确保关键项目属性信息完整准确；负责项目前期费用的管理和使用，申请项目前期费用年度预算，及时办理项目前期费用结算、报账和资料传递，提出项目前期费处置意见并移交相关文件；负责根据合同执行情况，对“合同执行情况表”进行补充完善，确保内容完整、准确，并在报账截止日前将盖章确认的“合同执行情况表”提交财务部门；负责按照工程财务管理办法明确的职责分工，共同配合财务部门完成工程竣工决算编制工作。

②工程管理部门：负责搭建项目WBS架构，录入项目明细概算和设备材料清册，根据审核后的设备材料清册提报采购需求；负责项目实施及建设过程管理；负责工程成本费用的使用，合理控制工程成本，完成工程服务采购合同签订工作，并根据工程服务进度进行服务确认，并及时办理服务类合同结算、发票入账；负责申请工程资金，纳入本单位月度现金流预算管理，提报工程费用付款申请，及时办理资金支付手续；负责工程物资的现场领用、保管；负责维护实际投运日期，竣工投运前15天向财务部门、实物资产管理部门提供“工程验收现场盘点清单”，同步组织工程现场验收

盘点，并在投运前完成现场验收盘点；负责工程竣工投运后 3 天及时向财务部门提交工程竣工投运通知书；负责根据合同执行情况编制“暂估工程成本明细表”，提供需进行成本暂估的业务申请，为财务部门竣工投运当月完成暂估转增资产提供入账依据；负责发起设备领退申请流程，办理相关手续；负责组织施工单位完成施工合同结算，编制结算报告并完成部门内部结算审价工作；负责在规定时间内及时向财务部门提供完整的审定结算并办理资料交接手续，同步提供基于通用模板的结构化结算信息，为工程竣工决算转资提供成本分摊依据，并配合物资管理部门完成物资结算工作；负责根据合同执行情况，对“合同执行情况表”进行补充完善，确保内容完整、准确，并在报账截止日前将盖章确认的“合同执行情况表”提交财务部门；负责按照工程财务管理办法明确的职责分工，共同配合财务部门完成工程竣工决算编制工作。

③财务管理部门：负责审核项目 WBS 架构搭建、项目明细概算，审核并发布项目投资预算，审核设备材料清册；负责组织开展工程成本费用的核算、统计、分析工作；负责项目前期费用结转工作及相关成本入账，完成发票校验及增值税抵扣，审核物资、服务付款申请并完成资金支付；负责审核资产卡片清单数据完整性，配合开展工程现场验收盘点，审核工程管理部门提供的暂估工程成本明细申请，并完成暂估成本价值入账；负责工程建筑、安装和其他费用的成本分摊及预转资工作；负责审核“合同执行情况表”，保证服务确认金额与最终结算金额一致。

④物资管理部门：负责组织工程物资、服务招标采购；负责物资采购申请合理性、准确性审核，完成物资采购订单创建工作，完成物资合同签订；负责物资管理，及时办理物资入、出库等工作，确保物资账实相符；负责组织收集物资结算票据，跟踪和督促票据传递依据合同编制物资资金用款计划，向财务部门提供物资核算及结算等相关凭据，及时办理物资结算支付手续；负责在工程投运前审核设备领退申请，办理设备领退，配合开展工程现场验收盘点；负责组织收集物资结算票据，及时提供物资收发货及发票入账手续，跟踪和督促票据传递，确保设备、材料等物资账实相符；负责向财务部门提供物资核算及结算等相关凭据，办理物资结算支付手续，与工程管理部门共同完成物资结算工作；负责清理物资合同执行情况，对物资采购合同产生的债权债务进行清理核实；负责物资供应服务费等本部门归口管理的费用，及时提供成本费用入账手续；负责清理核对配合完成工程概算执行分析工作；负责根据合同执行情况，对“合同执行情况表”进行补充完善，确保内容完整、准确，并在报账截止日前将盖章确认的“合同执行情况表”提交财务部门；负责按照工程财务管理办法明确的职责分工，共同配合财务部门完成工程竣工决算编制工作。

二、流程图及说明

（一）流程图

工程自动竣工决算流程如图 4 – 15 所示。

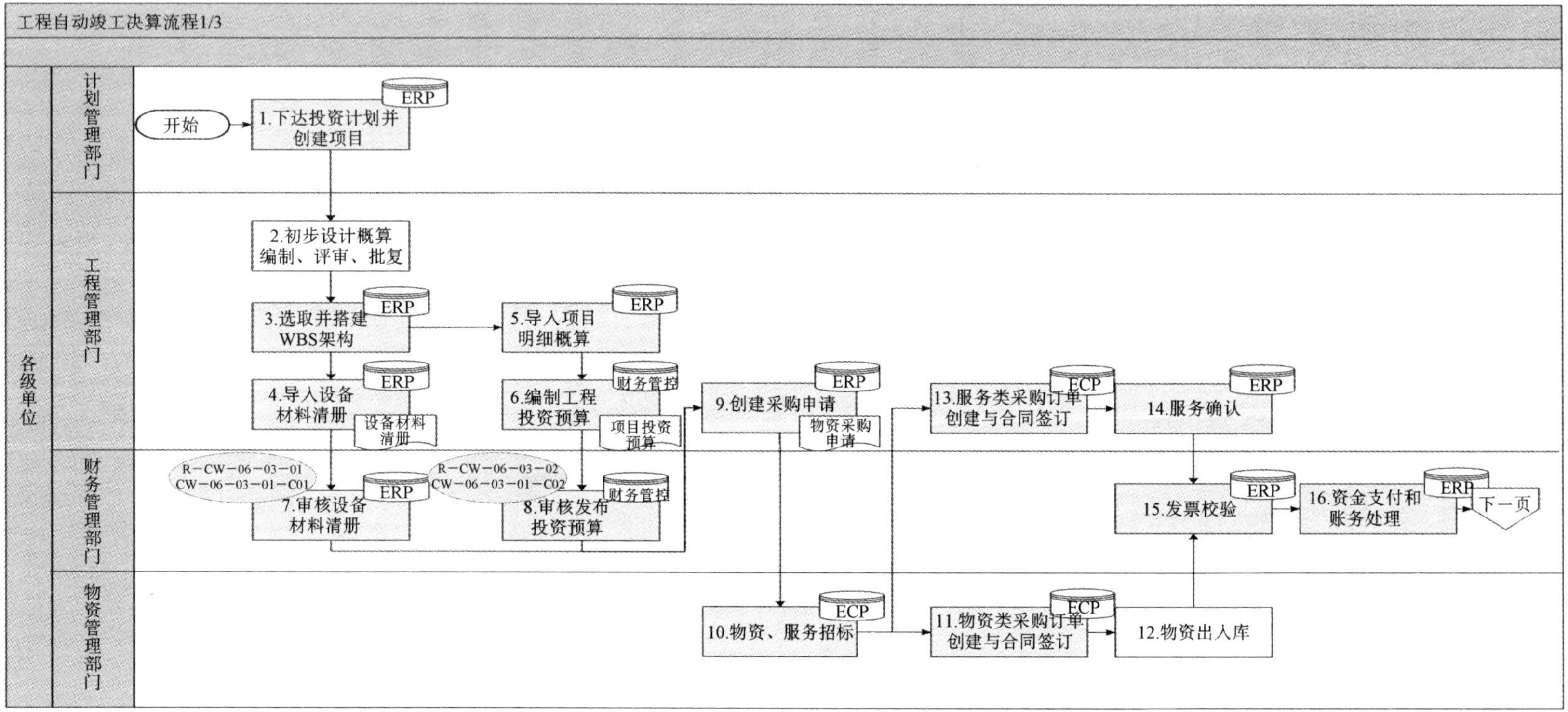

图 4 – 15（a）　工程自动竣工决算流程（一）

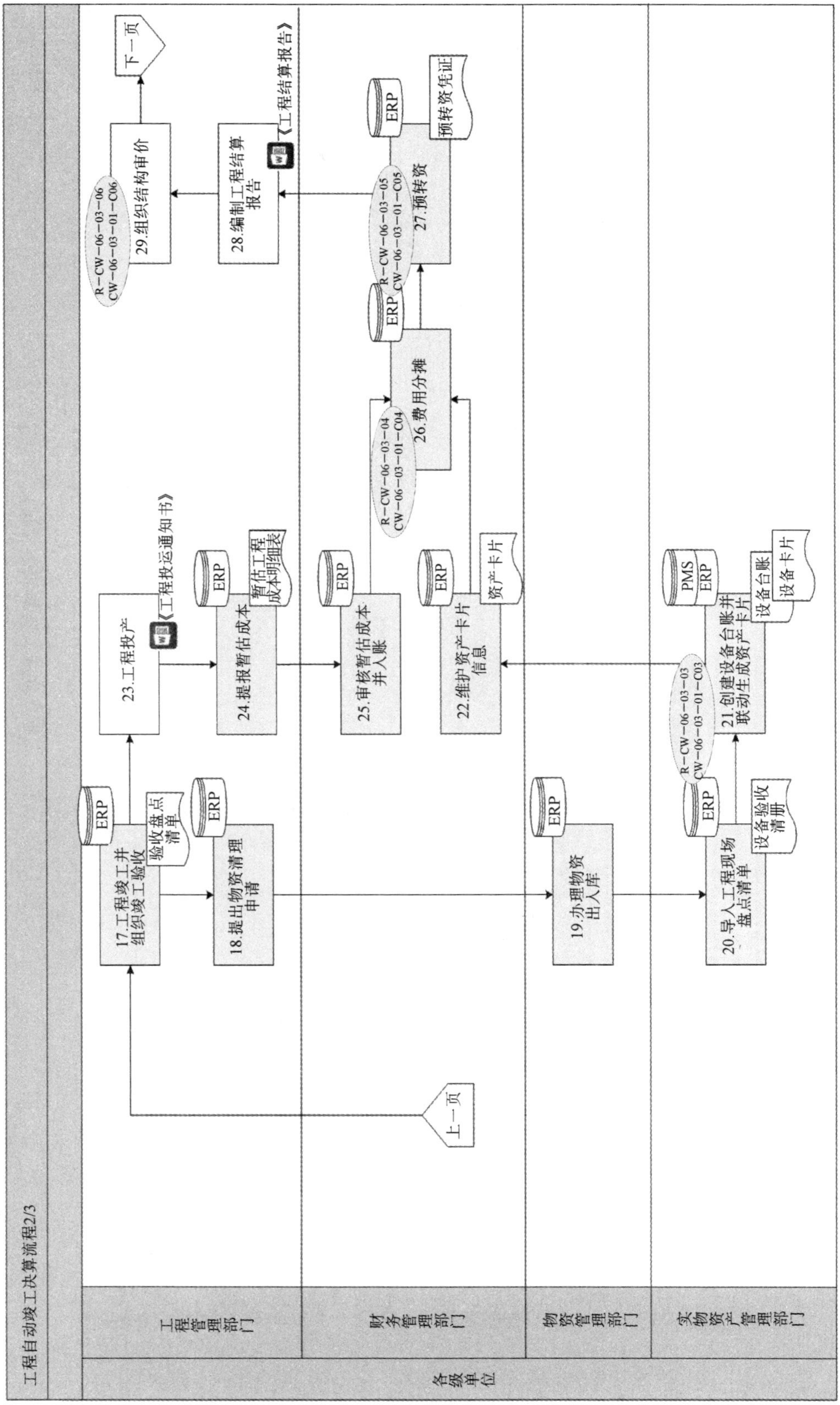

图4－15（b）　工程自动竣工决算流程（二）

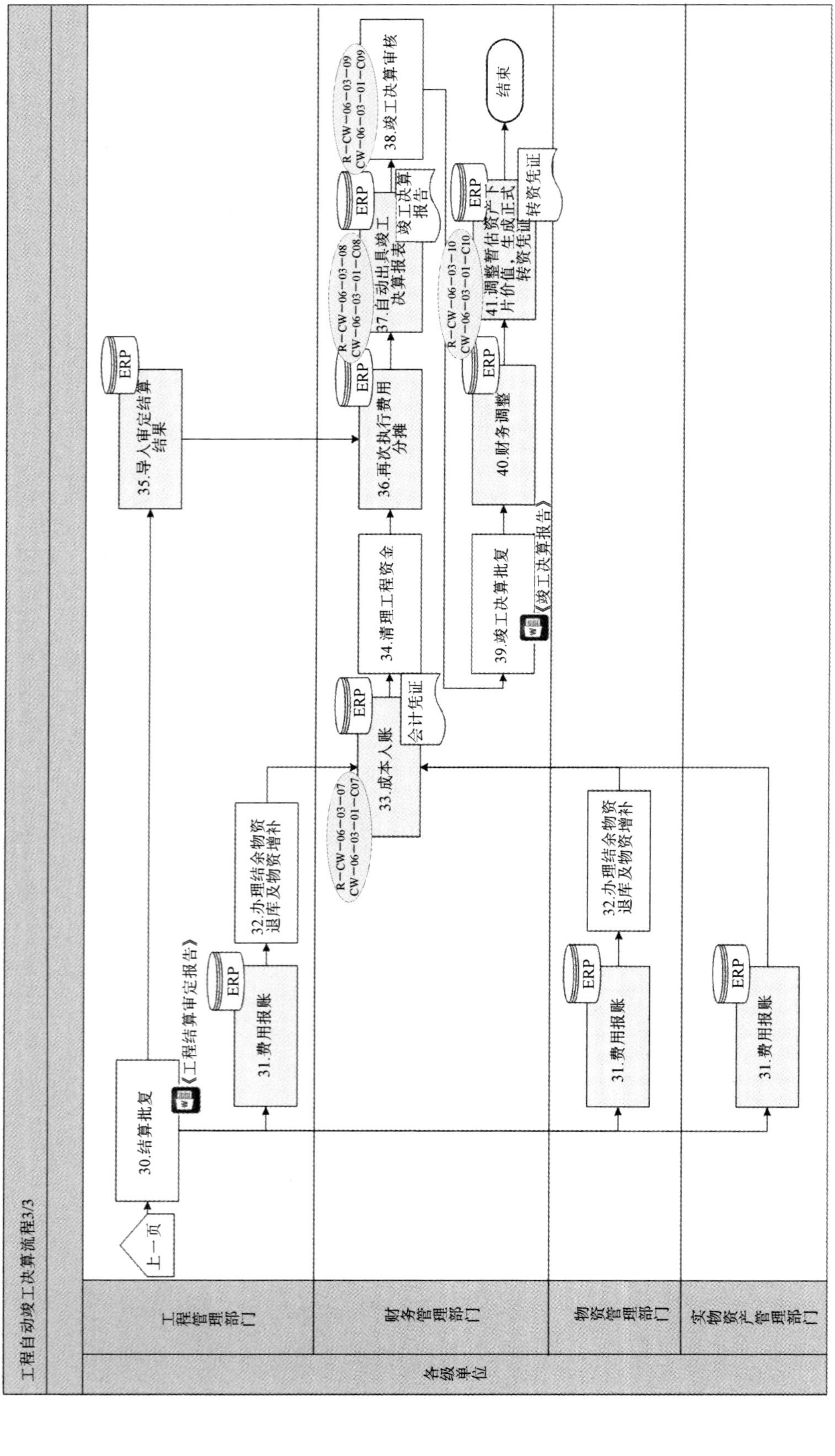

图4-15（c） 工程自动竣工决算流程（三）

（二）流程步骤说明

工程自动竣工决算流程步骤说明如表4－58所示。

表4－58　　工程自动竣工决算流程步骤说明

工程自动竣工决算流程步骤									
步骤编号	标准流程步骤	步骤说明	涉及层级	责任部门	责任岗位	输入信息	输入信息提供者	输出信息	涉及系统
1	下达投资计划并创建项目	计划管理部门根据下达的投资计划在ERP系统进行项目创建	省公司/市公司/县公司	计划管理部门	计划管理专职			项目定义	ERP
2	初步设计概算编制、评审、批复	工程管理部门完成初步设计，履行评审批复流程	省公司/市公司/县公司	工程管理部门	工程管理专职	项目定义	计划管理部门计划管理专职	项目明细概算、设备材料清册	线下
3	选取并搭建WBS架构	工程管理部门搭建项目WBS架构	省公司/市公司/县公司	工程管理部门	工程管理专职	项目定义、项目明细概算	计划管理部门计划管理专职、工程管理部门工程管理专职	项目明细WBS架构	ERP
4	导入设备材料清册	工程管理部门在ERP系统内录入设备材料清册	省公司/市公司/县公司	工程管理部门	工程管理专职	项目明细概算	工程管理部门工程管理专职	设备材料清册	ERP
5	导入项目明细概算	工程管理部门将线下项目明细概算录入ERP系统	省公司/市公司/县公司	工程管理部门	工程管理专职	项目明细概算	工程管理部门工程管理专职	线上项目明细概算	ERP

续表

步骤编号	标准流程步骤	步骤说明	涉及层级	责任部门	责任岗位	输入信息	输入信息提供者	输出信息	涉及系统
6	编制工程投资预算	工程管理部门编制项目投资预算	省公司/市公司/县公司	工程管理部门	工程管理专职	项目明细概算	工程管理部门工程管理专职	项目投资预算	财务管控
7	审核设备材料清册	财务部门审核工程管理部门录入的设备材料清册	省公司/市公司/县公司	财务管理部门	工程财务专职	设备材料清册	工程管理部门工程管理专职	设备材料清册	ERP
8	审核发布投资预算	财务部门审核工程管理部门编制的项目投资预算，并完成投资预算的发布	省公司/市公司/县公司	财务管理部门	工程财务专职	项目投资预算	工程管理部门工程管理专职	项目投资预算	财务管控
9	创建采购申请	工程管理部门提报物资采购需求，在 ERP 系统创建采购申请，用于招标工作	省公司/市公司/县公司	工程管理部门	工程管理专职	设备材料清册	工程管理部门工程管理专职	物资采购申请	ERP
10	物资、服务招标	物资部门审批采购需求计划，组织物资、服务采购招标，确定采购策略	省公司/市公司/县公司	物资管理部门	招标管理专职	物资采购申请	工程管理部门工程管理专职	招标结果	ECP
11	物资类采购订单创建与合同签订	物资部门根据招标结果，在 ERP 系统建立物资采购订单，完成物资采购合同签订	省公司/市公司/县公司	物资管理部门	合同管理专职	招标结果	物资管理部门招标管理专职	物资采购订单、物资采购合同	ECP
12	物资出入库	针对工程物资采购业务，供应商按合同约定的时间供应工程物资并入库后，物资管理部门在 ERP 系统完成收货、发货处理	省公司/市公司/县公司	物资管理部门	履约管理专职	物资采购订单、到货验收单、领料单	供应商	入库单、出库单	线下

续表

步骤编号	标准流程步骤	步骤说明	涉及层级	责任部门	责任岗位	输入信息	输入信息提供者	输出信息	涉及系统
13	服务类采购订单创建与合同签订	工程管理部门根据招标结果，在ERP系统同时创建服务采购申请和服务采购订单，履行合同会签流程、完成服务采购合同签订	省公司/市公司/县公司	工程管理部门	合同管理专职	招标结果	物资管理部门招标管理专职	服务采购申请、服务采购订单、服务采购合同	ECP
14	服务确认	针对工程服务采购业务，供应商按合同约定提供工程服务，工程管理部门根据工程进度在ERP系统对采购订单进行服务确认	省公司/市公司/县公司	工程管理部门	合同管理专职	服务采购订单	供应商	工程进度报审表	ERP
15	发票校验	财务部门收到发票后，及时对物资、服务采购订单进行发票校验	省公司/市公司/县公司	财务管理部门	工程财务专职	工程进度报审表、入库单、发票	供应商	会计凭证	ERP
16	资金支付和账务处理	财务部门完成工程服务、物资采购业务及其他零星费用报销的资金支付与账务处理	省公司/市公司/县公司	财务管理部门	责任会计	资金支付申请	财务管理部门工程财务专职	会计凭证、银行回单	ERP
17	工程竣工并组织竣工验收	工程管理部门提供“工程验收现场盘点清单”，组织财务、物资、实物资产管理部门开展工程验收盘点工作	省公司/市公司/县公司	工程管理部门	工程管理专职	“工程验收现场盘点清单”、工程验收盘点通知	工程管理部门工程管理专职	验收盘点差异	ERP
18	提出物资清理申请	工程管理部门分析验收差异，提出设备领退申请	省公司/市公司/县公司	工程管理部门	工程管理专职	验收盘点差异	工程管理部门工程管理专职	物资领退申请	ERP

续表

步骤编号	标准流程步骤	步骤说明	涉及层级	责任部门	责任岗位	输入信息	输入信息提供者	输出信息	涉及系统
19	办理物资出入库	物资部门根据设备领退申请及领退流程，进行设备领退	省公司/市公司/县公司	物资管理部门	履约管理专职	物资领退申请	工程管理部门工程管理专职	发货单、退货单	ERP
20	导入工程现场盘点清单	实物管理部门根据现场盘点结果，形成设备验收清册	省公司/市公司/县公司	实物管理部门	实物管理专职	验收盘点差异、设备领用情况	工程管理部门工程管理专职	设备验收清册	ERP
21	创建设备台账并联动生成资产卡片	实物管理部门依据设备验收清册，创建设备台账并通过接口联动创建设备、资产卡片	省公司/市公司/县公司	实物管理部门	实物管理专职	设备验收清册	实物管理部门实物管理专职	设备卡片、资产卡片	ERP/PMS
22	维护资产卡片信息	财务部门审核完善资产卡片信息	省公司/市公司/县公司	财务管理部门	工程财务专职	设备台账、设备卡片	实物管理部门实物管理专职	资产卡片	ERP
23	工程投产	工程管理部门向财务部门提供“工程投运通知书”	省公司/市公司/县公司	工程管理部门	工程管理专职			工程投运通知书	线下
24	提报暂估成本	工程管理部门根据合同执行情况编制“暂估工程成本明细表”	省公司/市公司/县公司	工程管理部门	工程管理专职	合同执行情况表	工程管理部门工程管理专职	暂估工程成本明细表	ERP
25	审核暂估成本并入账	财务部门审核“暂估工程成本明细表”，在竣工投运当月完成暂估成本入账	省公司/市公司/县公司	财务管理部门	工程财务专职	暂估工程成本明细表	工程管理部门工程管理专职	工程成本暂估凭证	ERP

续表

步骤编号	标准流程步骤	步骤说明	涉及层级	责任部门	责任岗位	输入信息	输入信息提供者	输出信息	涉及系统
26	费用分摊	财务部门根据既定规则完成工程建筑、安装、设备和其他费用的成本分摊	省公司/市公司/县公司	财务管理部门	工程财务专职	工程成本暂估依据	财务管理部门工程财务专职	成本分摊结果	ERP
27	预转资	财务部门根据成本分摊结果完成预转资入账工作	省公司/市公司/县公司	财务管理部门	工程财务专职	成本分摊结果	财务管理部门工程财务专职	会计凭证	ERP
28	编制工程结算报告	工程管理部门组织开展工程结算材料收集、预审以及工程结算报告编制工作	省公司/市公司/县公司	工程管理部门	工程管理专职	建筑、安装、设备和其他费用等合同结算材料		工程结算报告	线下
29	组织结算审价	工程管理部门内部组织开展工程结算审价工作	省公司/市公司/县公司	工程管理部门	工程管理专职	工程结算报告	工程管理部门工程管理专职	工程结算报告	线下
30	结算批复	工程管理部门根据工程物资、服务结算结果，经核价审定后形成审定版竣工结算报告	省公司/市公司/县公司	工程管理部门	工程管理专职	物资服务结算结果	工程管理部门工程管理专职	工程结算审定报告	线下
31	费用报账	根据竣工结算审定报告，完成相关工程成本费用报账及调整工作	省公司/市公司/县公司	工程管理部门/物资管理部门/实物管理部门	工程管理专职/履约管理专职/实物管理专职	工程结算审定报告	工程管理部门工程管理专职	工程成本报账单据	ERP
32	办理结余物资退库及物资增补	办理结余物资退库，核对退库、利库和领用申请，办理退库入库手续。对需增补的物资进行系统发货处理	省公司/市公司/县公司	工程管理部门/物资管理部门	工程管理专职/履约管理专职	物资鉴定报告、退料申请单	工程管理部门工程管理专职/物资管理部门履约管理专职	领料单、退库单	线下

续表

步骤编号	标准流程步骤	步骤说明	涉及层级	责任部门	责任岗位	输入信息	输入信息提供者	输出信息	涉及系统
33	成本入账	根据业务部门提交的工程成本报账单据等完成成本入账	省公司/市公司/县公司	财务管理部门	工程财务专职	工程成本报账单据	工程管理部门工程管理专职/物资管理部门履约管理专职/实物管理部门实物管理专职	会计凭证	ERP
34	清理工程资金	财务部门协同前端业务部门开展资金清算工作	省公司/市公司/县公司	财务管理部门	工程财务专职				线下
35	导入审定结算结果	工程管理部门基于结算审定报告，将结构化结算信息导入系统	省公司/市公司/县公司	工程管理部门	工程管理专职	工程结算审定报告	工程管理部门工程管理专职	工程结算审定报告	ERP
36	再次执行费用分摊	财务部门基于结算审定数量和价值，对建筑、安装和其他费用成本进行分摊，完成转资设备价值归集确认	省公司/市公司/县公司	财务管理部门	工程财务专职	结算信息项目成本	工程管理部门工程管理专职	成本分摊结果、会计凭证	ERP
37	自动出具竣工决算报表	财务部门根据财务账簿、“合同执行情况表”“物资实际耗用表”“工程验收现场盘点清单”、结算等资料按照规定时间要求出具竣工决算报告	省公司/市公司/县公司	财务管理部门	工程财务专职	费用分摊结果	财务管理部门工程财务专职	竣工决算报告	ERP

续表

步骤编号	标准流程步骤	步骤说明	涉及层级	责任部门	责任岗位	输入信息	输入信息提供者	输出信息	涉及系统
38	竣工决算审核	财务内部或委托中介机构对竣工决算报告的审核，履行竣工决算报告审批流程	省公司/市公司/县公司	财务管理部门	工程财务专职	竣工决算报告	财务管理部门工程财务专职	竣工决算审核报告	线下
39	竣工决算批复	财务部门基于内部或委托中介机构审核结果，调整形成最终版竣工决算报告	省公司/市公司/县公司	财务管理部门	工程财务专职	竣工决算审核报告	财务管理部门工程财务专职	竣工决算报告	线下
40	账务调整	财务部门基于竣工决算审核审批结果，完成工程成本账务调整工作	省公司/市公司/县公司	财务管理部门	工程财务专职	竣工决算报告	财务管理部门工程财务专职	调整凭证	ERP
41	调整暂估资产卡片价值，生成正式转资凭证	财务部门根据决算审核审批后成本分摊结果，确定正式转资的资产价值金额；根据正式转资价值调整暂估资产卡片价值，生成正式转资凭证	省公司/市公司/县公司	财务管理部门	工程财务专职	成本分摊结果	财务管理部门工程财务专职	转资凭证	ERP

⑤实物资产管理部门：负责配合开展工程现场验收盘点，基于工程管理部门提供的设备领用情况，对照建卡规范，利用三码对应规则编制设备验收清册，工程投运后7天内基于验收清册完成设备台账创建，并联动生成PM设备台账，建立设备台账与明细WBS编码的准确关联；负责根据合同执行情况，对“合同执行情况表”进行补充完善，确保内容完整、准确，并在报账截止日前将盖章确认的“合同执行情况表”提交财务部门；负责按照工程财务管理办法明确的职责分工共同配合财务部门完成工程竣工决算编制工作。

三、风险清单

工程自动竣工决算风险清单如表4－59所示。

表4－59　　工程自动竣工决算风险清单

序号	环节名称	风险点	风险点编号
1	项目立项阶段	（1）设备资产未经清册核对	R—CW—06—03—01
		（2）投资预算未经审核	R—CW—06—03—02
2	投运验收及预转资	（1）系统联动生成的资产卡片不准确，更新不及时，与设备卡片不匹配	R—CW—06—03—03
		（2）成本费用分摊结果不准确	R—CW—06—03—04
		（3）工程项目成本确认不准确	R—CW—06—03—05
3	工程结算	（1）竣工结算不及时、不准确	R—CW—06—03—06
		（2）生成的凭证分录不正确，金额不准确	R—CW—06—03—07
4	竣工决算及正式转资	（1）竣工决算报表不准确、不完善	R—CW—06—03—08
		（2）竣工决算报告未经审核	R—CW—06—03—09
		（3）正式转资后续缴纳房产税时，未以正式转资形成的资产原值作为计税依据	R—CW—06—03—10

四、内控矩阵

工程自动竣工决算内控矩阵如表4－60所示。

表4－60　　工程自动竣工决算内控矩阵

步骤编号	风险点编号	风险点描述	控制点编号	控制点描述	控制方式	控制频率
7	R—CW—06—03—01	设备资产未经清册核对	CW—06—03—01—C01	根据清查核对报告及系统流程进行相应账务处理，同时将资产设备清册保留作为竣工决算的依据	手工依赖IT控制	不定期

续表

步骤编号	风险点编号	风险点描述	控制点编号	控制点描述	控制方式	控制频率
8	R—CW—06—03—02	投资预算未经审核	CW—06—03—01—C02	审核概算书的内容（如WBS层级关系）是否与预规保持一致；导入的项目明细概算是否与批复后的概算书保持一致；当有重大设计变更或客观原因导致造价变更时，是否对项目明细概算进行调整并重新导入ERP系统	手工依赖IT控制	不定期
21	R—CW—06—03—03	系统联动生成的资产卡片不准确，更新不及时，与设备卡片不匹配	CW—06—03—01—C03	生产部门在ERP系统中创建设备台账，创建成功后系统联动生成固定资产卡片	手工依赖IT控制	不定期
26	R—CW—06—03—04	成本费用分摊结果不准确	CW—06—03—01—C04	工程主管对分摊金额的准确性、分摊比率是否正确、是否所有固定资产卡片层级WBS都有分摊价值，且其总和相加等于项目在建工程总值等进行审核	手工依赖IT控制	不定期
27	R—CW—06—03—05	工程项目成本确认不准确	CW—06—03—01—C05	工程会计对整个项目执行转资操作，完成对该项目的预转资步骤	手工依赖IT控制	不定期
29	R—CW—06—03—06	竣工结算不及时、不准确	CW—06—03—01—C06	对提交的竣工结算资料等进行审核，具体内容包括：资料是否齐全、完整，结算汇总表金额与结算明细表、赔偿性支出手续是否一致，项目编号是否正确，审定金额与结算金额是否一致，结算汇总表金额在结算明细中支持性依据是否完整，赔偿性支出有无原始资料或复印件，变更支出有无设计变更手续	手工控制	不定期
33	R—CW—06—03—07	生成的凭证分录不正确，金额不准确	CW—06—03—01—C07	入错项目，需进行调整的，需要从发票校验冲销至业务前端采购订单或采购申请，采购部门、仓库部门、工程部门对各自负责的错误资产所计入的项目号做调整，系统自动生成分录	手工依赖IT控制	不定期

续表

步骤编号	风险点编号	风险点描述	控制点编号	控制点描述	控制方式	控制频率
37	R—CW—06—03—08	竣工决算报表不准确不完善	CW—06—03—01—C08	系统生成决算报表	IT 控制	不定期
38	R—CW—06—03—09	竣工决算报告未经审核	CW—06—03—01—C09	工程会计审核完成的竣工决算报表，主要是检查决算数据与账务数据的一致性和报表数据的完整性	手工依赖 IT 控制	不定期
41	R—CW—06—03—10	正式转资后续缴纳房产税时未以正式转资形成的资产原值作为计税依据	CW—06—03—01—C10	税务会计在系统中根据正式转资形成的资产原值调整房产税计税依据	手工依赖 IT 控制	不定期

五、底线清单

《财政部 国家税务总局关于房产税城镇土地使用税有关问题的通知》（财税〔2008〕152 号）规定：“一、关于房产原值如何确定的问题 对依照房产原值计税的房产，不论是否记载在会计账簿固定资产科目中，均应按照房屋原价计算缴纳房产税。房屋原价应根据国家有关会计制度规定进行核算。对纳税人未按国家会计制度规定核算并记载的，应按规定予以调整或重新评估。”

六、主要表单格式

暂估工程成本明细表（见附件）。

七、评价手册

工程自动竣工决算内部控制评价手册如表 4－61 所示。

表 4-61　　工程自动竣工决算内部控制评价手册

末级流程名称	控制点编号	控制点	控制描述	评价标准编号	评价标准	标准测试程序
工程自动竣工决算	CW—06—03—01—C05	预转资控制	对预转资包含的明细事项和金额进行审核后执行转资操作，完成对该项目的预转资步骤	CW—06—03—01—PJ 01	工程竣工投运 10 日内，本层级工程主管根据信息系统账务情况导出“合同执行情况表”初稿，提交各合同相关管理部门或单位进行核对。各合同相关管理部门或单位根据“合同执行情况表”对合同金额发生变更需重新确定合同价款的、尚未签订合同的、无须签订合同但尚未入账的事项及费用进行暂估，填列“暂估工程成本明细表”，并于收到“合同执行情况表”10 日内将加盖部门或单位公章后的“暂估工程成本明细表”提交财务部门。财务部门根据“暂估工程成本明细表”，对尚未确认的工程成本暂估入账，按照暂估后的在建工程账面金额和实物资产管理部门创建的设备卡片估价转增资产	1. 访谈财务部门工程管理岗员工，了解实际业务操作是否符合控制标准的要求，是否能够有效应对本控制点所面临的风险； 2. 抽取竣工验收报告，检查预转资时间与竣工时间是否一致，是否存在预转资不及时的情况； 3. 选取评价期间内预转资的工程项目，对应取得“合同执行情况表”及“暂估工程成本明细表”，核对预转资金额是否包含暂估工程成本； 4. 选取已经正式转资的工程项目，核对正式转资金额与预转资金额是否存在较大偏差，验证暂估工程成本是否合理
	CW—06—03—01—C05	成本费用分摊控制	对分摊金额的准确性、分摊比率是否正确、是否所有固定资产卡片层级 WBS 都有分摊价值，且其总和相加等于项目在建工程总值等进行审核	CW—06—03—01—PJ 02	本层级工程专责在 ERP 系统中编制“成本费用分摊表”，系统分摊应注意各项成本费用分摊规则的合理性	1. 访谈财务部门工程管理岗员工，了解实际业务操作是否符合控制标准的要求，是否能够有效应对本控制点所面临的风险； 2. 获取已办理竣工决算的暂估转资资产，检查企业是否根据决算金额调整暂估固定资产原值，调整原值后折旧计提是否正确（不需要调整原已计提的折旧额）
					“成本费用分摊表”报经本级工程主管审核，检查其他费用明细是否超过概算数；确保费用应分摊金额与账面一致；确保费用分摊率计算准确	1. 访谈财务部门工程管理岗员工，了解实际业务操作是否符合控制标准的要求，是否能够有效应对本控制点所面临的风险； 2. 获取“成本费用分摊表”，抽取会计凭证，检查工程主管是否对分摊结果进行审核；检查分摊金额是否准确；分摊比率是否正确

续表

末级流程名称	控制点编号	控制点	控制描述	评价标准编号	评价标准	标准测试程序
工程自动竣工决算	CW—06—03—01—C01	设备清册控制	根据清查核对报告及系统流程进行相应账务处理，同时将资产设备清册保留作为竣工决算的依据	CW—06—03—01—PJ 03	本层级设备部门进行现场核对《设备移交清册》确保经核对的设备资产清册中所列设备名称、编码、类型、计量单位、数量与实际相符，并签字盖章；确保盘盈、盘亏的设备按照《固定资产管理办法》履行内部审批程序；确保需调整的设备采购订单调整及时	1. 访谈设备部门员工，了解实际业务操作是否符合控制标准的要求，是否能够有效应对本控制点所面临的风险； 2. 抽取资产设备移交清册，检查设备部门是否会同基建部门、财务部门开展现场实物清查工作并签字确认； 3. 获取固定资产转资卡片明细表，检查是否与经审计的竣工决算报告一致，检查资产卡片，是否是前端业务部门创建的设备卡片联动生成的资产卡片，是否与固定资产目录一致
	CW—06—03—01—C06	结算资料控制	对提交的竣工结算资料等进行审核，包括：资料是否齐全、完整，结算汇总表金额与结算明细表、赔偿性支出手续是否一致，项目编号是否正确，审定金额与结算金额是否一致等	CW—06—03—01—PJ 04	本层级工程专责参与审核《结算审核批复文件》《竣工结算书》《物资清册》《合同清册》等工程结算资料；检查“竣工程结算表”是否已按照结算审核文件进行了调整，并经过项目管理部门审核盖章；检查《物资清册》所列甲供物资和施工方购入物资是否与ERP账面一致；检查其他费用是否已按服务合同采购订单进行了确认；检查赔偿性支出是否与ERP账面一致；检查工程结算资料，主要包括发票、结算书及明细资料、审计定案通知单等，是否齐全、完整；检查结算汇总表金额与结算明细表是否一致；检查项目编号是否正确	1. 访谈财务部门工程管理岗员工，了解实际业务操作是否符合控制标准的要求，是否能够有效应对本控制点所面临的风险； 2. 获取《结算审核批复文件》《竣工结算书》《物资清册》《合同清册》等工程结算资料，检查是否由本层级工程专责参与审核； 3. 检查“竣工程结算表”是否已按照结算审核文件进行了调整，并经过项目管理部门审核盖章；检查《物资清册》所列甲供物资和施工方购入物资是否与ERP账面一致；检查其他费用是否已按服务合同采购订单进行了确认；检查赔偿性支出是否与ERP账面一致；检查工程结算资料，主要包括发票、结算书及明细资料、审计定案通知单等，是否齐全、完整；检查结算汇总表金额与结算明细表是否一致；检查项目编号是否正确

续表

末级流程名称	控制点编号	控制点	控制描述	评价标准编号	评价标准	标准测试程序
工程自动竣工决算	CW—06—03—01—C08	决算报表自动生成控制	系统根据预先设置的参数和公式自动生成决算报表	CW—06—03—01—PJ 05	本层级工程专责编制“工程竣工决算报表”，确保“竣工工程概况表”设计文件、概算文件、核准文件、建设性质、开竣工日期、工程质量鉴定内容完整，投资金额、增值税抵扣与“竣工决算一览表”一致；确保“竣工决算一览表”中所列概算数据与批复概算文件明细金额一致；确保“竣工决算一览表”中决算金额所反映车辆购置费、职工培训费、价差预备费，按照工程财务管理办法列支；确保“其他费用明细表”所列其他费用与“竣工决算一览表”一致，与“其他费用”与账面金额一致；确保“其他费用分摊情况表”所分摊费用与“其他费用一览表”一致，分摊率计算正确；确保“移交房屋建筑物一览表”“移交资产一览表”与《设备资产清册》一致；确保 ERP 系统成本费用结算完毕	1. 访谈财务部门工程管理岗员工，了解实际业务操作是否符合控制标准的要求，是否能够有效应对本控制点所面临的风险； 2. 获取竣工决算报告，检查是否按照公司竣工决算报告编制的要求执行；审核其表间勾稽关系是否准确，决算报表的数据是否账表一致，其他费用的分摊原则是否正确；检查未完收尾工程是否在规定时间建设实施完毕，并编制相关竣工决算报原决算批复单位和上一级财务部门审批或备案；检查是否按照固定资产目录移交资产；固定资产卡片是否依据工程竣工决算报告中移交资产的资产明细进行登记； 3. 获取固定资产转资卡片明细表，检查是否与经审计的竣工决算报告一致，检查资产卡片，是否是前端业务部门创建的设备卡片联动生成资产卡片，是否与固定资产目录一致；检查工程项目竣工投运后，是否及时办理房屋产权证、土地所有权证及其他财产所有权证书，产权证登记的所有人是否与此项目出资主体保持一致；检查用生产准备费购置的资产，落实账卡物是否一致，有无概算平移或拼盘使用的情况； 4. 检查工程正式转资后是否及时在 ERP 系统中技术性关闭；项目无法关闭，是否及时查明原因，进行相关处理； 5. 抽取一定样本量的工程项目，检查其竣工决算审计聘请的中介机构是否符合规定

续表

末级流程名称	控制点编号	控制点	控制描述	评价标准编号	评价标准	标准测试程序
工程自动竣工决算	CW—06—03—01—C09	决算审核控制	对竣工决算报表进行审核，主要是检查决算数据与账务数据的一致性和报表数据的完整性	CW—06—03—01—PJ 06	“工程竣工决算报表”报经本层级工程主管审核，确保“竣工工程概况表”设计文件、概算文件、核准文件、建设性质、开竣工日期、工程质量鉴定内容完整，投资金额、增值税抵扣与“竣工决算一览表”一致；确保“竣工决算一览表”中所列概算数据与批复概算文件明细金额一致；确保“竣工决算一览表”中决算金额所反映车辆购置费、职工培训费、基本预备费、价差预备费，按照其他费用管理办法列支；确保“其他费用明细表”所列其他费用与“竣工决算一览表”一致，与“其他费用”与账面金额一致；确保“其他费用分摊情况表”所分摊费用与“其他费用一览表”一致，分摊率计算正确；确保“移交房屋建筑物一览表”“移交资产一览表”与《设备资产清册》一致；确保 ERP 系统成本费用结算完毕	1. 访谈财务部门工程管理岗员工，了解实际业务操作是否符合控制标准的要求，是否能够有效应对本控制点所面临的风险； 2. 获取“工程竣工决算报表”，检查是否报经本层级工程主管审核，文件是否齐全且对应一致

八、制度清单

（1）《企业内部控制应用指引第 11 号——工程项目》（财会〔2010〕11 号）；

（2）《财政部 国家税务总局关于房产税城镇土地使用税有关问题的通知》（财税〔2008〕152 号）。

附件：

暂估工程成本明细表

项目编号：　　　　　　　　　　　　项目名称：　　　　　　　　　　　　单位：元

序号	单体工程 WBS	合同名称	合同金额（调整后）	已确认成本金额	拟暂估金额	暂估事项内容

典型案例 10：招投标管理

一、案例概述

（一）招标

招标是指招标人（买方）事先发出招标通告或招标单，提出品种、数量、技术要求和有关的交易条件，在规定的时间、地点，邀请投标人（卖方）参加投标的行为。在这种交易方式下，通常是由项目采购（包括货物的购买、工程的发包和服务的采购）的采购方作为招标方，通过发布招标公告或者向一定数量的特定供应商、承包商发出招标邀请等方式发出招标采购的信息，提出所需采购项目的性质及其数量、质量、技术要求，交货期、竣工期或提供服务的时间，以及其他供应商、承包商的资格要求等招标采购条件，表明将选择最能够满足采购要求的供应商、承包商与之签订采购合同的意向，由各有意提供采购所需货物、工程或服务的报价及其他响应招标要求的条件，参加投标竞争。经招标方对各投标者的报价及其他的条件进行审查比较后，从中择优选定中标者，并与其签订采购合同。

（二）工作流程

1. 工作环节

企业招标工作包括委托代理机构招标、编制招标方案及文件、发布招标公告、编制专家抽取方案、组建评委会、开标、评标、定标、发布中标通知书等环节。

2. 涉及部门职责

（1）流程维护部门：招投标管理部门。

（2）主责部门：招标管理部门。

招标管理部门招标专职负责委托招标代理机构，并根据招标委托单创建招标项目号；负责组织相关专业部门人员审阅招标方案及招标文件的整体规范性等是否符合招标需求；负责审查评标专家抽取方案中的招标专家专业及人数是否符合法律法规要求及项目评标需求等信息；负责依据专家抽取方案和专家清单组建评标委员会，并将评标委员会组成名单报招投标领导小组。

（3）参与部门：

①招投标领导小组：负责招投标领导小组成员参与审批评标结果，参会成员在会议纪要或定标审批单上签字确认后，批准采购结果并定标。

②评标委员会：评标专家根据招标文件中公布的评标标准和办法进行评标，并对投标文件进行打分，同时根据系统打分情况形成纸质打分表并签字确认；负责根据打分表等评标资料及情况编写评标报告，主要内容包括：项目概况与招标范围；开标过程记录；评标标准和方法；被否决的投标及否决事由；记录含评审结论的投标人排序以及推荐的中标候选人名单；评标过程产生的澄清、说明、补正事项文件以及其他需要说明的事项；评标委员会组成名单等，评标委员会成员在评标报告中的签字页上签字，将签字确认后的评标报告提交给公司招投标领导小组。

③招标代理机构：负责根据公司委托编制招标方案及招标文件，招标方案及招标文件编制完成后发给公司招标专职；负责发布招标公告并发售招标文件，同时在中国招标投标公共服务平台进行发布；负责编制评标专家抽取方案，将专家抽取方案提交给公司招标专职；负责接收投标文件，并在投标（应答）文件递交登记列表上详细记录投标文件的送达时间及密封情况，并由投标人签字确认；负责发布中标候选人、中标公告及中标通知书。

二、流程图及说明

（一）流程图

招标管理流程如图 4－16 所示。

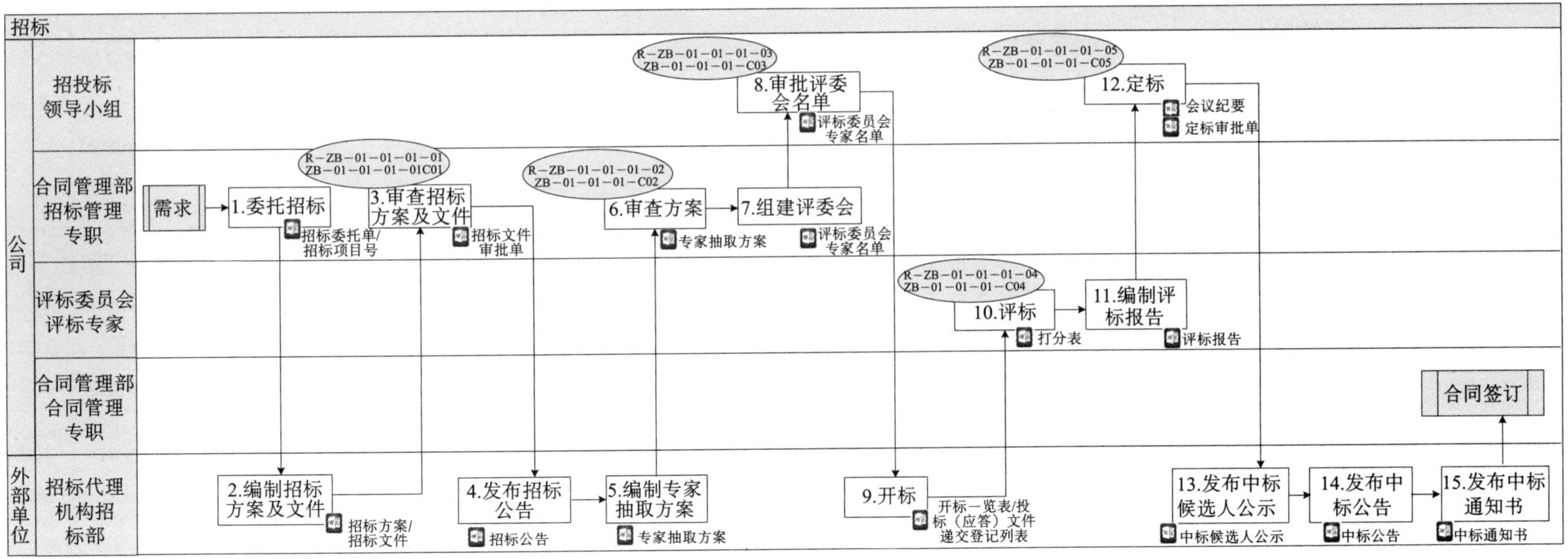

图 4－16　招标管理流程

（二）流程步骤说明

招标管理流程步骤说明如表 4－62 所示。

表 4－62　　招标管理流程步骤说明

招标流程步骤									
步骤编号	标准流程步骤	步骤说明	涉及层级	责任部门	责任岗位	输入信息	输入信息提供者	输出信息	涉及系统
1	委托招标	公司招投标专职委托招标代理机构，并根据招标委托单创建招标项目号	公司	合同管理部	招标管理专职			招标委托单、招标项目号	线下
2	编制招标方案及文件	招标代理机构根据公司委托编制招标方案及招标文件，招标方案及招标文件编制完成后发给公司招标专职	外部单位	招标代理机构	招标部	招标委托单、招标项目号	招标采购专职、提报需求专业主管部门	招标方案、招标文件	线下
3	审查招标方案及文件	公司招标专职组织相关专业部门人员审阅招标方案及招标文件的整体规范性等是否符合招标需求	公司	合同管理部	招标管理专职	招标方案、招标文件	招标代理机构招标部	招标文件审批单	线下
4	发布招标公告	招标代理机构发布招标公告并发售招标文件，同时在中国招标投标公共服务平台进行发布	外部单位	招标代理机构	招标部	招标文件审批单	合同管理部招标管理专职	招标公告	线下
5	编制专家抽取方案	招标代理机构编制评标专家抽取方案，将专家抽取方案提交给公司招标专职	外部单位	招标代理机构	招标部	招标公告	招标代理机构招标部	专家抽取方案	线下
6	审查方案	招标专职审查评标专家抽取方案中的招标专家专业及人数是否符合法律法规要求及项目评标需求等信息	公司	合同管理部	招标管理专职	专家抽取方案	招标代理机构招标部	专家抽取方案	线下

续表

步骤编号	标准流程步骤	步骤说明	涉及层级	责任部门	责任岗位	输入信息	输入信息提供者	输出信息	涉及系统
7	组建评委会	招标专职依据专家抽取方案和专家清单组建评标委员会，并将评标委员会组成名单报招投标领导小组	公司	合同管理部	招标管理专职	专家抽取方案	招标代理机构招标部	评标委员会专家名单	线下
8	审批评委会名单	招投标领导小组成员审批评委会名单	公司	招投标领导小组		评标委员会专家名单	合同管理部招标管理专职	评标委员会专家名单	线下
9	开标	招标代理机构招标专职接收投标文件，并在投标（应答）文件递交登记列表上详细记录投标文件的送达时间及密封情况，并由投标人签字确认	外部单位	招标代理机构	招标部	评标委员会专家名单	招投标领导小组	开标一览表、投标（应答）文件递交登记列表	线下
10	评标	评标专家根据招标文件中公布的评标标准和办法进行评标，并对投标文件进行打分，同时根据系统打分情况形成纸质打分表，并签字确认	公司	评标委员会	评标专家	开标一览表、投标（应答）文件递交登记列表	招标代理机构招标部	打分表	线下
11	编制评标报告	评标专家根据打分表等评标资料及情况编写评标报告，主要内容包括：项目概况与招标范围；开标过程记录；评标标准和方法被否决的投标及否决事由记录含评审结论的投标人排序以及推荐的中标候选人名单；评标过程产生的澄清、说明、补正事项文件以及其他需要说明的事项；评标委员会组成名单等，评标委员会成员在评标报告中的签字页上签字，将签字确认后的评标报告提交给公司招投标领导小组	公司	评标委员会	评标专家	打分表	评标委员会评标专家	评标报告	线下

续表

步骤编号	标准流程步骤	步骤说明	涉及层级	责任部门	责任岗位	输入信息	输入信息提供者	输出信息	涉及系统
12	定标	招投标领导小组成员参与审批评标结果，参会成员在会议纪要或定标审批单上签字确认后，批准采购结果并定标	公司	招投标领导小组		评标报告	评标委员会评标专家	会议纪要、定标审批单	线下
13	发布中标候选人公示	招标代理机构发布“推荐的中标候选人公示”	外部单位	招标代理机构	招标部	会议纪要、定标审批单	招投标领导小组	中标候选人公示	线下
14	发布中标公告	招标代理机构发布中标公告	外部单位	招标代理机构	招标部	中标候选人公示	招标代理机构	中标公告	线下
15	发布中标通知书	招标代理机构发布中标通知书	外部单位	招标代理机构	招标部	中标公告	招标代理机构	中标通知书	线下

三、风险清单

招标管理风险清单如表4－63所示。

表4－63　　招标管理风险清单

序号	环节名称	风险点	风险点编号
1	审查招标方案及文件	招标文件中关于资质业绩条件的设定存在排斥、歧视投标人的条件，具体招标方式的选择、评标标准、推荐规则、合同文本等不符合实际需求及公司制度规定	R—ZB—01—01—01
2	审查专家抽取方案	招标代理机构编制的评标专家抽取方案不符合公司相关制度规定或项目评标需求	R—ZB—01—01—02
3	审批评委会名单	招标专职未按规定组建评标委员会，或确定、更换评标委员会成员时违反法律法规规定	R—ZB—01—01—03
4	评标	评标委员会未按招标文件规定的评标标准进行评标，或评标时使用了未在招标文件中规定的评标标准，或采取不公正的评判标准	R—ZB—01—01—04
5	定标	招投标工作领导小组未按照评委会推荐的中标结果定标且没有合理的解释说明	R—ZB—01—01—05

四、内控矩阵

招标管理内控矩阵如表4－64所示。

表4－64　　招标管理内控矩阵

招标内控矩阵						
步骤编号	风险点编号	风险点描述	控制点编号	控制点描述	手工/IT/手工依赖IT控制	控制频率
3	R—ZB—01—01—01	招标文件中关于资质业绩条件的设定存在排斥、歧视投标人的条件，具体招标方式的选择、评标标准、推荐规则、合同文本等不符合实际需求及公司制度规定	ZB—01—01—C01	公司招标专职在审核招标方案时应组织相关专业部门人员及项目负责人对招标方案的整体性、规范性等相关内容进行会审	手工控制	不定期
6	R—ZB—01—01—02	招标代理机构编制的评标专家抽取方案不符合公司相关制度规定或项目评标需求	ZB—01—01—C02	公司招投标处招标岗应审批评标专家抽取方案中的招标专家专业及人数是否符合法律法规要求，及项目评标需求等信息	手工控制	不定期

续表

步骤编号	风险点编号	风险点描述	控制点编号	控制点描述	手工/IT/手工依赖 IT 控制	控制频率
8	R—ZB—01—01—03	公司招标专职未按规定组建评标委员会，或确定、更换评标委员会成员时违反法律法规规定	ZB—01—01—C03	招投标工作领导小组应审批评委会名单（审批单、签报等），审批确认后在评标委员会组成名单上加盖招投标管理中心章	手工控制	不定期
10	R—ZB—01—01—04	评标委员会未按招标文件规定的评标标准进行评标，或评标时使用了未在招标文件中规定的评标标准，或采取不公正的评判标准	ZB—01—01—C04	评标专家根据招标文件中公布的评标标准和办法进行评标，对投标文件进行打分，同时形成打分表并签字确认，评标现场应有视频监控设备对评标过程进行全程监控	手工控制	不定期
12	R—ZB—01—01—05	招投标工作领导小组未按照评委会推荐的中标结果定标且没有合理的解释说明	ZB—01—01—C05	招投标工作领导小组应参与审定评标结果，形成会议纪要，参会成员在会议纪要上签字确认	手工控制	不定期

五、底线清单

招标管理底线清单如表 4－65 所示。

表 4－65　　招标管理底线清单

底线清单编号	底线清单名称	底线清单标准	制度依据	正面清单/负面清单
DX—ZB—01	需要履行审批、核准手续的工程建设项目未经审批、核准不得进行招标，属于“未核先招”，存在审计风险。因工程未获得核准或核准内容与招标内容有差异，导致无法与中标人签订合同。招标人需承担民事赔偿责任等风险；如造成重大损失的，招标人的负责人及相关责任人员还有可能承担行政甚至刑事法律责任	依法必须进行招标的工程建设项目，按国家有关规定需要履行审批、核准手续的，招标人应当在报送的可行性研究报告、资金申请报告或者项目申请报告中将货物招标范围、招标方式（公开招标或邀请招标）、招标组织形式（自行招标或委托招标）等有关招标内容报项目审批、核准部门审批、核准。项目审批、核准部门应当将审批、核准的招标内容通报有关行政监督部门	《工程建设项目货物招标投标办法》第九条	负面清单

续表

底线清单编号	底线清单名称	底线清单标准	制度依据	正面清单/负面清单
DX—ZB—02	项目资金来源未落实即办理招标，可能导致：无法与中标人签订合同或签约后无法履行，相关责任人员将承担民事责任	招标公告或者投标邀请书应当载明招标货物的名称、数量、技术规格、资金来源。招标人应当有进行招标项目的相应资金或者资金来源已经落实，并应当在招标文件中如实载明	(1)《工程建设项目货物招标投标办法》第十三条 (2)《中华人民共和国招标投标法》第九条	负面清单
DX—ZB—03	依法必须招标的项目未经过招标签订的合同无效。招标人对合同无效存在过错的，将承担相应的赔偿责任	招标人应当与中标人按照招标文件和中标人的投标文件订立书面合同。招标人与中标人不得再行订立背离合同实质性内容的其他协议	《评标委员会和评标方法暂行规定》第五十一条	负面清单
DX—ZB—04	依法必须进行招标的项目而不招标的，将依法必须进行招标的项目化整为零，或者以其他任何方式规避招标的	采购行为无效，将被责令限期改正，可以处项目合同金额5‰以上10‰以下的罚款；对全部或者部分使用国有资金的项目，可以暂停项目执行或者暂停资金拨付；对单位直接负责的主管人员和其他直接责任人员依法给予处分	(1)《中华人民共和国招标投标法》第三条、第四条、第四十九条 (2)《中华人民共和国招标投标法实施条例》第六十三条、第六十四条、第七十三条	负面清单
DX—ZB—05	招标人依法应当公开招标，不得采用邀请招标	依法应当公开招标而采用邀请招标，由有关行政监督部门责令改正，可以处10万元以下的罚款；对单位直接负责的主管人员和其他直接责任人员依法给予处分	《中华人民共和国招标投标法实施条例》第六十四条	正面清单
DX—ZB—06	工程物资未按规定招标。根据资产损失程度、问题性质等，对相关责任人采取组织处理、扣减薪酬、禁入限制、纪律处分、移送司法机关等方式处理	工程建设项目货物招标投标活动应当遵循公开、公平、公正和诚实信用的原则	《工程建设项目货物招标投标办法》第四条	负面清单
DX—ZB—07	不得违反招标投标法律法规和公司招投标制度规定，不得规避招标	违反招标投标法律法规和公司招投标制度规定，根据给企业造成的经济损失或影响的程度，对直接责任人给予警告至解除劳动合同的处分，对相关责任人给予通报批评至留用察看的处分	《中华人民共和国招标投标法实施条例》第四十九条、第六十三条	负面清单

续表

底线清单编号	底线清单名称	底线清单标准	制度依据	正面清单/负面清单
DX—ZB—08	招标人和中标人不按照招标文件和中标人的投标文件订立合同，合同的主要条款与招标文件、中标人的投标文件的内容不一致，或者招标人、中标人订立背离合同实质性内容的协议	招标人和中标人应当按照招标文件和中标人的投标文件订立合同，合同的主要条款与招标文件、中标人的投标文件的内容一致，招标人、中标人应当依据合同实质性内容签订协议。如违反上述规定，由有关行政监督部门责令改正，可以处中标项目金额5‰以上10‰以下的罚款	《中华人民共和国招标投标法实施条例》第七十五条	负面清单

六、主要表单格式

1. 评标（评审）人员推荐表（见表4－66）

表4－66　　评标（评审）人员推荐表（参考）

项目名称	
推荐意见	鉴于采购项目需要，推荐以下同志参加此项目的评标（评审）活动（推荐名单附后）。 经办人（签字）： 审核人（签字）： 审批人（签字）： 部门/单位签（章）：　　年　月　日

2. 推荐评标（评审）委员名单（见表4－67）

表4－67　　推荐评标（评审）委员名单

序号	部门	姓名	性别	职务	备注

3. 推荐评标（评审）专家名单（见表4－68）

表4－68　　推荐评标（评审）专家名单

序号	姓名	性别	工作单位	联系电话	推荐专业
……	……	……	……	……	……

4. 中标公告

××公司××年第×批项目招标中标人名单
（招标编号：　　　　　）

××公司××年第×批项目的中标候选人公示活动已经结束。现将中标人名单公告如下：

分标号	包号	中标人

招标代理机构：

年　月　日

5. 中标通知书

中标通知书（参考）×××招字（××-××）-×××

××××××：

根据评标委员会评审结果，经招标领导组批准，贵公司在×××招标采购（委托号：×××）中被确认为分标编号：×××包：×××的中标人，中标数量为（×××），中标总金额为×××元（中标明细详见附表），投标期间所做的一切投标文件及书面承诺均为有效文件。

请贵公司登录×××平台完成（http：//……）电子合同确认签署，并在本中标通知书发出之日起 30 天内，携带所有签订合同所需的资料（包括但不限于法定代表人授权书、技术规范、技术图纸等），到××公司按照招标文件和中标人的投标文件签订采购合同。

合同签订后，请持已签合同办理投标保证金退还手续（年度投标保证金除外）。

特此通知！

招标人：

招标代理机构：

××年××月××日

七、评价手册

招标管理内部控制评价手册如表 4-69 所示。

表 4-69 招标管理内部控制评价手册

末级流程名称	控制编号	控制点	控制描述	评价标准编号	评价标准	标准测试程序
招标	ZB—01—01—C01～C02	审查招标方案合理	公司招标专职在审核招标方案时应组织相关专业部门人员及项目负责人对招标方案的整体性、规范性等相关内容进行会审	ZB—01—01—PJ 01	公司招投标岗负责将批次招标方案及招标文件送审稿根据项目需要送其他会审部门（公司项目管理部、经济法律部等相关部门）进行会签，会签后形成采购文件审批单，经招投标工作领导小组办公室批准后发布。重大事项应经招投标工作领导小组批准	1. 访谈了公司招标岗××员工，了解实际业务操作是否符合控制标准的要求，是否能够有效应对本控制点所面临的风险； 2. 根据抽样规则，获取会签记录、招标方案、招标文件、招标货物清单等材料。检查会签程序是否符合公司制度规定，签字审批是否完备； 3. 检查是否按照国家有关规定和公司发布的模板编制招标文件；检查招标文件是否进行了商务和技术方面的审查，招标方案内容是否完整无遗漏；检查是否存在擅自变更修改已经过审查招标文件的情况；检查招标文件中是否明示评标标准和评分方法； 4. 检查是否存在倾向性、歧视性等限制投标人的条款，是否存在指定产品等违反招标公平性的条款
	ZB—01—01—C03	评标专家资质合规	招投标工作领导小组应审批评委会名单（审批单、签报等），审批确认后在评标委员会组成名单上加盖招投标管理中心章	ZB—01—01—PJ 02	招标采购管理部门组建评标（评审）委员会，并由招投标工作领导小组办公室审批，形成组建文件；如果采购项目技术复杂、专业性强或者国家有特殊要求，确需项目管理部门或项目单位推荐专家参与评标（评审）的，应由项目管理部门或项目单位填写评标（评审）人员推荐表，省公司物资部招标采购处处长审核确认评标、评审人员推荐表的合规性等内容，审核通过后，提交招投标工作领导小组办公室审批	1. 访谈了物资部招投标处部门××员工，了解实际业务操作是否符合控制标准的要求，是否能够有效应对本控制点所面临的风险； 2. 根据抽样规则，获取推荐的评标专家名单及审核、审批手续等材料。检查评标专家是否按照规定从专家库中抽取，评标委员会组成是否符合规定，成员资格是否满足招标需求

续表

末级流程名称	控制编号	控制点	控制描述	评价标准编号	评价标准	标准测试程序
招标	ZB—01—01—C03	评标专家资质合规	招投标工作领导小组应审批评委会名单（审批单、签报等），审批确认后在评标委员会组成名单上加盖招投标管理中心章	ZB—01—01—PJ 03	评审专业相关专家在公司有关领导及代理机构管理岗组织下，开展评审会对代理机构审定的评标专家基本资格合格的资深专家、A级专家进行评标专家技术资格审批。审批通过后，形成审核意见并签字确认	1. 访谈了××部门××员工，了解实际业务操作是否符合控制标准的要求，是否能够有效应对本控制点所面临的风险； 2. 获取"专家基本资格审核意见"、专家资格考核标准等资料，检查是否建立相应评标专家考核机制，并定期对专家进行培训、考核与评价，是否明确了专家入选标准并按规定对专家库进行调整； 3. 检查是否建立专家档案，违纪专家管理记录是否完整
	ZB—01—01—C04～C05	招标结果合规性	①评标专家根据招标文件中公布的评标标准和办法进行评标，对投标文件进行打分，同时形成打分表并签字确认，评标现场应有视频监控设备对评标过程进行全程监控； ②招投标工作领导小组应参与审定评标结果，形成会议纪要，参会成员在会议纪要上签字确认	ZB—01—01—PJ 04	评审委员会根据文件公示的授标原则推荐中标候选人，编制评标报告。评审报告应有全体评标委员会人员签字。招投标领导小组成员部门参与审批评标结果，参会成员在会议纪要或定标审批单上签字确认后进行备案	1. 访谈了招投标领导小组××员工，了解实际业务操作是否符合控制标准的要求，是否能够有效应对本控制点所面临的风险； 2. 根据抽样规则，获取非招标采购方案、审批表等材料。检查非招标采购方式选择是否符合非招标管理细则的相关规定，属国家规定必须招标的物资因故改为直接采购的，是否履行了必要的批准、备案手续‘检查是否制订相应的采购方案，是否明确采购范围、采购程序、专家组成等重要内容，采购的范围、方式确定及采购程序是否符合相关法规及公司管理规定； 3. 检查非招标发布文件是否存在资质业绩限制性条款等违规内容，评审过程资料是否齐全，有无错漏，评审手续是否完整、合规；检查成交结果是否与会议纪要、定标审批单、评审委员会评审结果一致

八、制度清单

（1）《必须招标的基础设施和公用事业项目范围规定》；
（2）《标准施工招标资格预审文件》；
（3）《电子招标投标办法》；
（4）《工程建设项目货物招标投标办法》；
（5）《评标委员会和评标办法暂行规定》；
（6）《招标公告和公示信息发布管理办法》；
（7）《招标投标违法行为记录公告暂行办法》；
（8）《中华人民共和国招标投标法》；
（9）《中华人民共和国招标投标实施条例》。

典型案例11：供应链金融

一、案例概述

（一）供应链金融

供应链金融是指将供应商、制造商、分销商、零售商，直到最终用户连成一个整体。在这个供应链中，竞争力较强、规模较大的核心企业因其强势地位，往往在交货、价格、账期等贸易条件方面对上下游配套企业要求苛刻，从而给这些企业造成了巨大的压力。而上下游配套企业恰恰大多是中小企业，难以从银行融资，结果最后造成资金链十分紧张，整个供应链出现失衡。供应链金融最大的特点就是在供应链中寻找出一个大的核心企业，以核心企业为出发点，为供应链提供金融支持。一方面，将资金有效注入处于相对弱势的上下游配套中小企业，解决中小企业融资难和供应链失衡的问题；另一方面，将银行信用融入上下游企业的购销行为，增强其商业信用，促进中小企业与核心企业建立长期战略协同关系，提升供应链的竞争能力。在供应链金融的融资模式下，处在供应链上的企业一旦获得银行的支持，资金这一“脐血”注入配套企业，也就等于进入了供应链，从而可以激活整个“链条”的运转；而且借助银行信用的支持，还为中小企业赢得了更多的商机。

（二）以“应收账款融资业务”工作流程为例

1. 工作环节

应收账款融资业务是指基于真实业务背景，供应商将其对各单位（不含金融单位）的应收账款转让给供应商自主选择的金融机构，由供应商自主选择的金融机构先行向其提供融资，待各单位（不含金融单位）到期支付款项时，金融机构从监管账户直接扣划款项，完成还款。本流程描述了各单位（不含金融单位）在涉及应收账款融资业务中的管理事项，包括受理、确权、审核、付款等，明确了各单位（不含金融单位）在涉及应收账款融资业务中的具体工作安排及相关管控节点，以达到规范管理的目标。

2. 涉及部门职责

（1）流程维护部门：业务部门。

（2）主责部门：

业务部门：负责对供应商提交的应收账款融资申请所涉及的应收账款是否在可确权的支付申请范围进行审查；负责根据供应商及其自主选择的金融机构发出的“回款账户监管函”办理监管账户变更；负责财务系统中对监管账户进行标识；负责接收供应商提交的结算资料并在系统中发起结算流程。

财务部门：负责对业务部门审查通过的应收账款融资申请进行审核并确权；负责将款项打入指定的监管账户。

二、流程图及说明

（一）流程图

应收账款融资业务，其流程如图 4 – 17 所示。

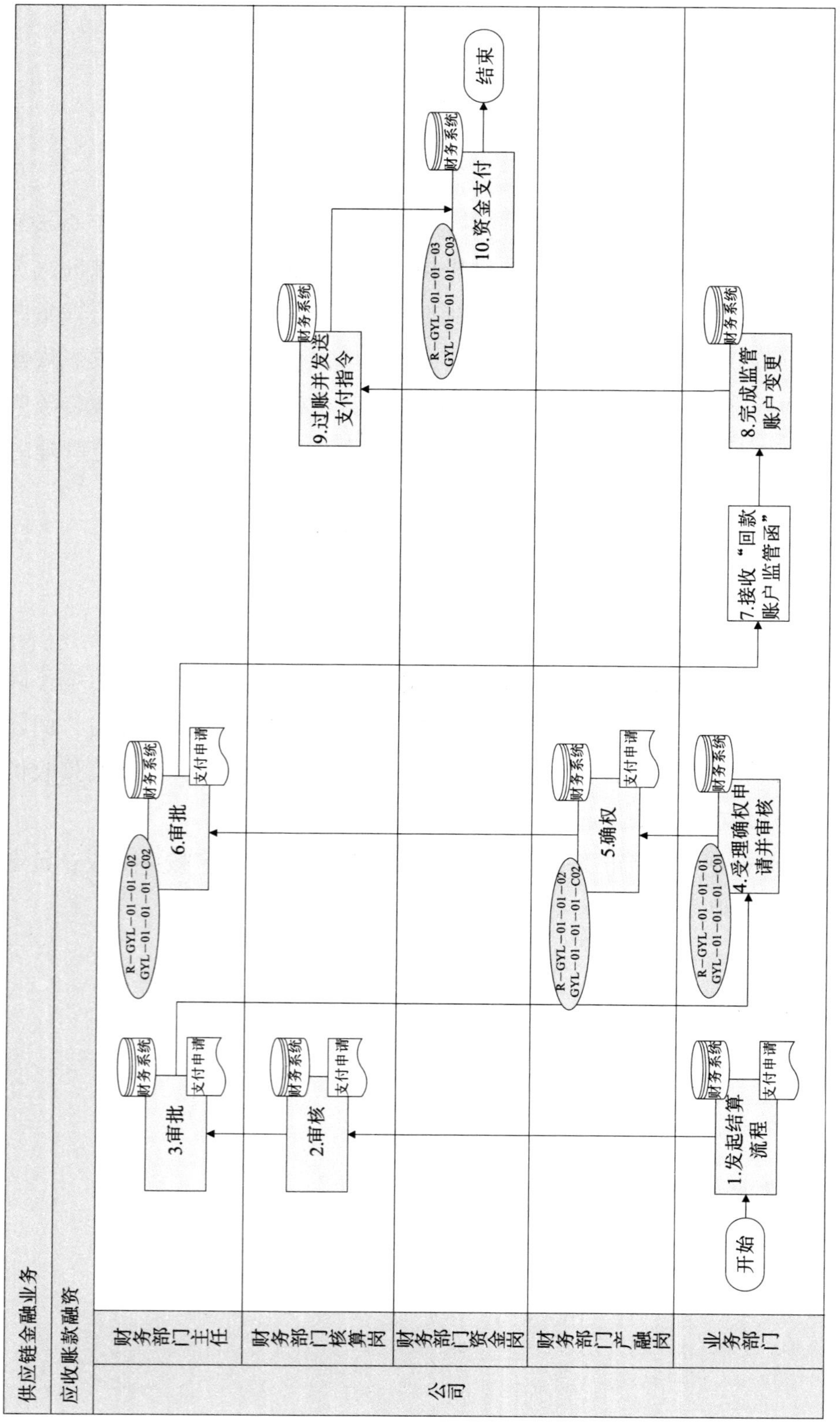

图4-17 应收账款融资业务流程

（二）流程步骤说明

应收账款融资业务流程步骤说明如表 4－70 所示。

表 4－70　　应收账款融资业务流程步骤说明

应收账款融资流程步骤									
步骤编号	标准流程步骤	步骤说明	涉及层级	责任部门	责任岗位	输入信息	输入信息提供者	输出信息	涉及系统
1	发起结算流程	供应商履约后，仓储验收货物，业务部门可发起结算流程	公司	业务部门				支付申请	财务系统
2	审核	财务部门核算岗审核业务部门发起的支付申请，主要关注发票金额、发票日期、发票数量、发票编号、供应商名称等发票信息是否完整，发票、入库单和采购订单上相关物资的金额和数量是否一致，价款、进项税额填写是否正确	公司	财务部门	核算岗	支付申请	业务部门	支付申请	财务系统
3	审批	财务部门主任审核支付申请，应对支付申请单及到货交接单等付款依据进行审核，主要关注付款依据是否齐全，是否满足预算需求，是否符合付款条件等	公司	财务部门	主任	支付申请	财务部门核算岗	支付申请	财务系统
4	受理确权申请并审核	业务部门在收到供应商办理应收账款融资的申请时，应当确认可确权的支付申请范围，确认好后提交财务部门产融岗审核，由财务部门产融岗进行确权	公司	业务部门		支付申请	财务部门主任	支付申请	财务系统
5	确权	财务部门产融岗审核业务部门确认好可确权的支付申请范围后，进行确权	公司	财务部门	产融岗	发票、验收入库单等资料	业务部门	支付申请	财务系统
6	审批	财务部门主任审批产融岗提交的确权	公司	财务部门	主任	支付申请	财务部门产融岗	支付申请	财务系统
7	接收“回款账户监管函”	业务部门应在财务系统中对监管账户进行标识	公司	业务部门		支付申请	财务部门主任	支付申请	线下

续表

应收账款融资流程步骤									
步骤编号	标准流程步骤	步骤说明	涉及层级	责任部门	责任岗位	输入信息	输入信息提供者	输出信息	涉及系统
8	完成监管账户变更	业务部门应在财务系统中对监管账户进行变更	公司	业务部门		支付申请	业务部门	账户变更单	财务系统
9	过账并发送支付指令	财务部门核算岗依据账户变更信息、确权等信息进行过账并发送支付指令	公司	财务部门	核算岗	账户变更单、支付申请	业务部门		财务系统
10	资金支付	财务部门资金岗进行资金支付	公司	财务部门	资金岗	账户变更单、支付申请	财务部门核算岗		财务系统

三、风险清单

应收账款融资业务风险清单如表 4 – 71 所示。

表 4 – 71　　应收账款融资业务风险清单

序号	环节名称	风险点	风险点编号
1	受理确权并审核	由于监管账户信息反馈有误、允许供应商随意变更账户信息，导致各单位（不含金融单位）兑付时将款项错汇至其他账户的风险	R—GYL—01—01—01
2	确权	由于不相容岗位未分离、员工知识或技能匮乏、操作不当等，导致确权信息审核不到位，给公司带来法律纠纷的风险	R—GYL—01—01—02
3	资金支付	由于公司未对资金做出合理安排，导致无法在约定日期及之前完成资金支付，从而带来相关法律纠纷的风险	R—GYL—01—01—03

四、内控矩阵

应收账款融资业务内控矩阵如表 4 – 72 所示。

表 4－72 应收账款融资业务内控矩阵

步骤编号	风险点编号	风险点描述	控制点编号	控制点描述	控制方式	控制频率
1	R—GYL—01—01—01	由于监管账户信息反馈有误、允许供应商随意变更账户信息，导致公司兑付时将款项错汇至其他账户的风险	GYL—01—01—01—C01	要求供应商与自主选择的金融机构联合发出“回款账户监管函”，将监管账户信息告知公司，公司严格履行相关操作	手工控制	不定期
2	R—GYL—01—01—02	由于不相容岗位未分离、员工知识或技能匮乏、操作不当等，导致确权信息审核不到位，给公司带来法律纠纷的风险	GYL—01—01—01—C02	财务部门产融岗确权信息填写准确，且经过财务部门负责人审批	手工控制	不定期
3	R—GYL—01—01—03	由于公司未对资金做出合理安排，导致无法在约定日期及之前完成资金支付，从而带来相关法律纠纷的风险	GYL—01—01—01—C03	公司根据资金情况和供应商需求安排每月签发单据，确定兑付日期后，通过以系统控制为主、人工干预为辅的方式锁定支付时间，避免各单位（不含金融单位）到期无法支付的风险	手工控制	不定期

五、底线清单

无。

六、主要表单格式

无表单格式清单。

七、评价手册

应收账款融资业务内部控制评价手册如表 4－73 所示。

表 4－73 应收账款融资业务内部控制评价手册

末级流程名称	控制点编号	控制点	控制点描述	评价标准编号	评价标准	标准测试程序
应收账款融资	GYL—01—01—01—C01～C03	应收账款融资控制	①业务部门在收到供应商办理应收账款融资的申请时，应当确认可确权的支付申请范围，提交公司财务部门产融岗审核后，由财务部门产融岗进行确权； ②财务部门应当根据资金情况和供应商需求，合理安排每月资金支付计划，确保在约定日期前完成支付	GYL—01—01—01—PJ 01	应收账款融资相关信息真实准确；款项应当支付至指定的监管账户中；及时支付款项	①应收账款融资相关信息是否真实准确：获取合同、发票、结算单等资料，检查支付申请是否满足付款条件； ②款项是否支付至指定的监管账户中：获取供应商自主选择的金融机构监管账户信息，检查是否与 ERP 系统中已标识的账户一致；获取银行回单，检查收款账户是否与监管账户一致； ③款项支付是否及时：根据资金支付排程，检查款项支付是否符合约定时间

八、制度清单

（1）《关于促进中小企业健康发展的指导意见》（中办发〔2019〕24 号）；

（2）《关于深化供应链金融服务促进产业链资金链畅通的通知》（浙银保监发〔2020〕24 号）；

（3）《关于推进社会信用体系建设高质量发展促进形成新发展格局的意见》（中办发〔2022〕25 号）。

典型案例 12：自然人分布式光伏购电

一、案例概述

（一）自然人分布式光伏购电业务

分布式光伏发电是指在用户所在场地或附近建设运行，以用户侧自发自用为主、多余电量上网且在配电网系统平衡调节为特征的光伏发电设施，其中，自然人利用自有住宅及在住宅区域内建设的分布式光伏发电项目即为自然人分布式光伏发电项目。

（二）工作流程

1. 工作环节

维护档案信息、签订合同、计量与抄表、开具发票、确认购电成本、支付资金。

2. 涉及部门职责

（1）流程维护部门：财务部。

（2）主责部门：

①财务部：审核发票、结算单等结算资料，无误后确认购电成本；审核付款申请，生成付款凭证并反馈付款情况。

②营销部：负责与发电用户签订合同；抄录发电用户电量并复核抄表数据；完成电量、电费核算，形成并发行正式结算账单，通过线上、线下渠道供发电用户核对确认；收取发电用户开具的发票、盖章确认的结算单据并提交财务，再将结算数据从营销系统传递至财务系统；在电子报账系统发起付款申请流程。

二、流程图及说明

（一）流程图

自然人分布式光伏购电业务流程如图 4－18 所示。

（二）流程步骤说明

自然人分布式光伏购电业务流程步骤说明如表 4－74 所示。

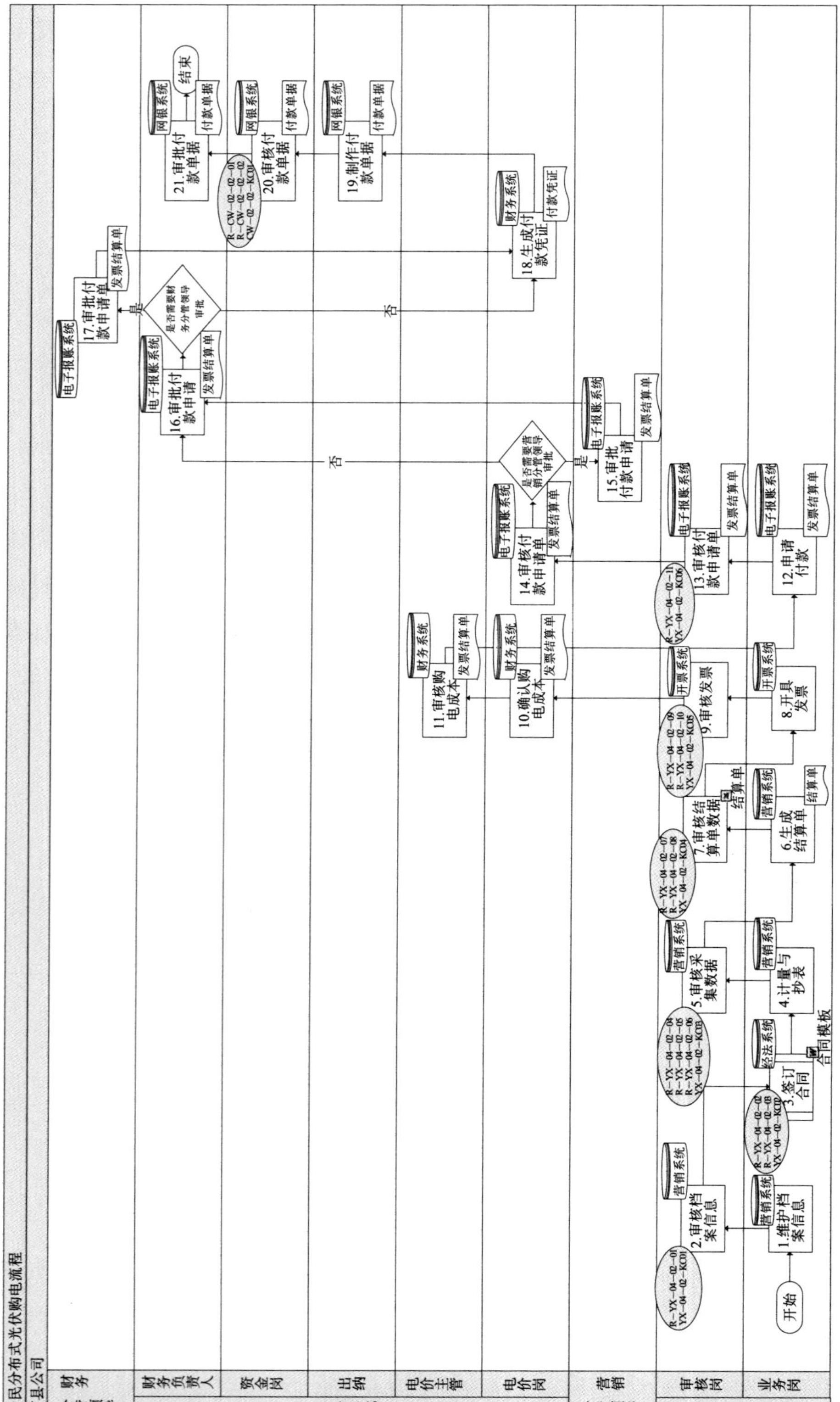

图4-18 自然人分布式光伏购电业务流程

表 4－74　　自然人分布式光伏购电业务流程步骤说明

步骤编号	标准流程步骤	步骤说明	涉及层级	责任部门	责任岗位	输入信息	输入信息提供者	输出信息	涉及系统
1	维护档案信息	业务岗负责维护光伏发电项目的消纳方式、装机容量、电价、收款账号等基础信息	市县公司	营销部	业务岗	消纳方式、装机容量、电价、收款账号等基础信息	业务岗	用户档案	营销系统
2	审核档案信息	审核岗负责审核光伏发电项目的消纳方式、装机容量、电价、收款账号等基础信息	市县公司	营销部	审核岗				营销系统
3	签订合同	业务岗与发电用户签订合同	市县公司	营销部	业务岗	合同文本	业务岗	合同	经法系统
4	计量与抄表	业务岗按月对电量数据进行采集	市县公司	营销部	业务岗			电量数据	营销系统/线下
5	审核采集数据	审核岗审核采集的电量数据	市县公司	营销部	审核岗	电量数据	业务岗	电量数据	营销系统
6	生成结算单	业务岗在营销系统中生成结算单	市县公司	营销部	业务岗	电量数据	业务岗	结算单	营销系统
7	审核结算单数据	审核岗在5个工作日内完成结算单发电户名称（姓名）、地址（住址）、联系方式、结算时间、结算金额、电量、电价等信息审核，并盖章确认	市县公司	营销部	审核岗	结算信息	审核岗	结算单	线下
8	开具发票	业务岗根据结算单金额等信息在5个工作日内汇总代开发票	市县公司	营销部	业务岗	结算信息	业务岗	发票	开票系统
9	审核发票	审核岗根据结算单金额等信息审核发票	市县公司	营销部	审核岗				开票系统
10	确认购电成本	电价岗核对发票及盖章版结算单、系统推送的结算数据，三者一致，确认购电成本	市县公司	财务部	电价岗	发票、结算单	电价岗	应付购电凭证	财务系统
11	审核购电成本	电价主管审核购电成本	市县公司	财务部	电价主管				财务系统

续表

步骤编号	标准流程步骤	步骤说明	涉及层级	责任部门	责任岗位	输入信息	输入信息提供者	输出信息	涉及系统
12	申请付款	业务岗填制付款申请单，发起付款申请流程	市县公司	营销部	业务岗	付款申请单	业务岗	付款申请单	电子报账系统
13	审核付款申请单	审核岗审核付款申请单	市县公司	营销部	审核岗				电子报账系统
14	审核付款申请单	电价岗审核付款申请单	市县公司	财务部	电价岗				电子报账系统
15	审批付款申请	营销分管领导审批付款申请	市县公司	市县公司	营销分管领导				电子报账系统
16	审核付款申请单	财务负责人审核付款申请单	市县公司	财务部	财务负责人				电子报账系统
17	审批付款申请单	财务分管领导审批付款申请单	市县公司	市县公司	财务分管领导				电子报账系统
18	生成付款凭证	电价岗在财务系统中生成付款凭证	市县公司	财务部	电价岗	付款申请单	电价岗	付款凭证	财务系统
19	制作付款单据	出纳在网银系统中填制付款单据	市县公司	财务部	出纳				网银系统
20	审核付款单据	资金岗在财务系统中审核付款单据	市县公司	财务部	资金岗				网银系统
21	审批付款单据并支付资金	财务负责人在财务系统中审批付款单据，确保在电费确认日后10个工作日内完成付款	市县公司	财务部	财务负责人				网银系统

三、风险清单

自然人分布式光伏购电业务风险清单如表4－75所示。

表4－75　自然人分布式光伏购电业务风险清单

序号	环节名称	风险点	风险点编号
1	维护档案信息	消纳方式、装机容量、电价、收款账号等基础信息维护不准确，影响后续计量结算	R—YX—04—02—01

续表

序号	环节名称	风险点	风险点编号
2	签订合同	1. 未按法律规定签订购售电合同	R—YX—04—02—02
		2. 购售电合同中未对电费结算有关事项予以明确，容易引起法律纠纷	R—YX—04—02—03
3	计量与抄表	1. 未能按照法律规定或合同约定的周期抄表	R—YX—04—02—04
		2. 未能及时发现并处理系统采集的异常数据	R—YX—04—02—05
		3. 未在规定的时间内对电量进行抄录与确认	R—YX—04—02—06
4	结算单	1. 未在规定时间内出具结算单	R—YX—04—02—07
		2. 结算单信息不完整	R—YX—04—02—08
5	开具发票	1. 未在法律规定的时间内完成发票开具	R—YX—04—02—09
		2. 发票开具不规范，带来涉税风险	R—YX—04—02—10
6	申请付款	申请付款的资料不齐全或有误	R—YX—04—02—11
7	支付资金	1. 未按正确的用户账号信息和付款金额支付资金	R—CW—02—02—01
		2. 未按国家规定或合同约定时间、方式及时足额支付资金	R—CW—02—02—02

四、内控矩阵

自然人分布式光伏购电业务内控矩阵如表 4－76 所示。

表 4－76　　自然人分布式光伏购电业务内控矩阵

步骤编号	风险点编号	风险点描述	控制点编号	控制点描述	控制方式	控制频率
2	R—YX—04—02—01	消纳方式、装机容量、电价、收款账号等基础信息维护不准确，影响后续计量结算	YX—04—02—KC01	审核岗负责审核消纳方式、装机容量、电价、收款账号等基础信息	线上	每次
3	R—YX—04—02—02	未按法律规定签订购售电合同	YX—04—02—KC02	首次结算时，电价岗须审核与用户签订的购售电合同，确认合同中约定了电费结算有关事项	线上	每次
	R—YX—04—02—03	购售电合同中未对电费结算有关事项予以明确，容易引起法律纠纷				
5	R—YX—04—02—04	未能按照法律规定或合同约定的周期抄表	YX—04—02—KC03	审核岗确认按规定周期对电量数据进行抄录	线上/线下	每次
	R—YX—04—02—05	未能及时发现并处理系统采集的异常数据		审核岗通过对比历史数据、装机容量等信息及时发现并处理系统采集的异常数据	线上	每次
	R—YX—04—02—06	未在规定的时间内对电量进行抄录与确认		审核岗确认在规定时间内对电量进行抄录与确认	线上/线下	每次

续表

步骤编号	风险点编号	风险点描述	控制点编号	控制点描述	控制方式	控制频率
7	R—YX—04—02—07	未在规定时间内出具结算单	YX—04—02—KC04	审核岗审核结算单出具的时间以及信息	线上	每次
	R—YX—04—02—08	结算单信息不完整				
9	R—YX—04—02—09	未在法律规定的时间内完成发票开具	YX—04—02—KC05	电价岗确认按时开具发票	线上	每次
	R—YX—04—02—10	开具的发票不规范		电价岗审核发票	线上	每次
13	R—YX—04—02—11	申请付款的资料不齐全或有误	YX—04—02—KC06	审核岗和电价岗审核付款资料完整性、准确性	线上	每次
19	R—CW—02—02—01	未按正确的用户账号信息和付款金额支付资金	CW—02—02—KC01	资金岗、财务负责人审核付款单据用户账号信息和付款金额	线上	每次
	R—CW—02—02—02	未按国家规定或合同约定及时足额支付资金		资金岗、财务负责人确认及时足额支付资金	线上	每次

五、底线清单

1. 电网企业无正当理由未按合同约定支付上网电费的，能源监管机构可责令改正；恶意拖欠电费的，能源监管机构可依据《电力监管条例》有关规定进行处罚，并公示处理结果。

2. 发电企业、电网企业进行电费结算时如有不执行国家电价政策、不执行市场规则、擅自改变电价水平和电价机制等行为，能源监管机构有权制止，责令其限期改正，并公示处理结果。

3. 发电企业和电网企业如有拒绝或者阻碍能源监管机构工作人员依法依规履行监管职责、不按要求向能源监管机构提供有关信息等行为，能源监管机构可依据《电力监管条例》以及电力企业信息报送和披露等有关规定对其进行处罚。

4. 发电企业、电网企业在电费结算过程中扰乱社会经济秩序，损害社会公共利益构成犯罪的，按照司法程序依法追究刑事责任。

六、主要表单格式

自然人分布式光伏购电业务主要表单格式分别如表 4 – 77、表 4 – 78 所示。

表 4 – 77　　付款申请单格式

经办人：	部门：	申请编号：
申请日期：	附件：　　张	付款条件：
事由：		付款性质：
金额：		
预约付款日期		
合同编号：	采购订单号：	发票总金额：
项目定义：	发票校验号：	框架协议号：
项目描述：		
	收款方信息	
供应商编号：	客户编号：	
收款单位：		
银行账号：	银联代码：	
开户银行：		
	备注	
	审批信息	

验收人：　　　　　　　　财务审核：

七、评价手册

自然人分布式光伏购电业务内部控制评价手册如表 4 – 79 所示。

表 4－78 自然人分布式光伏结算单

序号	单位	户号	户名	用电户号	用电户名	上网电量	发电电量	应付金额	应付购电	应付补助	中央补助	省级补助	发行时间	开户银行	银行账号	账户名称	消纳方式	装机容量	类型	身份证信息	联系电话	并网时间	电压等级	抄表段编号
1																								
2																								

编制：　　　　审核：

表 4－79　　自然人分布式光伏购电业务内部控制评价手册

末级流程名称	控制点编号	控制点	控制点描述	评价标准编号	评价标准	标准测试程序
维护档案信息	YX—04—02—KC01	审核档案信息	审核岗负责审核消纳方式、装机容量、电价、收款账号等基础信息	PJ—04—02—01	消纳方式、装机容量、电价、收款账号等基础信息与相关资料一致	1. 访谈营销部门客户档案管理岗××员工，了解实际业务操作是否符合控制标准的要求，是否能够有效应对本控制点所面临的风险； 2. 根据抽样规则，获取消纳方式、装机容量、电价、收款账号等基础信息与相关资料进行比对核实
签订合同	YX—04—02—KC02	审核合同是否签订	首次结算时，电价岗须审核与用户签订的购售电合同，确认合同中约定了电费结算有关事项	PJ—04—02—02	与所有用户签订购售电合同	1. 访谈营销部门分布式电源管理岗××员工，了解实际业务操作是否符合控制标准的要求，是否能够有效应对本控制点所面临的风险； 2. 根据抽样规则，获取合同台账与结算资料进行比对核实
计量与抄表	YX—04—02—KC03	审核计量和抄表是否合规准确	审核岗确认按规定周期对电量数据进行抄录 审核岗通过对比历史数据、装机容量等信息及时发现并处理系统采集的异常数据 审核岗确认在规定时间内对电量进行抄录与确认	PJ—04—02—03	按月进行抄表 及时发现并处理系统采集的异常数据 在规定的时间内对电量进行抄录与确认	1. 访谈营销部门分布式电源管理岗××员工，了解实际业务操作是否符合控制标准的要求，是否能够有效应对本控制点所面临的风险； 2. 根据抽样规则，查看对于经过复核发现确实属于抄表错误、计算错误等差错是否及时进行了处理，查看在营销业务应用系统中是否经过抄表人员的复核； 3. 根据抽样规则，抽查客户现场表底是否与核查结果一致； 4. 根据抽样规则，检查异常处理记录、流程是否规范

续表

末级流程名称	控制点编号	控制点	控制点描述	评价标准编号	评价标准	标准测试程序
结算单	YX—04—02—KC04	审核结算单信息是否完整准确	审核岗审核结算单信息包括但不限于发电户名称（姓名）、地址（住址）、联系方式、结算时间、结算金额、电量、电价等	PJ—04—02—04	结算单信息是否完整准确	1. 访谈营销部门分布式电源管理岗××员工，了解实际业务操作是否符合控制标准的要求，是否能够有效应对本控制点所面临的风险； 2. 根据抽样规则，查看结算单信息是否完整、准确 3. 根据抽样规则，是否履行审核程序； 4. 根据抽样规则，检查异常处理记录、流程是否规范
开具发票	YX—04—02—KC05	审核发票开具是否合规	电价岗确认按时开具发票	PJ—04—02—05	按时开具发票	1. 访谈营销部门分布式电源管理岗××员工，了解实际业务操作是否符合控制标准的要求，是否能够有效应对本控制点所面临的风险； 2. 根据抽样规则，获取发票台账和发票样本，检查发票开具时间是否在法律规定的时间内，票面内容是否符合税法规定
			电价岗审核应缴纳增值税的，按照增值税简易计税办法计算并代征增值税税款，同时开具普通发票；享受免征增值税政策的，直接开具普通发票		按税法规定开具合规发票	
申请付款	YX—04—02—KC06	审核付款申请	审核岗和电价岗审核付款资料完整性、准确性	PJ—04—02—06	付款申请资料完整无误，符合财经法规要求	1. 访谈营销部门分布式电源管理岗××员工，了解实际业务操作是否符合控制标准的要求，是否能够有效应对本控制点所面临的风险； 2. 根据抽样规则，获取付款申请资料，检查资料完整情况及是否有误

续表

末级流程名称	控制点编号	控制点	控制点描述	评价标准编号	评价标准	标准测试程序
支付资金	CW—02—02—KC01	审核付款信息是否完整准确	资金岗、财务负责人审核付款单据用户账号信息和付款金额	PJ—04—02—07	支付资金的用户账号信息和付款金额与付款单信息一致	1. 访谈财务部××员工，了解实际业务操作是否符合控制标准的要求，是否能够有效应对本控制点所面临的风险； 2. 根据抽样规则，获取“银行进账单”，通过观察、询问，检查营销系统交接信息与实际“银行进账单”，存入银行是否一致、存入金额是否一致，是否当日交接，日清日结
			资金岗、财务负责人确认及时足额支付资金		在国家规定或合同约定时间内及时足额支付资金	

八、制度清单

（1）《国家能源局关于印发〈发电企业与电网企业电费结算办法〉的通知》（国能发监管〔2020〕79 号）；

（2）《国家税务总局关于国家电网公司购买分布式光伏发电项目电力产品发票开具等有关问题的公告》（国家税务总局公告 2014 年第 32 号）。

附　录

财政部与国资委发布的现有内控制度体系

（一）国资委系列

1.《中央企业全面风险管理指引》（国资发改革〔2006〕108号）；

2.《中央企业全面风险管理指引》（国资发改革〔2006〕108号）附录“风险管理常用技术方法简介”；

3.《中央企业合规管理指引（试行）》（国资发法规〔2018〕106号）；

4. 七部委《企业境外经营合规管理指引》（发改外资〔2018〕1916号）；

5.《关于加强中央企业国际化经营中法律风险防范的指导意见》（国资发法规〔2013〕237号）；

6.《中央企业境外投资监督管理办法》（2017年国资委令第35号）；

7.《中央企业违规经营投资责任追究实施办法（试行）》（2018年国资委令第37号）；

8.《关于加强中央企业廉洁风险防控工作的指导意见》（国资党委纪检〔2012〕155号）；

9.《关于加快构建中央企业内部控制体系有关事项的通知》（国资发评价〔2012〕68号）；

10.《关于加强中央企业内部控制体系建设与监督工作的实施意见》（国资发监督规〔2019〕101号）；

11.《关于进一步推动构建国资监管大格局有关工作的通知》（国资发法规〔2019〕117号）；

12.《关于进一步推进国有企业贯彻落实“三重一大”决策制度的意见》（中办发〔2010〕17号）；

13.《关于改进工作作风、密切联系群众的八项规定》（中共中央政治局，2012年12月）；

14.《深圳市人民政府国有资产监督管理委员会全面风险管理体系建设纲要》（深国资委办〔2008〕32号）；

15. 山东省国资委《省管企业全面风险管理指引》（鲁国资企改〔2008〕22号）；

16. 湖南省国资委《省属监管企业开展全面风险管理的指导意见》（湘国资〔2009〕3号）；

17. 广西壮族自治区国资委《加强全面风险管理工作的指导意见》（桂国资发〔2010〕9号）；

18. 河北省国资委《监管企业全面风险管理工作实施办法》（冀国资〔2013〕5号）；

19. 宁夏回族自治区国资委《企业开展全面风险管理工作的通知》（宁国资发〔2015〕12号）；

20.《关于做好2020年中央企业内部控制体系建设与监督工作有关事项的通知》（国资厅发监督〔2019〕44号）；

21.《关于做好2020年中央企业内部审计工作的通知》（国资厅监督〔2020〕7号）；

22.《关于进一步加强中央企业内部审计工作的通知》；

23.《中央企业内部审计管理暂行办法》（2004年国资委令第8号）；

24.《国资监管提示函工作规则》和《国资监管通报工作规则》（国资发监督规〔2020〕4号）；

25. 国资委印发《中央企业控股上市公司实施股权激励工作指引》（国资考分〔2020〕178号）；

26.《关于进一步做好中央企业违规经营投资责任追究工作体系建设有关事项的通知》（国资厅发监责〔2019〕33号）；

27.《关于做好2022年中央企业违规经营投资责任追究工作的通知》（国资厅发监责〔2022〕7号）；

28.《国有企业公司章程制定管理办法》（国资发改革规〔2020〕86号）；

29.《关于做好2021年中央企业内部控制体系建设与监督工作有关事项的通知》（国资厅监督〔2020〕307号）；

30.《国资监管责任约谈工作规则》（国资发监责规〔2021〕14号）。

（二）财政部系列

1.《企业内部控制基本规范》（财会〔2008〕7号）；

2.《企业内部控制配套指引》（财会〔2010〕11 号）；

3. 企业内部控制应用指引第 1 号——组织架构；

4. 企业内部控制应用指引第 2 号——发展战略；

5. 企业内部控制应用指引第 3 号——人力资源；

6. 企业内部控制应用指引第 4 号——社会责任；

7. 企业内部控制应用指引第 5 号—— 企业文化；

8. 企业内部控制应用指引第 6 号——资金活动；

9. 企业内部控制应用指引第 7 号——采购业务；

10. 企业内部控制应用指引第 8 号——资产管理；

11. 企业内部控制应用指引第 9 号—— 销售业务；

12. 企业内部控制应用指引第 10 号——研究与开发；

13. 企业内部控制应用指引第 11 号——工程项目；

14. 企业内部控制应用指引第 12 号——担保业务；

15. 企业内部控制应用指引第 13 号——业务外包；

16. 企业内部控制应用指引第 14 号——财务报告；

17. 企业内部控制应用指引第 15 号——全面预算；

18. 企业内部控制应用指引第 16 号——合同管理；

19. 企业内部控制应用指引第 17 号——内部信息传递；

20. 企业内部控制应用指引第 18 号——信息系统；

21. 企业内部控制评价指引；

22. 企业内部控制审计指引；

23.《关于印发企业内部控制规范体系实施中相关问题解释第 1 号的通知》（财会〔2012〕3 号）；

24.《关于印发企业内部控制规范体系实施中相关问题解释第 2 号的通知》（财会〔2012〕18 号）；

25.《关于 2012 年主板上市公司分类分批实施企业内部控制规范体系的通知》（财会办〔2012〕30 号）；

26.《行政事业单位内部控制规范（试行）》（财会〔2012〕21 号）；

27.《小企业内部控制规范（试行）》（财会〔2017〕21 号）；

28.《石油石化行业内部控制操作指南》（财会〔2013〕31 号）；

29.《电力行业内部控制操作指南》（财会〔2014〕31 号）；

30.《管理会计应用指引第 700 号——风险管理》（财会〔2018〕22 号）；

31.《管理会计应用指引第 701 号——风险矩阵》（财会〔2018〕22 号）。

（三）银保监会系列

1.《银行业金融机构全面风险管理指引》（银监发〔2016〕44 号）；
2.《商业银行内部控制指引》（银监发〔2014〕40 号）；
3.《关于进一步加强信用风险管理的通知》（银监发〔2016〕42 号）；
4.《商业银行市场风险管理指引》（银监会令〔2004〕10 号）；
5.《商业银行市场风险管理指引》附录“有关名词的说明”；
6.《商业银行操作风险管理指引》（银监发〔2007〕42 号）；
7.《商业银行合规风险管理指引》（银监发〔2006〕76 号）；
8.《商业银行并购贷款风险管理指引》（银监发〔2015〕5 号）；
9.《商业银行信息科技风险管理指引》（银监发〔2009〕19 号）；
10.《商业银行房地产贷款风险管理指引》（银监发〔2004〕57 号）；
11.《融资性担保公司内部控制指引》（银监发〔2010〕101 号）；
12.《商业银行流动性风险管理办法》（银监发〔2009〕87 号）；
13.《商业银行业务连续性监管指引》（银监发〔2011〕104 号）；
14.《保险公司风险管理指引（试行）》（保监发〔2007〕23 号）；
15.《保险公司合规管理办法》（保监发〔2016〕116 号）；
16.《保险公司内部控制基本准则》（保监发〔2010〕69 号）；
17.《人身保险公司全面风险管理实施指引》（保监发〔2010〕89 号）；
18.《人身保险公司全面风险管理实施指引》“附录”；
19.《保险公司偿付能力监管规则第 10 号：风险综合评级》；
20.《银行保险机构声誉风险管理办法（试行）》。

（四）证监会系列

1.《证券公司内部控制指引》（证监发〔2001〕15 号）；
2.《证券投资基金销售机构内部控制指导意见》（证监基金字〔2007〕277 号）；
3.《证券公司投资银行类业务内部控制指引》（证监会公告〔2018〕6 号）。

（五）审计署及审计相关系列

1.《中华人民共和国审计法》（2021 年修订版）；
2.《中华人民共和国审计法实施条例》（2010 年修订版）；

3.《中华人民共和国国家审计准则》(2010 年审计署令第 8 号);
4.《关于内部审计工作的规定》(2018 年审计署令第 11 号);
5.《第 1101 号——内部审计基本准则》;
6.《第 1201 号——内部审计人员职业道德规范》;
7.《第 2201 号内部审计具体准则——内部控制审计》;
8.《关于深化国有企业改革的指导意见》(中发〔2015〕22 号);
9.《关于加强审计工作的意见》(国发〔2014〕48 号);
10. 中办、国办《关于完善审计制度若干重大问题的框架意见》(2015 年);
11. 中办、国办《关于深化国有企业和国有资本审计监督的若干意见》(2016 年);
12. 中办《深化党和国家机构改革方案》(2018 年)。

(六)监察系列

《中华人民共和国监察法》(2018 年)。

后　记

内部控制是为了提升企业管理水平，更好地实现战略发展目标，合理控制风险所采取的手段，健全且有效的内部控制能够促进企业高质量发展，提高企业在市场上的竞争能力。一般而言，各类存续企业大多建立了相应的管理制度，但是需要根据内控规范要求，对原有制度进行修改、完善和提升；对于新建企业，更需要依据内控规范，构建企业内控制度和管控流程。我国经济发展进入全新阶段后，越来越多的企业都充分意识到内控体系建设的重要性，试图通过加强内部控制体系的建设，对可能出现的风险进行预测，提升内部运转效率的同时，减少外来风险对企业运营带来的冲击。但由于内控执行的系统性、全面性、复杂性，以及不同企业的内在因素制约，导致内控体系不能发挥应有的作用。

全面提升企业经营管理水平和风险防范能力是内控体系的核心问题，尤其是在当前我国经济发展面临需求收缩、供给冲击、预期转弱三重压力的严峻形势下，内控规范体系对于化解风险隐患，有效应对外部冲击，提升企业核心竞争力，推动企业贯彻落实好中央有关防范化解重大风险方面的各项政策措施，促进企业实现高质量发展，具有特别重要的现实意义和深远的历史意义。因此，企业迫切需要一本能够总结归纳内控体系建设精髓，并指导他们实施制定关键风险应对措施、完善内控制度实施流程、优化内控组织结构、开展内控评价与考核等具体工作的参考书。

本书是根据《企业内部控制基本规范》《企业内部控制配套指引》及《中央企业全面风险管理指引》等政策文件，结合企业建立和实施内部控制实务工作而编写的，是一本帮助读者深入理解和应用风险管理及内部控制的实用指导书。针对内部控制体系建设和内控评价工作中的重要因素，从流程、风险、授权、制度、合规、表单等方面进行深入分析，并采用理论与实际相结合的方法，运用丰富案例、政策依据进行详细的分析与讲解，不仅可以作为高校财会类专业的教材，供广大师生阅读参考，而且可以作为专业读物，供企业各级人员、中介机构执业人员学习参考，指导实务工作。各企业也可以参照本书提供的思路，结合自身的内外部环境、发展阶段和业务规模等因素，探索建立适合本企业的内部控制体系及制度。

本书在编写过程中得到了各方专业人士的大力支持与帮助，其中国网浙江省电力有限公司杨仁标先生多次对本书进行校稿，浙江正瑞会计师事务所对本书提出了许多宝贵意见，在此一并表示诚挚的感谢！

编者

2022 年 10 月 25 日